EL CATECISMO EN EJEMPLOS

Volumen II: Esperanza: Oración

Padre Chisholm

SENSUS FIDELIUM PRESS

Gastonia, North Carolina

ISBN impreso: 978-1-962639-53-8

SensusFideliumPress.com

Contents

Parte 1: LA VIRTUD DE LA ESPERANZA

Capítulo 1: QUÉ SIGNIFICA LA ESPERANZA

D ios ha prometido darte, hijo mío, el Reino de los Cielos cuando mueras, si le amas y le sirves fielmente aquí en la tierra hasta el final de tu vida. Él cumplirá su promesa, porque es tu Padre y porque es muy bueno. Por eso le dices en tus oraciones: "Oh Dios mío, en Ti espero".

PALABRAS DE CONSOLACIÓN DE SAN FRANCISCO DE SALES PALABRAS DE CONSUELO DE FRANCISCO DE SALES.

Un día una mujer piadosa fue a ver a San Francisco de Sales, y le dijo que había sufrido tanto que casi estaba perdiendo el valor, y que se sentía muy miserable.

"Una vez fui rica," le dijo, "pero perdí todo lo que poseía. Además, estoy sufriendo mucho por una grave enfermedad, y no tengo a nadie que sienta lástima por mí o que me diga una palabra amable."

El Santo respondió: "Tu condición, hija mía, no es digna de lástima, sino más bien de envidia.

Tú eres, en este mundo, la esposa de Jesús Crucificado, y sabes que los que son honrados de esta manera en la tierra son elegidos para ser los eternos esposos de Jesús Glorificado en el Cielo.

"Vistes actualmente la librea de tu Real Maestro, la cruz, los clavos y las espinas, y compartes con Él la hiel y el vinagre; pero ten un poco de paciencia, y tu Padre Celestial te los cambiará, y te dará en su lugar el blanco manto de la gloria, y una corona de esplendor eterno."

"Oh Padre mío -respondió ella-, tus palabras me consuelan. ¿Cuándo llegará ese día feliz? ¿Cuándo oiré su amada voz llamándome a entrar en su reino de lo alto?".

El deseo del Cielo, y el recuerdo de la recompensa que allí se nos dará, hacen que las pocas y breves horas de dolor en este mundo pasen rápidamente.

Catech. Historique, i. 493.

HOGAR, DULCE HOGAR.

Durante una epidemia de escarlatina en la ciudad de París, un sacerdote fue llamado para asistir a un hombre que agonizaba en una de las localidades más pobres de la ciudad.

Cuando entró en el cuchitril, vio al hombre tendido sobre un poco de paja en un rincón de la habitación, cubierto con unos pocos harapos y en la mayor pobreza. No había muebles en la habitación, ni siquiera una silla o una mesa; todo había sido vendido al principio de su enfermedad para comprarle algo de comida. Lo único que vio el sacerdote fue un hacha y dos sierras colgadas de la pared.

"Hijo mío -le dijo el sacerdote-, ten valor: Dios te ha enviado esta enfermedad como un gran favor, pues pronto te sacará de este mundo cansado, donde tanto sufres por la pobreza y la enfermedad, y te llevará consigo al Cielo, donde ya no tendrás penas."

"¿Pena, padre?", dijo el moribundo, con voz que apenas se oía. "No tengo pena; nunca la he tenido. Siempre he vivido feliz y contento. Nunca supe lo que era odiar a nadie, ni tener envidia; siempre dormí por la noche un sueño tranquilo y sin sobresaltos, porque trabajé duro todo el día. Las herramientas que ves allí en la pared me procuraban el pan de cada día, con el que siempre estuve perfectamente satisfecho; y nunca envidié los manjares que he visto disfrutar a otros. He sido un hombre pobre toda mi vida, pero hasta ahora siempre he gozado de buena salud. Si mejoro, aunque creo que no, me limitaré a reanudar mi trabajo como antes, hasta que llegue el tiempo de Dios, y sé que si le complazco ahora, cuidará de mí durante toda la vida -¿acaso no lo ha prometido, Padre?- y cuando llegue el momento de mi muerte, me hará feliz en el Cielo. Esta ha sido siempre mi esperanza".

"Hija mía -dijo el sacerdote-, eres ciertamente feliz por haber vivido tan unida a Dios. La felicidad del Cielo será una recompensa suficiente por todo lo que has hecho y sufrido aquí abajo. ¿Estás preparada para morir, hija mía?".

"Sí, Padre, desde mi infancia me he preparado para la hora de mi muerte; y ahora que se acerca me siento feliz, porque confío en la misericordia de Dios, que me voy a casa de mi Padre del Cielo." Murió en estas santas disposiciones.

SAN LA PREGUNTA DE SAN AGUSTÍN

San Agustín, que hablaba a menudo a los fieles a su cargo de las alegrías del Cielo, les dijo un día: "Hermanos míos, si Dios bajara aquí entre nosotros y nos dijera que nos concedería a cada uno cien años más de vida, o incluso mil, y que durante estos años tendríamos todo lo que nuestro corazón pudiera desear, pero con la condición de que nunca le viéramos ni estuviéramos con Él en el Cielo, ¿aceptaría alguno de vosotros esa oferta?".

Pero toda la multitud al unísono gritó: "¡Nunca! Que perezcan todas las cosas terrenas; sólo deseamos a Dios y el Cielo".

Oh hija mía, que esa sea también tu respuesta cuando Satanás te pida que ofendas a Dios. Piensa en el Cielo, y podrás perseverar, y esto será tu consuelo y te confirmará en la esperanza.

SANTA SANTA JUANA CHANTAL EN EL MOMENTO DE SU MUERTE.

Cuando su fin parecía próximo, Santa Juana Chantal pidió a su confesor que le leyera las oraciones por el alma que se va. "¡Oh Dios mío!", decía de vez en cuando, "¡qué hermosas son estas oraciones!".

De repente exclamó: "¡Oh Padre mío, qué terribles son los juicios de Dios!".

Él le preguntó si tenía miedo de su propio juicio, que estaba tan cerca.

"No, Padre mío -respondió ella-, no temo encontrarme con Aquel a quien he amado toda mi vida; pero te aseguro que ahora veo cuán terribles son sus juicios y cuán diferentes de los de los hombres."

Entonces comenzó su agonía. Le pusieron un crucifijo en una mano y una vela encendida en la otra. Las Hermanas estaban de rodillas llorando y rezando. De repente la oyeron hablar: "Debo irme ahora; Jesús, Jesús, Jesús."

Diciendo estas palabras, exhaló suavemente su último suspiro, y fue a reunirse con su amado Esposo en Su reino celestial.

Capítulo 2: LA GRACIA DE DIOS OBJETO PRINCIPAL DE NUESTRA ESPERANZA

No puedes hacer nada bueno para tu salvación sin la ayuda de la gracia de Dios. Pero con Su gracia puedes hacer todas las cosas. Él ha prometido ayudarte siempre que se lo pidas. Esta gracia es el objeto principal de nuestra esperanza.

"DEVUÉLVEME A MI HIJO".

En la ciudad de Cartago vivía un joven noble llamado Fulgencio. Su erudición y sus grandes capacidades lo elevaron a los más altos honores del Estado, y todos, desde el Emperador hasta el más humilde ciudadano, lo amaban y estimaban.

Un día tomó un libro piadoso para leer. Era un sermón de San Agustín sobre las vanidades del mundo y la brevedad de la vida. Cuando terminó de leerlo, se puso a pensar en lo que había leído.

"He alcanzado los más altos honores que el mundo puede darme". Esto se dijo a sí mismo. "Todo el mundo me alaba y me honra y, después de todo, ¿de qué me sirve? No fui hecho para esto. Dios me envió a este mundo para ganarme el Cielo".

Inmediatamente tomó la resolución de arrojar a sus pies todos los honores y riquezas que poseía, e irse a algún lugar donde no fuera conocido, para poder, durante el resto de su vida, pensar sólo en "la única cosa necesaria."

Así que una mañana salió tranquilamente de su casa y se dirigió al monasterio del que era Superior el gran Fausto.

"He venido", dijo Fulgencio, "para pedirte que me admitas en tu monasterio, pues ahora quiero vivir sólo para la salvación de mi alma y para obtener una eternidad feliz."

Fausto, que lo conocía, respondió: "Señor, la vida que llevamos en esta casa es demasiado severa para alguien que ha estado acostumbrado a las comodidades de este mundo como tú".

Pero Fulgencio no se dejó rechazar y pidió al Superior que le hiciera una breve prueba.

"Vete", dijo Fausto, con voz que parecía áspera y repulsiva. "Vete y aprende primero a vivir en el mundo una vida desprendida de sus placeres. ¿Cómo es posible que alguien que se ha criado en medio de lujos y toda clase de comodidades sea capaz, de golpe, de someterse a la pobreza que practicamos, a los toscos vestidos que llevamos y a nuestros ayunos y vigilias?".

Fulgencio, poniendo modestamente los ojos en el suelo, respondió: "Padre mío, Aquel que puso en mi corazón el deseo de servirle puede fácilmente darme la ayuda que necesito para superar mi debilidad natural."

Fausto, conmovido por esta hermosa respuesta, lo admitió a juicio.

Cuando la madre de Fulgencio se enteró de lo que había hecho su hijo, corrió al monasterio. "¡Devuélveme a mi hijo!", gritó entre lágrimas, "¡devuélveme a mi hijo!".

Fausto intentó calmarla, pero fue en vano. Durante tres días, la dolorida madre permaneció en la puerta del monasterio, llorando y pidiendo a su hijo que volviera con ella.

Fulgencio la escuchó. Durante los años que había vivido en el mundo, nunca se había separado de ella. La amaba con intenso afecto y nunca la había desobedecido. Pero no había contado con esta prueba; y al oír la voz de aquella a quien tan tiernamente amaba, y saber que su corazón estallaba de dolor, su propia alma se sumió en la más profunda tristeza.

¿Quién puede decir el conflicto que tuvo que soportar durante estos tres días? ¿Hubo alguna prueba igual a la suya? Pero levantando los ojos y las manos al cielo, suplicó ayuda. "Oh Dios mío, ayúdame a perseverar".

Dios escuchó su oración, y después de los tres días una dulce paz llenó su alma. Su madre, viendo que sus gritos y oraciones eran desoídos, regresó a su casa, y Fulgencio permaneció fiel.

Más tarde se convirtió en obispo de Cartago, y fue una de las mayores luces de la Iglesia de Dios en el siglo VI.

Grande Vies des Saints, 1 de enero.

Capítulo 3: El perdón de nuestros pecados Otro objeto de nuestra esperanza

Dios ha prometido perdonarnos nuestros pecados si nos arrepentimos de ellos. Esto, por lo tanto, es otra cosa que "esperamos": el perdón de nuestros pecados pasados.

EL HIJO DE LA VIUDA.

Hace algunos años, había una pobre viuda que tenía un hijo único. Amaba entrañablemente a este hijo, y no escatimó esfuerzos para inculcar en su corazón los principios de la virtud.

Pero cuando creció empezó a andar con malas compañías, y pronto se convirtió en el escándalo del vecindario. A veces incluso golpeaba a su madre y amenazaba con matarla.

Este infeliz joven no tardó en entregarse a todos los crímenes, pero al fin llegó el día del castigo; fue arrestado y metido en la cárcel.

Un día, un desconocido llamó a la puerta de la cárcel. El carcelero acudió a ver quién era, y se enteró con sorpresa de que se trataba de la madre de aquel malvado joven.

"¡Ah!", dijo ella, llorando, "deseo ver a mi hijo".

"¿Qué?", dijo el carcelero asombrado, "¿deseas ver a ese desgraciado? ¿Has olvidado todo lo que te ha hecho?".

"¡Ah! Lo sé bien", replicó la viuda, "pero es mi hijo".

"¡Caramba!", gritó el carcelero, "te ha robado hasta el último céntimo que tenías".

"Lo sé", replicó ella, "pero sigue siendo mi hijo".

"Pero, ¿no te ha pegado y maltratado, e incluso amenazado con matarte?", dijo el carcelero.

"Es cierto", respondió ella, "pero yo sigo siendo su madre y él es mi hijo".

"Pero", volvió a gritar el carcelero, "no sólo ha abusado de ti y te ha robado, sino que incluso te ha abandonado vergonzosamente; un hijo tan antinatural no es apto para vivir."

"¡Ah! pero es mi hijo, y yo soy su madre". Y la pobre viuda sollozaba y lloraba, hasta que por fin el carcelero se conmovió y le permitió entrar en la prisión; y la cariñosa madre echó sus brazos al cuello de aquel hijo antinatural e ingrato, y lo estrechó una y otra vez contra su desgarrado corazón.

Müller: El hijo pródigo, p. 272.

Dios nos ama a nosotros, pobres pecadores, más que una madre a su hijo. ¡Con qué confianza, entonces, debes esperar el perdón cuando te arrepientes de haberlo ofendido!

SAN LA ESPERANZA DE SAN BERNARDO EN DIOS.

El gran San Bernardo yacía enfermo en su lecho. Parecía que la mano de la muerte estaba ya sobre él. Satanás, que tantas veces había intentado en vano hacerle caer en el pecado, intentaba ahora hacerle caer en la desesperación.

"Nunca has hecho nada bueno", susurraba en su corazón, "¡y has ofendido tanto a Dios! ¿Cómo puedes esperar obtener el Cielo? El Cielo es sólo para los que han servido fielmente a Dios, cosa que tú no has hecho."

San Bernardo sabía que se trataba de una tentación del Maligno, y con su habitual confianza en Dios la venció.

"Sé -dijo- que soy indignísimo de la gracia de Dios, que he pecado y que no puedo obtener por mí mismo el Reino de Dios. Pero Jesucristo mi Salvador, por los méritos de sus sufrimientos y muerte, lo ha comprado para mí, y me ha dado el derecho de obtenerlo. Es un puro don de la liberalidad de Dios para conmigo, y aunque no tenía derecho a él, ahora tengo plena confianza de poseerlo, porque soy hijo de Dios, y Jesús murió por mí. Vete, Satanás".

Después de esto una santa calma llenó su alma, y Satanás no le tentó más.

Vida de San Bernardo.

Capítulo 4: EL REINO DEL CIELO OBJETO INALABLE DE NUESTRA ESPERANZA

Jesucristo dice a sus discípulos que deben tomar su cruz si quieren seguirle. ¿Qué es lo que da valor al cristiano para hacer esto? Es el pensamiento de la recompensa que Dios ha prometido darle en el Cielo. Es esta esperanza del cielo, entonces, la que te da, hijo mío, la fuerza para soportar tus pruebas pacientemente.

"MIRA AL CIELO, HIJO MÍO".

Sinfronio era hijo de padres tan ilustres por su piedad como por su noble abolengo. Bajo su cuidado pasó su juventud en la práctica de la virtud, y todos los que lo veían sentían en su presencia un temor sobrenatural, como si fuera un ángel de Dios.

Vivió en los días de la persecución, cuando tantos mártires derramaron su sangre en testimonio de su fe.

Fue apresado, llevado ante el tribunal del juez Heraclio y conminado a adorar las estatuas de los dioses paganos. El juez, como de costumbre, le prometió grandes recompensas y honores si obedecía, y amenazó con condenarlo a muerte, bajo los más horribles tormentos, si se negaba.

Sinfronio respondió que era cristiano, y que las esperanzas del cristiano no estaban en este mundo, sino en el Cielo. "No temo vuestros tormentos, ni estimo vuestros honores. Nuestro Dios tiene en el Cielo mayores y más altos honores para los que le son fieles, así como los más terribles castigos para los que le desobedecen. Por lo tanto, es mejor para mí sufrir ahora a vuestras manos, y así llegar a mi Rey eterno en el Cielo, que entregar mi alma a Satanás obedeciéndoos."

Sorprendido el juez de estas atrevidas palabras del joven mártir, volvió a rogarle que le obedeciera, prometiéndole al mismo tiempo mayores honores.

"No creáis -dijo el santo mártir- que vuestras palabras puedan obligarme a cambiar de opinión. Los regalos que me ofrecéis son veneno escondido en la miel, y vuestros honores son tan frágiles como el cristal. Nuestras riquezas están en Jesucristo, y perdurarán para siempre; y los honores que Él nos confiere son eternos. Esta es la esperanza del cristiano".

El juez, viendo que perdía tiempo, lo condenó a ser decapitado.

Camino del martirio se encontró con su madre. Había oído que lo condenaban a muerte, y se apresuró a verlo y a hablarle por última vez en la tierra.

Al ver a la muchedumbre que se acercaba, y al oír sus gritos, y al ver las hachas que tan pronto iban a inmolar a su amado hijo, su corazón de madre fue traspasado por el dolor.

Pero temiendo que la visión de su dolor pudiera influir en él, pidió a Dios fuerza para soportar la prueba con valor. Cuando la multitud se acercó, y sus ojos se encontraron con los de su hijo, gritó: "Oh Sinfronio, hijo mío, mi niño más querido, ¡mira al cielo! piensa en Dios que reina allí. Ánimo, pues; no temas morir, porque tu muerte te llevará a la vida eterna. El tirano no puede quitarte la vida; sólo te dará una infinitamente más feliz a cambio de la corta y fatigosa vida de este mundo. El camino es ciertamente estrecho y difícil, pero es corto".

Estas palabras de su madre, pronunciadas con tanta seriedad, le infundieron nuevo valor. Levantó los ojos hacia el cielo, al que ella señalaba, y le pareció ver a los santos ángeles que bajaban a su encuentro con las palmas de las manos en señal de victoria.

Cuando llegaron al lugar de la ejecución, ataron al mártir a la estaca y, de un golpe de espada, le separaron la cabeza del cuerpo. En el mismo instante, su santa alma se unió a la compañía de los ángeles que fueron testigos de su martirio, y fue conducida por ellos a la morada de la alegría eterna.

Vidas de los Santos, 22 de agosto.

SANTA LA CORONA DE LIDWINA.

Santa Lidwina nació en Holanda hacia finales del siglo XIV. De niña era muy hermosa. Pero Dios, que previó que su belleza podría ser peligrosa para ella, se la quitó, permitiendo que le ocurriera un accidente.

Un día, cuando tenía quince años, caminaba sobre el hielo que cubría un estanque no lejos de la casa de su padre. Alguien que se divertía deslizándose, chocó contra ella con gran fuerza, y cayó pesadamente sobre el hielo. Cuando la llevaron a casa, descubrieron que tenía algunos huesos rotos y otras heridas. Se le aplicaron remedios, pero no surtieron efecto; desde aquel día hasta el final de su vida nunca fue capaz de mantenerse erguida, y apenas podía caminar. El fresco color de sus mejillas desapareció y se puso pálida y delgada.

Al ver el triste estado en que se encontraba, la gente decía que era una gran desgracia; pero su Padre celestial, que la amaba entrañablemente, sabía que ésta era una de las gracias más ricas que podía haber concedido a su amada hija.

Lidwina amaba a Dios. Lo había amado cuando gozaba de salud, y ahora, cuando le había enviado esta terrible aflicción, lo amaba aún más. No habría tenido el valor de pedirle que le enviara estos sufrimientos, pero ya que Él lo había hecho, dijo desde el fondo de su corazón: "Oh Dios mío, hágase tu santa voluntad".

Llevaría mucho tiempo contar todo el consuelo que Dios le dio, porque era muy humilde y resignada. Siempre que Dios nos envía una cruz, nos envía también la gracia de llevarla. Así que Lidwina era muy feliz bajo su pesada cruz.

Un día fue llevada por su ángel guardián en espíritu al Paraíso. Dios quería mostrarle lo que un día le daría allí si sufría pacientemente sus pruebas en la tierra hasta el final.

Vio allí a los santos en toda su gloria, cada uno según las buenas obras que había hecho en la tierra, y oyó la música arrebatadora de sus cánticos.

Algunos de los santos mártires que habían sufrido los más terribles tormentos por amor de Dios le hablaron y le señalaron la luminosa corona de gloria que Dios les había dado como recompensa.

"Que nuestro ejemplo -le decían- te anime a sufrir como nosotros, y a ser fiel hasta la muerte como lo fuimos nosotros. Mucho tienes que sufrir por las aflicciones con que Dios te ha visitado, pero ¡ánimo! pronto llegarán a su fin, y entonces se te dará la corona de gloria. Míranos ahora, ¡qué felices somos! ¿Dónde están ahora aquellos sufrimientos que padecimos por amor a Jesucristo? Ya pasaron: duraron sólo unos instantes, luego se acabaron, ¿y qué nos dio Dios a cambio de ellos? Mirad y ved; contemplad la perfecta felicidad de que gozamos en el Reino de nuestro Dios, que nunca nos será arrebatada."

Cuando la Santa volvió en sí, el pensamiento de esta hermosa visión la llenó de mayor valor; incluso deseó a Nuestro Señor que le enviara mayores aflicciones en la tierra, para que su gloria fuera mayor en el Cielo.

Desde el momento en que tuvo aquella visión, todo en este mundo dejó de tener placer para ella. "Oh mi querido Padre", solía rezar, "¿cuándo vendrás y me llevarás al Cielo?".

Dios se complació en concederle otra visión. Le pareció ver a su lado a uno de los espíritus celestiales, con una hermosa corona de rosas en la mano. Pero no parecía del todo terminada: aquí y allá parecían faltar algunas rosas para completarla.

El ángel le dijo "Esta corona es para ti, pero no puedo dártela hasta que esté terminada; aún tienes que sufrir algunas cosas por amor de Dios, y cuando hayas cumplido esto estará lista, y vendré otra vez y te la daré".

Pidió entonces encarecidamente a Dios que no se demorara mucho, sino que le enviara en seguida las pruebas que había ordenado que sufriera, para que pudiera obtener cuanto antes su corona.

Dios escuchó su oración. Durante algún tiempo tuvo que soportar dolores muy agudos, aumentados por el trato cruel de algunos de los que la atendían; pero la idea de que cada momento la acercaba más a la gloria que tanto deseaba le infundió valor.

Por fin volvió el ángel, según su promesa. En sus manos tenía la misma corona, pero esta vez estaba terminada. Poco después murió, y su alma pura subió en seguida al cielo, donde fue coronada de gloria, en recompensa de las pruebas y sufrimientos de esta vida, soportados con tanta paciencia por amor de Dios.

Dios nos está preparando también a nosotros una corona de gloria; pero no podremos obtenerla hasta que la hayamos ganado cumpliendo nuestro deber para con Dios durante nuestro breve tiempo de prueba en la tierra.

Vida de Santa Lidwina, 16 de abril.

Capítulo 5: De la presunción

Puesto que no podemos hacer ningún bien por nosotros mismos para nuestra salvación, debemos estar seguros de no confiar en nuestras propias fuerzas en nuestras tentaciones, porque si lo hacemos así, estamos seguros de fracasar. No poner nuestra confianza en Dios, sino confiar en nuestras propias fuerzas, se llama "presunción". Es uno de los mayores pecados contra la esperanza.

QUINTUS RENIEGA DE SU FE.

Hacia principios del siglo II llegó a Esmirna, procedente de Frigia, un hombre llamado Quinto. En aquel tiempo había en Esmirna una persecución contra los cristianos, y muchos de ellos eran condenados a muerte con horribles torturas, porque no renegaban de su santa fe.

Al ver esto, Quinto pensó que a él también le gustaría ser mártir y llegar así al cielo. Fue, pues, audazmente al juez, y le dijo: "Soy cristiano; mátame".

El juez se asombró de su extraña petición, y pensó que era un necio. "Dejad que este insensato consiga lo que quiere. Tómalo y arrójalo entre las fieras, para que lo devoren".

Quinto se alegró mucho al oír su sentencia, y se dirigió alegremente con los soldados hacia el lugar donde estaban las fieras.

Pero el pobre hombre se olvidó de pedir a Dios que le ayudara. Sin duda, si lo hubiera hecho, Dios le habría concedido la corona de mártir, pero como confiaba en sí mismo, tuvo un final miserable. En efecto, cuando se acercó al lugar y vio a las fieras con la boca abierta, dispuestas a devorarlo, y las oyó rugir tan terriblemente, comenzó a temblar y dijo a los que lo conducían: "¡Alto! ¡No quiero que me arrojen allí!" "Te arrojaremos de inmediato", le dijeron, "a menos que prometas sacrificar a los dioses".

"Entonces lo prometo, si me lleváis de nuevo y me perdonáis la vida".

Lo llevaron de nuevo ante el juez; y cuando éste le ordenó que ofreciera incienso a los dioses, lo hizo.

Así que Quinto negó su Fe a causa de su presunción, por confiar en sí mismo en lugar de confiar en Dios.

Vies des Saints Pct. Bolland., i. 618

EL PRÍNCIPE EUGENIO Y EL GENERAL AUSTRIACO.

Un general austriaco, que era tan famoso por su piedad como por su valentía, tuvo ocasión un día de hablar con un joven noble llamado Eugenio, que llevaba una vida alegre y mundana, descuidando la oración y los Sacramentos, y que, sin embargo, solía decir que esperaba llegar al Reino de los Cielos cuando muriera.

"Mi querido joven príncipe -le dijo con una ternura paternal-, intentas hacer lo que es del todo imposible. Pensar que podrías llegar al Cielo sin acudir a los Sacramentos es una sugestión del Maligno, que ya ha llevado a la ruina a innumerables almas. Imaginar que podrías alcanzar el Cielo de esta manera es creer que podrías poseer a Dios en la eternidad sin amarlo en la tierra. Negarse a hacer su santa voluntad en la tierra, a rezarle, a unirse a Él recibiendo los santos Sacramentos, y a amar las cosas que Él odia, es señal cierta de perderle en la eternidad; es ser culpable de uno de los mayores pecados que se pueden cometer: el de la presunción." Al principio, a Eugenio no le importó esta reprimenda, pero cuando reflexionó sobre ella, vio que era la verdad. Cambió de vida, se convirtió en un ferviente cristiano y, con su ejemplo, llevó a muchos otros a hacer lo mismo.

Si algo debe convencerte de la gran maldad de este pecado, es el siguiente ejemplo, que es sólo uno de los muchos miles que podrían presentarse ante ti:

RETRASO EN LA CONFESIÓN.

Había un joven que al principio era muy piadoso, pero al crecer y mezclarse con el mundo, se apartó de esta piedad, e incluso cometió grandes pecados. En medio de su mala vida, se le oía decir continuamente: "Por nada del mundo moriría sin los Sacramentos. Sería una desgracia terrible. Pero todavía soy joven y no puedo decidirme a confesarme. Hay tiempo de sobra; Dios es bueno y misericordioso, y no permitirá que muera sin reconciliarme con Él".

Pero Dios es tan bueno como misericordioso. Este joven enfermó gravemente. Su madre, que tantas veces le había hablado de reconciliarse con Dios, le exhortaba ahora encarecidamente a que lo hiciera, pues corría un gran peligro de muerte.

Él respondió: "Sí, debo cambiar de vida, pero esperaré a estar sano".

"Pero corres un gran peligro de muerte", le dijo ella; "debes hacer las paces con Dios de una vez, porque es posible que nunca mejores".

Por fin le permitió que mandara llamar al cura; pero sucedió que estaba ausente en otra llamada de enfermo cuando el mensajero llegó a su casa, por lo que tuvo que esperar hasta que regresó. El sacerdote se apresuró a ir a casa del moribundo. Pero era demasiado tarde; había caído en la agonía y murió desesperado, sin confesarse, con el sacerdote a su lado.

He aquí otro terrible ejemplo de una gran caída por confiar en las propias fuerzas en vez de en la gracia de Dios.

EL MONJE PRESUNTUOSO.

Había un monje que vivía en el desierto en los días de San Pacomio, el Abad. Este monje tenía un gran deseo de salir al mundo y declarar públicamente su fe, para morir mártir.

Pero antes de hacerlo se dirigió al Santo, para pedirle sus oraciones y obtener su bendición.

"No vayas", le dijo el Santo, "sino vuelve a tu celda en el desierto, porque hacer lo que te propones sería tentar a Dios y, en vez de morir por tu fe, no harías más que negarla."

Pero el monje no escuchó estas palabras y lo abandonó, decidido a seguir su propio camino.

Al día siguiente, mientras atravesaba un bosque, se encontró con una banda de bárbaros, que lo apresaron y lo llevaron ante su jefe. Cuando vieron que era cristiano, levantaron sus espadas para matarlo, diciendo: "Renuncia a tu fe, o serás hombre muerto".

Al principio el joven mostró cierto valor, pero cuando vio que la espada estaba a punto de caer sobre él, gritó: "¡Perdóname! Renunciaré a ella". Entonces le permitieron partir.

Cuando se recuperó del susto y vio lo que había hecho, se llenó de remordimiento y tristeza. Volvió en seguida al santo Abad y, con lágrimas en los ojos, se lo contó todo.

"Oh Padre mío, ¿qué puedo hacer ahora para reparar el mal que he hecho? ¿Podrá Dios perdonarme alguna vez?"

"Sí, hija mía", dijo el Abad con voz bondadosa; "ten valor y pídele humildemente que te perdone, y con toda seguridad lo hará. Pero que esto te sirva de lección, para siempre, para que nunca te precipites al peligro, pues eso es ser culpable del pecado de presunción."

Capítulo 6: De la desconfianza en nosotros mismos

Hija mía, para escapar al peligro de caer en la presunción debemos tener una gran desconfianza en nosotros mismos; eso significa que por nosotros mismos no podemos evitar el mal ni hacer el bien para el Cielo sin la ayuda de la gracia de Dios.

PACCO TENTADO EN EL DESIERTO.

Cuenta el padre Segneri que un joven llamado Paccus se fue a un desierto para hacer penitencia por sus pecados.

Después de algunos años fue asaltado por grandes tentaciones. Al final fueron tan grandes que le pareció imposible resistirlas por más tiempo. Y como a menudo era vencido por ellas, empezó a desesperar de su salvación; incluso pensó en quitarse la vida.

Un día se dijo a sí mismo en su desesperación: "Si al final debo ir al infierno, es mejor para mí ir allí ahora que vivir así en pecado, y así sólo aumentar mis tormentos".

Otro día tomó en sus manos una víbora venenosa y trató por todos los medios de que le mordiera. Pero el reptil no le hizo el menor daño.

"¡Oh Dios mío!", exclamó, "hay tanta gente que no desea morir y, sin embargo, muere, y yo, que tanto deseo la muerte, no puedo morir".

En ese momento oyó una voz que le decía: "Oh insensato, ¿supones que puedes vencer las tentaciones con tus propias fuerzas? Ruega a Dios que te ayude, y Él te dará gracia para vencerlas; pero no confíes en tus propias fuerzas."

Estas palabras le infundieron nuevo valor. Comenzó en seguida a orar con gran fervor, y pronto perdió todo temor. Desde entonces llevó una vida muy edificante.

MÜLLER.

No creas que porque eres tan pequeño y tan débil, Jesús, que es tan grande, no vendrá a ayudarte. No; Él es tu Padre en el Cielo, y tú eres Su hijo, y Él te ama entrañablemente, así que no temas.

"PORQUE SOY TAN DÉBIL".

Leemos de una mujer piadosa que era tan pobre que solía pensar a menudo lo inútil que era en el mundo, y solía preguntarse cómo el gran Dios del Cielo podía pensar en ella, y mucho menos amarla.

Un día, cuando estos pensamientos rondaban su mente, oyó sobre ella una dulce voz que llenó de alegría su corazón; era la voz del mismo Jesús. "Hija mía", le dijo, "te elegí para servirme precisamente porque eres tan débil; porque sabiendo lo despreciable que eres, no te llevarás ninguna gloria para ti misma, sino que me la darás toda a Mí."

SANTA MARGARITA EN LA CÁRCEL.

Cuando Santa Margarita, virgen y mártir, estaba en la cárcel, después de haber sufrido ya muchas torturas crueles por la Fe, suplicaba fervientemente a Nuestro Señor que se complaciera en concederle la gracia de perseverar hasta el fin. Mientras oraba así, la asaltó un temblor de pies a cabeza, pues se le apareció el Diablo bajo la forma de un terrible dragón, que se precipitó hacia ella como si fuera a devorarla.

Pero la Santa, que desde niña se había entregado a Dios, segura de que nunca la abandonaría, se persignó y le pidió que la ayudara.

En el mismo instante el demonio huyó espantado, y la prisión se llenó de una luz resplandeciente, y de la claridad salió una voz que le dijo claramente: "Oh Margarita, sierva de Dios, llénate de alegría, ya que has vencido a tus enemigos. El tirano está lleno de confusión, y el Diablo está vencido. No pierdas la confianza en lo que aún has de soportar por amor de Dios, pues pronto terminarán tus tormentos y pronto comenzará tu gloria eterna."

La Santa se consoló con estas palabras, y agradeció a su Celestial Maestro su infinita bondad para con ella. Al día siguiente fue llevada al martirio, y así entró gloriosamente en el Cielo.

Capítulo 7: De la desesperación

Si es un gran pecado confiar en nosotros mismos y no en Dios, también es un gran pecado pensar que Dios no tendrá misericordia de nosotros, aunque hayamos pecado gravemente. Este pecado es el pecado de la desesperación, otro de los pecados contra la esperanza.

LA VISIÓN TERRIBLE.

Cuenta el venerable Beda que en su tiempo había un hombre que había sido muy piadoso, pero que poco a poco había ido cayendo en una vida mundana y descuidada, y acabó siendo el escándalo de la ciudad en la que vivía.

Al cabo de un tiempo cayó enfermo. La gente que iba a visitarlo, y veía lo peligrosa que era su enfermedad, le decía que ya era hora de pensar en prepararse para el gran paso a la eternidad.

"Ya habrá tiempo para eso después", respondió. "Ahora estoy demasiado enfermo y cansado para pensar en eso. Pensaré en ello cuando mejore".

Pero no mejoró; cada día estaba peor.

Un día le pareció ver algo terrible, porque, volviéndose hacia los que estaban en la habitación, gritó con una voz que heló la sangre en sus venas: "¡Ay! ¡He engañado al mundo! ¡Me he engañado a mí mismo! Estoy perdido para siempre".

Pero ellos le dijeron: "No digas esas palabras; Dios es misericordioso y ofrece el perdón hasta al mayor pecador".

"Sí; pero es demasiado tarde para mí. Dios me puso en este mundo para servirle, y no lo hice. No tengo ni siquiera una buena obra que ofrecerle. Así que estoy perdido. Estoy perdido".

"¡Oh! pide misericordia a Dios", gritaron. "Di: 'Oh Jesús, ten piedad de mí'".

"¡No! ¡No! ¡Es demasiado tarde! Acabo de ver el infierno, y en él vi a Caín y a Judas, y cerca de ellos un lugar preparado para mí. Es demasiado tarde. Estoy perdido". Intentaron de nuevo decirle palabras de consuelo y de la misericordia de Dios, pero todo fue en vano; el pobre hombre murió desesperado, porque no quiso pedir misericordia.

Del Venerable Bede.

Hija mía, este ejemplo te mostrará cuán terrible es el fin de los que han ofendido a Dios y no quieren volver a Él por el arrepentimiento.

EL TERRIBLE FIN DE JUDAS.

Judas era uno de los doce Apóstoles de nuestro Santísimo Señor. Durante tres años había estado constantemente en compañía de Jesucristo, y durante ese tiempo había recibido de Él muchas señales especiales de su favor y amor.

Pero el Diablo tentó a Judas, y él cedió a la tentación, que al final le llevó a traicionar a su amado Maestro en manos de Sus enemigos por unas pocas piezas de plata.

Cuando vio que Jesús estaba condenado a muerte, se llenó del más profundo remordimiento y, corriendo hacia los sumos sacerdotes, arrojó a sus pies el dinero que le habían dado, diciendo: "He pecado traicionando sangre inocente".

En aquel momento la gracia de Dios hablaba a su corazón y le instaba a arrepentirse de su crimen. Si lo hubiera hecho, habría sido perdonado y ahora sería un Santo en el Cielo. Pero él se resistió a la gracia de Dios, y permitió que la desesperación entrara en su corazón. Vio la grandeza del crimen que había cometido, y la visión le llenó de tanto horror que, olvidando la infinita misericordia de Dios, y, pensando sólo en el terrible pecado que había cometido, cayó en la desesperación, y, saliendo, se ahorcó.

SATANÁS Y EL MONJE PIADOSO.

El Diablo se apareció una vez a Faverio, discípulo de San Bruno y monje de singular bondad, que yacía peligrosamente enfermo. Después de aterrorizarlo de otras maneras, comenzó a recordarle todos los pecados que había cometido, diciendo: "Tú cometiste todos estos pecados".

El siervo de Dios le contestó que era muy cierto, pero que ya los había confesado y había recibido la absolución de ellos, por lo que tenía motivos para confiar en que Dios le había perdonado.

"¡Confesaste tus pecados! Confesaste tus pecados!" replicó el demonio. "No lo has dicho todo; no has hecho una confesión adecuada; no has explicado las circunstancias de tus pecados; tus confesiones fueron todas malas; no sirvieron para nada; sólo servirán para hacer más pesado tu juicio."

El santo monje, recordando así las faltas que el demonio le mostraba bajo aquella horrible luz, se alarmó mucho y empezó a llenarse de miedo. Estaba tan horrorizado y lleno de consternación que estuvo a punto de caer de cabeza en el abismo de la desesperación.

Pero la Santísima Virgen, siempre la verdadera Madre de misericordia, que no abandona a los que realmente le son devotos, se le apareció muy oportunamente en este terrible momento con el Divino Niño en sus brazos, y se dirigió a él de la siguiente manera: "Faverio, hijo mío, ¿por qué temes? ¿Por qué desfalleces? Espera y alégrate, ya casi has llegado al puerto del Cielo. Todos tus pecados te han sido perdonados por mi queridísimo Hijo. Te lo aseguro".

Al oír estas palabras, la gran angustia que sentía el moribundo al pensar en sus pecados dio paso a una tristeza humilde, confiada y apacible, y poco después exhaló su último suspiro con gran calma de alma.

Guía de la vida espiritual, p. 306.

Capítulo 8: De la confianza en Dios

D ios sabe lo que te conviene, hija mía, porque es tu Padre. En la tristeza y en la alegría, en la enfermedad y en la salud, ponte en sus manos. Esta confianza es lo que más le agrada, porque es señal de que esperas en Él y le amas.

MADUROS PARA EL CIELO.

Había una vez un hombre a quien Dios visitó con muchas y grandes pruebas. Apenas había pasado una prueba cuando le sobrevino otra. Pero él era un buen cristiano, y sabía que estos sufrimientos eran los dones que su Padre Celestial le enviaba, para que pudiera ganar una brillante corona de gloria en el más allá. Tenía una esposa y un hijo, un niño brillante y hermoso, y en su tranquilo hogar, en su compañía, encontró cierto consuelo cuando la carga era más pesada.

Ocurrió que estalló una guerra en el país donde residía, y se vio obligado a tomar las armas contra el enemigo.

Cuando terminó la guerra y regresó a su lugar de origen, encontró su hogar en ruinas y se enteró de que su mujer y su hijo habían sido asesinados por el enemigo.

Esta fue para él la más dura de todas las pruebas que había sufrido hasta entonces, y su habitual confianza en Dios pareció abandonarle por un momento en su gran dolor.

"¡Oh Dios mío!", exclamó, "¿por qué me has quitado lo único que apreciaba en este mundo, mi mujer y mi hijo? ¿Por qué me perdonaron las balas del enemigo, cuando tantos de mis camaradas fueron abatidos a mi lado? ¿Por qué me has preservado de la muerte para acumular sobre mí una aflicción tan grande?".

Y en medio de su dolor suplicó a Nuestro Señor que le sacara de este mundo, para no tener que sufrir más.

Dios le consoló en su dolor. En sueños le pareció ver que se le acercaba un ángel hermosísimo, que tenía en la mano tres granos de semilla. Los sembró en un campo. Dos de ellos crecieron y produjeron flores de una magnificencia y belleza que nunca antes había visto. Pero el tercer grano no brotó.

Entonces preguntó al ángel "¿Por qué dos de las semillas que sembraste han producido flores tan hermosas y la tercera ni siquiera ha brotado?".

El ángel respondió: "Porque aún no está lista. Ten paciencia; también aparecerá".

Poco después la vio brotar también de la tierra, y las flores que producía eran aún más hermosas.

Cuando despertó, se puso a reflexionar sobre lo que había visto. "Oh Dios mío", dijo, "fue un error por mi parte murmurar contra tu santa voluntad como lo he hecho. Perdóname, oh Dios mío; Tú eres en verdad un Padre lleno de sabiduría. Te has llevado a los que yo amaba, porque viste que ya estaban maduros para el Cielo, y me has dejado todavía un poco de tiempo en la tierra para purificarme y prepararme para un grado aún mayor de gloria en el Paraíso."

Desde aquel momento no se quejó más. Las aflicciones continuaron sobre él, pero las soportó todas con una paciencia invencible, y su oración constante fueron aquellas palabras de la Escritura: "En ti, Señor, he esperado; que nunca sea confundido".

SCHMIDT, Rep. du Catéch., iv. 286.

EL PADRE MORIBUNDO.

No hace mucho, un pobre hombre, padre de una familia numerosa, se vio afectado por una peligrosa enfermedad. Sentía la mano de la muerte sobre él, pero estaba tranquilo y feliz.

Sus hijos, de pie junto a su lecho, lloraban y rogaban a Dios que su querido padre no les fuera arrebatado.

"Hijos míos -les dijo-, es voluntad de Dios que os deje. Con mis últimos labios os pido que le améis y le sirváis hasta que Él venga a llevaros consigo. He vivido mucho tiempo en este mundo, y puedo deciros que sólo eso puede haceros felices."

Estas palabras, pronunciadas a intervalos y en voz baja, decían claramente a los niños que el fin estaba realmente cerca. Esto les hizo llorar aún más. Pero el buen hombre parecía sonreír más que llorar, y estar más lleno de alegría que de tristeza.

Margarita, su hija mayor, observó esto, y le dijo: "¡Ah! queridísimo padre, ¿cómo puedes estar tan alegre mientras nosotros estamos tan tristes? Has vivido una vida dura y laboriosa, y has tenido muchas penas y pruebas, y ahora, incluso cuando la muerte está cerca, y estás soportando tanto dolor, pareces no sentirlo."

"Mi querido hijo", respondió, "hace mucho, mucho tiempo, cuando yo era pequeño, mi madre solía decirme lo que a menudo os he dicho a todos vosotros: aquellas palabras de la Escritura: 'Ten siempre al Señor ante tus ojos, y teme su santo nombre'. Estas pocas palabras me dieron valor en mis pruebas, y fueron mi defensa en el momento de peligro, y ahora son mi mayor consuelo. Porque me han conducido a la puerta de mi hogar celestial, y muero con la firme esperanza de que me llevarán a la presencia de Aquel a Quien he tenido siempre presente en mi corazón. Esto es lo que me hace estar ahora tan tranquilo y tan resignado. Y si hacéis como yo, también vosotros, a la hora de vuestra muerte, estaréis llenos de la misma bendita esperanza." Este era el único legado que este pobre hombre tenía para dejar a sus pequeños, pero era de más valor que el regalo más rico que el mundo pudiera conceder.

Schmidt, Rep. du Catech., iv. 311.

Hijo mío, puesto que Dios es tu Padre, y te ama tanto, deberías con la mayor confianza ponerte en sus manos, y decirle: "Padre mío que estás en los cielos, soy tu hijo, haz de mí lo que quieras".

EN LOS BRAZOS DE JESÚS.

En el año 1623, al comienzo de la Cuaresma, la Venerable Inés de Jesús cayó muy enferma. Tenía entonces sólo veintiún años. Los médicos que la atendieron no parecían comprender la naturaleza de su enfermedad, y le dieron medicinas que, en vez de mejorarla, la hacían sufrir más.

Pero Inés no dijo ni una sola palabra de queja; las únicas palabras que pronunció fueron las siguientes, que repetía a menudo todos los días: "Oh Dios mío, oh mi dulce y amable Jesús, que seas mil y mil veces bendito".

Cuando llegó el domingo de Pascua, Dios quiso premiar la paciencia con que había sufrido las pesadas cruces que se había complacido en enviarle, permitiendo que se le apareciese su ángel custodio.

"Hija mía", le dijo el ángel, "¿eres feliz en tus sufrimientos?".

"Sí", respondió ella, "porque es la santa voluntad de Aquel a Quien amo con todo mi corazón".

"Pero, ¿no era también tu propio deseo sufrir?". Él sólo te ha hecho lo que tú misma le pediste".

Inés respondió: "Mi corazón y mi voluntad están enteramente unidos a Él: que disponga de mí según su divina voluntad; y si fuera su deseo que yo sufriera toda mi vida, e incluso hasta el Día del Juicio, estoy dispuesta a ello."

El ángel respondió: "Continúa amando a Jesús de esta manera, y ten la seguridad de que Él nunca te abandonará".

EL RESCATE DE TEÓDULO

Teódulo era hijo de San Nilo, y vivía en el desierto junto con otros santos solitarios. Un día los sarracenos cayeron sobre ellos y se los llevaron cautivos para venderlos como esclavos. Teódulo fue llevado a una ciudad llamada Sabira y expuesto a la venta en el mercado. Estaba rodeado de hombres con espadas desenvainadas, dispuestos a matarlo si no alcanzaba el precio que querían.

Cuando llevaba así algún tiempo y nadie parecía dispuesto a comprarlo, se prepararon para darle muerte. Al ver el peligro que corría, gritó lastimeramente a la gente que le salvara la vida comprándolo, prometiéndoles que sería durante toda su vida el devoto esclavo de quien lo hiciera.

Sucedió en aquel momento que el obispo del lugar pasaba por allí y, al oír sus gritos desgarradores, fue y pagó el dinero que le pedían y lo liberó. Teódulo se arrojó a sus pies, lleno de amor y gratitud. Desde aquel momento no pudo separarse de él, y nunca dejó de darle las gracias por haberle salvado la vida.

Jesús ha hecho más por ti, hija mía; te ha salvado del infierno y ha pagado por ti un precio muy grande. Esto debería hacerte amarle y llenarte de una gran confianza en Él.

LA MUJER CURADA DEL FLUJO DE SANGRE.

Cuando Nuestro Señor estaba en la tierra, andaba entre la gente "haciendo el bien y curando a los enfermos".

Sucedió un día, que andando rodeado de multitudes, había entre ellas una mujer aquejada de flujo de sangre desde hacía doce años, que había gastado todos sus bienes en médicos y no había podido ser curada por ninguno de ellos. Se acercó a Él por detrás y tocó el borde de su manto, pues se decía: "Si toco sólo Su manto, quedaré curada". E inmediatamente cesó de manar sangre.

Y Jesús dijo: "¿Quién es el que me ha tocado?" Y negando todos, Pedro y los que estaban con él dijeron: "Maestro, la multitud se agolpa y te aprieta, ¿y tú dices: "Quién me ha tocado"?"

Y Jesús dijo: "Alguien me ha tocado; porque yo sé que la virtud ha salido de Mí".

Y la mujer, viendo que no se ocultaba, vino temblando, y se postró a sus pies, y declaró delante de todo el pueblo por qué causa le había tocado, y cómo había quedado inmediatamente curada.

Pero Él le dijo "Hija, tu fe te ha curado; vete en paz".

LA CONFIANZA LA CONFIANZA DE FRANCISCO DE SALES EN DIOS.

El gran San Francisco de Sales trató de inspirar a aquellos que lo rodeaban con esa confianza en Dios que ardía en su propio pecho.

Un día un caballero vino a él en gran angustia. El pensamiento de la muerte, y de los juicios de Dios, lo habían sumido en las más bajas profundidades de la tristeza y el desaliento, y fue a él en busca de consuelo.

"Ay, amigo mío -respondió el Santo-, no hay tormento tan grande como éste; lo conozco bien, pues yo mismo tuve que soportarlo por espacio de seis semanas, y estoy bien capacitado por experiencia para hablar sobre este asunto. Permítanme decirles, entonces, que si alguien tiene el ferviente deseo de servir a Nuestro Señor, no debe estar siempre atormentado por el pensamiento de la muerte y el juicio; o si debemos tener algún temor de ellos, que sea un temor mezclado con confianza. Dios es Nuestro Padre, y Su amor por nosotros es ilimitado; ¿y no nos ha dicho que aquellos que esperan en Él nunca serán confundidos? Por eso, hija mía, ten presente lo que San Pablo dice de los que aman a Dios: "No hay condenación para los que están en Cristo Jesús"".

SANTA FRANCES ALEJA A SATANAS.

Un día iba Santa Francisca de Roma a comulgar, cuando el Diablo, envidioso de su felicidad, le dijo: "¿Cómo tú, que estás tan llena de pecados veniales, te atreves a recibir al Cordero Inmaculado de Dios?".

Ella percibió al instante que el enemigo pretendía privarla de esta gran bendición, y lo ahuyentó escupiéndole en la cara. Después se le apareció la Santísima Virgen y le dijo: "Hija mía, has hecho bien; tus defectos, en lugar de ser un obstáculo para que comulgues, deben, por el contrario, inducirte a hacerlo cada vez con más frecuencia, ya que en la Sagrada Comunión encuentras el remedio para todas tus miserias."

Así fue recompensada la confianza de Santa Francisca.

SAN MARTÍN DE NANTES.

Cuando San Martín de Nantes estaba en su lecho de muerte, se sentía tranquilo y feliz. Había pasado una larga vida al servicio de Dios, y ahora, como San Pablo, esperaba oír, del Justo Juez, la feliz sentencia que le colocaría para siempre en el goce de su recompensa en el Cielo.

Alrededor de su lecho se arrodillaron los Padres y Hermanos del monasterio, llorando y rezando.

Mientras oraban así, apareció de repente en la habitación una tropa de espíritus malignos, que se acercaron y rodearon el lecho del Santo moribundo. El miedo se apoderó de los que le rodeaban; sólo él permaneció tranquilo y sereno.

"¿Qué queréis aquí?", les gritó. "Marchaos en seguida; Jesucristo me ha redimido, y no puedo perderme junto con vosotros, porque siempre he puesto en Él toda mi confianza". Mientras pronunciaba estas palabras, los malos espíritus se desvanecieron, y murió en paz.

No hay manera más segura de vencer la tentación de la desesperación en la hora de la muerte que siendo muy devotos de Nuestra Señora Santísima durante la vida, pues aquellos a quienes Nuestra Señora ama y protege pueden esperar confiadamente ser amados por su Divino Hijo.

SAN ADMONICIÓN DE SAN BERNARDO.

"Oh tú, quienquiera que seas, que navegas por las aguas tempestuosas del océano de esta vida, si quieres escapar del naufragio, mira a la Estrella del Mar; invoca a María. Cuando la tempestad de las tentaciones se levante a tu alrededor, y estés a punto de estrellarte contra las rocas de la angustia, mira a la Estrella; invoca a María. Cuando te zarandeen las olas de la ambición o del orgullo, invoca a María. Si la ira, o la avaricia, o las tentaciones impuras tratan de alejarte de Dios, mira a la Estrella; invoca a María. Si la grandeza del mal que has hecho te turba, o si te aterra el pensamiento del juicio que ha de caer sobre ti, y si empiezas a hundirte en el abismo de la desesperación, piensa en María. En todos los peligros, en todas las dificultades, en todas las dudas, piensa en María, invoca a María".

Capítulo 9: La esperanza, nuestro consuelo en la hora de la muerte

L a esperanza, que ha sido nuestra constante compañera en la vida, y que tantas gracias nos ha obtenido de nuestro Padre Celestial, será nuestro gran consuelo cuando llegue la hora de nuestra muerte, pues ¿no ha prometido solemnemente Nuestro Divino Señor que si le hemos servido durante la vida nos concederá después de la muerte la recompensa eterna que nos ha prometido?

SAN PALABRAS DE ALIENTO DE SAN PABLO.

Fue este pensamiento el que llenó el alma de San Pablo de tanta confianza cuando llegó su última hora. Dijo a su amado Timoteo: "Se acerca la hora de mi disolución. He peleado una buena batalla; he terminado mi carrera; he guardado la fe. Por lo demás, me está reservada una corona de justicia, que el Señor, Juez justo, me dará en aquel día, y no sólo a mí, sino también a los que aman su venida" (2 Tim. iv. 6 y ss.).

SAN PALABRAS DE FILIPO NERI A JESÚS.

San Felipe Neri no sólo fue un buen cristiano, sino un gran santo. Todos los días de su vida trataba de agradar a Dios, y también todos los días, con sus buenas obras, acumulaba para sí grandes tesoros para el Cielo. Sin embargo, había un pensamiento que siempre estaba presente en su mente día y noche. Pensaba que aún podía perderse, porque tal vez no perseveraría hasta el fin. Cada mañana solía decirle a Jesús: "Oh Jesús mío, cuida de mí hoy, y no me dejes solo, porque si no velas por mí, puedo, como otro Judas, traicionarte cayendo en el pecado".

También decía con frecuencia: "Oh Jesús mío, la herida en Tu Sagrado Costado era, en verdad, muy grande, pero, si me dejas solo, puedo hacerla aún más grande. Si no me sostienes con tu gracia, con toda seguridad caeré en pecado".

San Felipe perseveró hasta el fin, porque estaba siempre velando y orando; así, pues, hija mía, sólo con la vigilancia y la oración constantes vencerás la tentación y obtendrás la gracia de la perseverancia final.

SANTO LOS TEMORES DE SANTA ROSA DE LIMA

Un día Santa Rosa estaba llena de tristeza al pensar que no perseveraría hasta el fin y que un día sería condenada al infierno para siempre. En su angustia se le apareció Jesús y le dijo: "Rosa, hija mía, ¿qué te entristece tanto y por qué permites que estos pensamientos te perturben? ¿No sabes que no condenaré al infierno sino a los que quieren ser condenados?", como si hubiera dicho: "Si una persona es condenada es por su propia culpa, pues si sólo Me hubiera pedido perseverancia la habría obtenido".

"DIOS ES FIEL".

Cuando Santa Juana de Chantal se sentía turbada por pensamientos de desesperación, solía alejarlos en seguida. "Dios es fiel", decía, "y ha prometido darme la gracia de la perseverancia si se la pido. Es mi oración diaria a Él: ¿por qué, pues, he de tener miedo?".

Oh hija mía, que Dios te conceda la gracia de la perseverancia, para que, como Sus Santos que han perseverado hasta el fin, recibas la corona de la vida.

Parte 2: LA ORACIÓN

Capítulo 10: Qué es la oración

De todos los deberes que tenemos que cumplir en este mundo para con Dios, no hay ninguno tan importante como el de la oración. Es, pues, necesario que tú, hija mía, sepas orar bien.

La oración es la elevación de la mente y del corazón a Dios.

SAN IGNACIO Y EL PORTADOR.

San Ignacio y algunos de sus compañeros, estando de viaje, contrataron a un pobre hombre para que les llevara el equipaje, pues viajaban a pie. Este hombre era muy ignorante y, además, muy impaciente. También era dado a jurar y a otras muchas faltas. Los Padres le hablaban a menudo de esto y trataban de corregirle.

Cuando estos santos varones llegaban a una posada, lo primero que hacían después de alquilar una habitación para ellos y su ayudante era arrodillarse a poca distancia unos de otros y pasar largo rato en oración.

Mientras tanto, el portador dormía generalmente en un banco o se calentaba junto al fuego.

Pero al cabo de algún tiempo, la piedad y reverencia con que aquellos hombres hacían sus oraciones le hicieron pensar que debían de ser muy santos, y que era por ser tan santos por lo que se mostraban tan alegres en medio de todas sus dificultades; así que decidió rezar él también.

En cuanto los vio arrodillados, se fue a un rincón y permaneció de rodillas hasta que se levantaron. No había hecho esto muchas veces antes de que le sobreviniera un gran cambio. Pronto abandonó por completo sus viejas costumbres y se volvió sobrio, paciente y servicial. Los Padres se alegraron de ver este gran cambio, y sabían que Dios le había concedido esa gracia porque había empezado a rezar sus oraciones.

Un día le preguntó San Ignacio qué oraciones rezaba durante el largo tiempo que pasaba de rodillas.

El pobre hombre respondió: "Soy muy ignorante, y no sé rezar, pero esto es lo que digo a Dios cuando te veo rezar. Señor, soy un pobre ignorante y no sé cómo servirte; pero estos hombres que rezan con tanto fervor deben de ser grandes santos. Oh Dios mío, tengo el deseo de hacer por Ti todo lo que ellos hacen, y de decirte todo lo que ellos dicen'".

San Ignacio se sintió muy edificado con esta respuesta. Dio gracias a Dios por haber dado a los pobres y a los pequeños de este mundo gracias que los ricos y los sabios no merecen recibir.

Heureuse Anne.

LA ORACIÓN DEL POBRE.

En el pueblo de Ars, no hace mucho tiempo, vivía un pobre hombre que era muy ignorante en las ciencias del mundo, pero que cada día ganaba grandes méritos para el Cielo por su sencilla fe.

Siempre que aquel buen hombre iba a su trabajo o volvía de él a casa, era seguro verle entrar en la iglesia para adorar a su Divino Señor siempre presente en el santo sagrario. Dejaba sus herramientas, su pala, su azada y su pico en la puerta, y permanecía durante horas sentado o arrodillado ante el sagrario.

El sacerdote del lugar, el Beato Padre J. M. Vianney, lo observaba con gran deleite. Pero lo que le sorprendía era que, aunque el hombre permanecía tanto tiempo en la iglesia, nunca abría los labios, y mantenía los ojos fijos en el sagrario todo el tiempo.

Un día el sacerdote le dijo: "Mi buen padre, ¿qué le dices a Nuestro Señor en esas largas visitas que le haces cada día?".

El pobre hombre respondió: "No le digo nada; le miro, y Él me mira".

Vida del Beato Cura de Ars.

Ya ves, hija mía, que la oración no consiste en decir muchas palabras, sino en tener la mente fija en Dios, y eso no es muy difícil para un hijo de Dios.

Capítulo 11:
LA ORACIÓN ES TODOPODEROSA CON DIOS

La oración es todopoderosa para Dios. Jesucristo mismo afirmó continuamente esta verdad durante Su vida en este mundo. "Pedid y recibiréis", dijo. Y esto porque somos hijos de nuestro Padre Celestial, que siempre nos escuchará, especialmente cuando pedimos cualquier cosa en nombre de su amado Hijo Jesús. La historia de la Iglesia y la vida de los santos de Dios en todas las épocas lo han demostrado abundantemente.

LEYENDA DE SANTA ESCLÁSTICA.

Escolástica era hermana del Venerable Padre Benito, y estaba consagrada a Dios Todopoderoso desde su infancia. Acostumbraba visitar a su hermano una vez al año. El varón de Dios bajó a recibirla a una casa del monasterio, no lejos de la puerta. Pasaban todo el día cantando alabanzas a Dios y conversando santamente, y al anochecer comían juntos. En una ocasión, mientras estaban sentados a la mesa, y se hacía tarde mientras conferenciaban entre sí sobre temas sagrados, la santa monja habló así a su hermano: "Te ruego que te quedes conmigo esta noche, y hablemos hasta la mañana sobre las alegrías del Cielo". El respondió: "¿Qué es esto que dices, hermana? Por ningún motivo debo permanecer fuera del monasterio".

La tarde era tan hermosa que no se veía ni una nube en el cielo. Cuando la santa monja oyó la negativa de su hermano, juntó las manos y, apoyándolas sobre la mesa, ocultó en ellas su rostro e hizo una oración a Dios, que es todopoderoso. Tan pronto como levantó la cabeza de la mesa, estalló una tormenta tan grande de truenos, relámpagos y lluvia que ni San Benito ni los hermanos que estaban con él pudieron poner un pie fuera del lugar donde estaban sentados.

La santa virgen había derramado un torrente de lágrimas mientras apoyaba la cabeza en la mesa, y el cielo sin nubes derramaba la lluvia deseada. La oración se elevó, la lluvia cayó a torrentes; no hubo intervalo; pero la oración y la lluvia estaban tan estrechamente unidas, que la tormenta llegó tan pronto como ella levantó la cabeza. Entonces el hombre de Dios, viendo que le era imposible llegar a su monasterio entre tanto relámpago, trueno y lluvia, se entristeció, y dijo quejumbrosamente: "¡Dios te perdone, hermana! ¿Qué has hecho?" Pero ella respondió: "Te pedí un favor y no quisiste escucharme; entonces se lo pedí a Dios y me lo concedió. Vete ahora, si puedes, al monasterio, y déjame aquí". Pero no estaba en su mano moverse del lugar, de modo que quien no quería quedarse de buena gana tuvo que hacerlo a regañadientes, y pasó toda la noche deleitando a su hermana con discursos sobre la vida espiritual.

Por la mañana la santa mujer regresó a su convento, y el hombre de Dios a su monasterio. Tres días después se encontraba en su celda y, alzando los ojos, vio el alma de su hermana que subía al cielo en forma de paloma. Lleno de gozo por su glorificación, dio gracias a Dios con himnos de alabanza y gratitud, y comunicó su muerte a los hermanos. Inmediatamente les ordenó que llevaran su cuerpo al monasterio, y una vez hecho esto, lo enterró en la tumba que había preparado para sí mismo. De este modo, como sus almas siempre habían sido una en Dios, sus cuerpos quedaron unidos en la misma tumba.

Capítulo 12: LA ORACIÓN, LLAVE DEL CIELO

Hija mía, si quieres entrar en una casa que está cerrada con llave, debes, en primer lugar, procurarte la llave, y cuando hayas encontrado la llave, vas y abres la puerta, y así entras en la casa.

Tú deseas entrar en la hermosa casa de Dios, que es el Cielo. Ahora, la oración es la llave del Cielo. Si rezas como debes, con toda seguridad llegarás a ese lugar feliz; si no rezas, o rezas descuidadamente, entonces nunca entrarás en el Cielo. Veis, pues, cuán importante es orar bien.

SE CALMÓ LA TEMPESTAD.

Era un día muy tempestuoso; soplaba el viento, y las olas se levantaban altas, como grandes montañas sobre la faz del océano.

Mientras afuera arreciaba esta tempestad, San Francisco de Paula rezaba tranquilamente sus oraciones en su pequeña habitación. De pronto, en medio de sus oraciones, fue perturbado por el ruido de gente que corría con gran prisa hacia el lugar donde él se encontraba. Cuando llegaron a la puerta, llamaron muy fuerte.

San Francisco abrió la puerta, y vio ante él a varias personas llenas de terror. Habían venido de la aldea vecina, para decirle que había una nave en el mar a punto de perderse, pues las olas la agitaban y parecía imposible que llegase al puerto. Oyeron que la gente del barco pedía socorro, pero no podían ayudarles, porque estaban demasiado lejos y ninguna barca podía aventurarse en un mar tan tempestuoso.

"Venga, santo Padre", gritaron todos juntos, "venga enseguida. La gente del pueblo nos ha enviado para pedirte que vengas a ayudarnos, y que ruegues a Dios que salve la barca y a las personas que van en ella."

San Francisco dijo al instante: "Iré con ustedes". Y volvieron todos juntos.

Cuando la gente vio llegar al Santo, corrieron a su encuentro. Habían sentido a menudo el poder de sus santas oraciones en sus problemas y peligros, y estaban seguros de que si él pedía a Dios que les ayudara ahora, ciertamente lo haría. Así que le gritaron tan pronto como estuvieron cerca de él: "¡Ayúdanos, Padre, ayúdanos!", y señalaron con las manos el lugar donde la nave se agitaba en el mar embravecido.

San Francisco les hizo una señal para que guardaran silencio. Luego se arrodilló y, durante unos instantes, rezó a Dios en secreto. La gente, al verle de rodillas, se arrodilló también y se puso a rezar.

Cuando terminó de rezar, se levantó. Toda la gente le miraba para ver qué hacía. Levantó las manos al cielo, hizo la señal de la cruz sobre el mar y pronunció en voz alta el santo Nombre: "Jesús".

Tan pronto como hubo pronunciado ese bendito Nombre, se produjo una gran calma, igual que cuando Nuestro Señor mismo se levantó en la barca en el Mar de Galilea, y dijo: "Paz, silencio". La barca, que un momento antes había estado a punto de hundirse, yacía tranquilamente sobre las suaves aguas del mar, y las personas que habían estado en el mayor peligro de muerte fueron en un instante liberadas de él, y la nave en poco tiempo entró sana y salva en el puerto.

Los que estaban en el barco se llenaron de asombro ante el repentino cambio que se había producido. Cuando llegaron al puerto, y oyeron decir a la gente que habían sido salvados de una tumba de agua por las oraciones de San Francisco, todos corrieron hacia él para darle las gracias.

Pero el santo varón de Dios, señalando con el dedo al Cielo, les dijo: "No me deis las gracias a mí, sino al gran Dios de lo alto, que, por el poder del santo Nombre de su Hijo Jesús, os ha salvado de la muerte".

Entonces la gente que había estado en la nave, y todos los habitantes de la aldea, cayeron de rodillas y dieron gracias a Dios.

Como este barco, estamos en un mar tempestuoso. El mundo es el mar, y las tentaciones con las que nos encontramos son los grandes vientos que levantan la tempestad. Por nosotros mismos, nunca podremos vencer esas tentaciones, como tampoco los que iban en el barco podían salvarse de la muerte.

Pero Dios nos ha dado el medio de vencerlas, porque cuando vienen a turbarnos, y cuando estamos en peligro de caer en el pecado, si invocamos con devoción el santo Nombre de Jesús, estas tentaciones desaparecerán en seguida, y habrá una gran calma en nuestras almas; entonces podremos llegar al puerto con seguridad, el puerto que es el Reino de los Cielos.

Una de las mayores gracias que debes pedir a Dios en la oración es la de la perseverancia. Esta es la "gracia de las gracias"; esta es la gracia de la que depende nuestra salvación; y Dios nos ha dado un medio para obtenerla infaliblemente, y es orando por ella continuamente hasta nuestro último aliento. Esto puede llamarse verdaderamente la "Llave del Cielo".

UN SANTO EN PELIGRO.

San Francisco de Asís predicaba un día en Bolonia. Entre los que le escuchaban había un joven estudiante llamado Rizzeri. Las palabras del Santo impresionaron de tal modo su corazón, que al instante resolvió renunciar al mundo para salvar su alma.

Cumplió fielmente su resolución y progresó tanto en la piedad que San Francisco lo consideró uno de los hombres más santos de su Orden. Lo nombró jefe de una de sus casas, y finalmente lo hizo Provincial.

Pero Satanás se llenó de ira y lo asaltó con grandes tentaciones. Él, durante un tiempo, las superó con gran valentía; pero fueron tan grandes que al final estuvo a punto de ceder.

Su historiador nos dice que con toda probabilidad no habría perseverado si San Francisco no hubiera acudido en su ayuda, y mediante la oración le hubiera obtenido la gracia de ser fiel hasta el final.

Capítulo 13: La oración de acción de gracias

La oración de acción de gracias es aquella por la que damos gracias a Dios por todo lo que ha hecho por nosotros. Es uno de nuestros primeros deberes. Ser ingrato es considerado en este mundo como uno de los peores vicios; y si consideramos como un acto de justicia el que una persona nos esté agradecida por un pequeño favor que le hayamos hecho, cuánto mayor es nuestra obligación de mostrar nuestra gratitud a Dios, de quien hemos recibido nuestro propio ser y tantas otras gracias espirituales y temporales.

EL REY ALFONSO Y EL MENDIGO.

Había una vez en Aragón un rey muy piadoso llamado Alfonso. Este Rey vio que la mayor parte de los jóvenes Príncipes que moraban en su Palacio eran muy mundanos, y rara vez, o nunca, pensaban en la oración o en dar gracias a Dios por los beneficios que diariamente recibían de Él.

Un día pensó darles una lección. Preparó un gran banquete y los invitó a todos. En cuanto estuvieron reunidos, dio la señal de comenzar la comida. A ninguno de ellos se le ocurrió hacer la señal de la cruz o pedir una bendición por la comida antes de empezar. En medio del banquete, se abrió de repente la puerta de la sala y entró un mendigo. Iba cubierto de harapos, y todo su aspecto demostraba que pertenecía a la clase más baja de la sociedad.

Sin decir una palabra, ni siquiera pedir permiso, se sentó entre los nobles, no lejos del Rey, y empezó a comer y beber como si tuviera tanto derecho a estar allí como los demás.

Todos los jóvenes nobles se indignaron ante semejante conducta y miraron al Rey, preguntándose por qué no había ordenado de inmediato que el intruso fuera expulsado de la sala. Pero el Rey permaneció sentado en silencio.

Cuando el mendigo hubo comido y bebido todo lo que pudo, se levantó y, sin siquiera mirar al Rey ni agradecerle la comida que había recibido, se volvió hacia la puerta y desapareció.

Apenas hubo salido, un murmullo de disgusto estalló entre los invitados. "¡Qué impertinencia!", gritaron; "¡un miserable como él para atreverse a entrar aquí, y comer y beber en la mesa del Rey, como si todo le perteneciera, y marcharse sin decir siquiera una palabra de agradecimiento!". Y durante algún tiempo siguieron hablando en el mismo tono de lo que acababa de ocurrir.

Al fin el Rey se levantó y dijo: "Amigos míos, os preguntáis entre vosotros por qué permití que ese pobre hombre permaneciera en la sala, y os indignáis por su conducta. Fue por orden mía que vino aquí. Quería darle una lección. Habláis de su insolencia, su ingratitud y su grosería. Pero vosotros mismos sois tan culpables como él, e incluso más. ¿No recibís cada día de vuestro Padre celestial muestras de su generosidad y de su amor por vosotros, y no pensáis nunca en darle gracias? Que esto te sirva de lección. Por el tiempo venidero, sedle agradecidos, y no dejéis pasar un solo día sin darle gracias por las bendiciones que os ha concedido."

Soportaron en silencio la reprimenda del Rey, pues vieron que era bien merecida, y sacaron provecho de la lección recibida.

Hija mía, tal vez sientas que tú también has descuidado agradecer a tu Padre Celestial las gracias que te ha concedido, pero para el futuro tendrás más cuidado. Cuanto más agradecido seas, más recibirás de Él.

EL ABAD SABBAS Y LOS CAMELLEROS.

Un día llegaron al monasterio que regía San Sabbas unos camelleros que se habían perdido en el desierto. El abad los recibió con su acostumbrada amabilidad, y les ofreció la comida que su pobreza le permitía, consistente principalmente en hierbas y raíces que crecían en su jardín, al tiempo que expresaba su pesar por no tener nada mejor que ofrecerles.

Los vagabundos le agradecieron mucho su amabilidad, diciendo que, aunque la comida era sencilla, era abundante y muy bienvenida para los hombres que sufrían las punzadas del hambre; y cuando se hubieron refrescado y les indicaron el camino, reanudaron su viaje.

De vuelta a casa, pasaron de nuevo cerca del monasterio y fueron a visitar al abad a su celda. Como agradecimiento por la generosidad que les había demostrado en el viaje de ida, le llevaron varios quesos y una gran cesta llena de dátiles.

Después de su partida, el abad convocó a los religiosos en su celda y, tras mostrarles los regalos que los forasteros habían traído y alabar su generosidad, les dijo:

"¡Ay de nosotros, hermanos míos! Esta gente, que son bárbaros, y todavía sólo paganos, lejos de olvidar la poca amabilidad que les mostramos, nos han demostrado su gratitud con estos ricos y abundantes regalos. Cuán avergonzados deberíamos estar -nosotros que somos hijos de Dios, y que hemos recibido tantas bendiciones, temporales y espirituales, de Él- de nuestra poca gratitud hacia Él, y que, en lugar de derramar nuestras oraciones de acción de gracias, le ofendemos tan a menudo quebrantando sus mandamientos!".

Los religiosos escucharon con atención esta lección de su abad, y mientras participaban de los presentes que habían recibido, no se olvidaron de dar gracias a Dios, que por manos de aquellos hombres se los había enviado.

Hija mía, seríamos indignos del nombre de hijos de Dios si no diéramos gracias a Nuestro Padre del Cielo por las bendiciones que derrama diariamente sobre nosotros.

Blumen der Wüste.

Capítulo 14: Debemos rezar con resignación

Cuando pidas algo a Dios, hijo mío, debes dejar siempre que Él te lo conceda o te lo niegue según lo considere oportuno. Dios sabe mejor que nosotros lo que nos conviene.

LA ORACIÓN PRECIPITADA DE UNA MADRE, CONCEDIDA.

Había una vez una madre que tenía un hijo único, un varón por el que sentía el mayor afecto. Sucedió que el niño se puso muy enfermo. Al principio, la madre no creía que hubiera ningún peligro; es más, pensaba que era imposible que algo pudiera sucederle a su querido hijo.

Algunos vecinos le dijeron que el niño se estaba muriendo, y empezaron a consolarla diciéndole que su hijito pronto sería un ángel de Dios en el Cielo.

Estas palabras asustaron a la pobre madre. Ahora, por primera vez, veía lo que otros habían visto mucho antes: que su hijo se estaba muriendo de verdad.

Cuando el sacerdote del pueblo fue informado de lo que estaba sucediendo, fue a decir algunas palabras de consuelo a la afligida madre.

Al ver que todo lo que podía decirle no surtía efecto, se arrodilló junto a la cama del moribundo y se puso a rezar. "Oh Dios mío", dijo, "perdona la vida a este niño, por el bien de la madre, si es Tu santísima voluntad".

Cuando la madre le oyó decir estas palabras se enfadó mucho. "¿Por qué has dicho eso?", le dijo. No digas "si es Su voluntad", sino dile que debe hacer que mi hijo mejore. Dile que no deje morir a mi hijo".

Dios escuchó complacido la temeraria oración de la madre, y el niño, contra todo pronóstico, volvió a estar bien. Dios quiso darnos con este ejemplo la lección de que lo mejor es someternos a su santa voluntad cuando le pedimos algo.

Cuando empezó a crecer y a mezclarse con otros compañeros, empezó también a aprender el mal. Además, su madre, que lo quería demasiado, nunca lo corregía, y mientras los demás veían las faltas y pecados que cometía a diario, ella nunca veía ninguno.

Pasaba el tiempo y el muchacho empeoraba cada vez más. Su madre se vio obligada a abrir los ojos, pero ya era demasiado tarde. Comenzó a maltratar a su madre, y durante mucho tiempo ella tuvo que soportar los tratos más crueles de sus manos. Ahora veía cuánto mejor habría sido, tanto para él como para ella, que Dios se lo hubiera llevado al Cielo en su inocencia bautismal.

Intentó una y otra vez corregirle, pero ya era inútil. En lugar de corregirse, o incluso de prometer que lo haría mejor, se hundió más en el crimen, y al final la desdichada madre tuvo la pena de verlo morir como un criminal en el cadalso, a causa de un asesinato que había cometido.

Raineri: Homilías.

EL CIEGO EN LA TUMBA DE SAN TOMÁS.

Hace mucho tiempo, cuando la luz de la verdadera fe brillaba intensamente en nuestra tierra, se vio a un pobre ciego peregrinando a la tumba de Santo Tomás de Canterbury. Fue allí para pedir a través de las oraciones del Santo la recuperación de su vista. Su plegaria fue concedida y regresó a casa curado.

Cuando pasaron los primeros momentos de alegría, recordó que en su oración al Santo había omitido añadir estas palabras: "Si es la voluntad de Dios", o "si Dios ve que es útil para mi salvación".

Así que volvió a la tumba del Santo, y dijo: "Oh gran Santo Tomás, te agradezco por el favor que me has obtenido de Dios. Pero si el uso de mis ojos me resultara perjudicial o pusiera en peligro mi salvación eterna, te pido humildemente que me vuelvas ciego de nuevo."

En el mismo momento perdió de nuevo el uso de los ojos y quedó ciego como antes. Pasó el resto de sus días preparándose para una muerte feliz, y cuando llegó ese día lo encontró preparado.

Schmidt: Cath. Hist., i. 491.

ORACIÓN ORACIÓN DE SUMISIÓN DE SAN FRANCISCO BORGIA.

San Francisco de Borja, antes de hacerse religioso, había estado casado con una dama que era en todo el modelo de una esposa y madre religiosa.

Pero llegó el momento en que Dios iba a llamar a Francisco a una perfección superior. Su esposa enfermó gravemente, y los médicos más expertos declararon que su enfermedad era incurable. Francisco, viendo que no había esperanza de curación en los remedios terrenales, recurrió a Aquel que tiene en sus manos la vida de todos los hombres. Con ayunos, oraciones y muchas lágrimas imploró a Dios que se la perdonara y la levantara de su lecho de enfermedad.

Una noche, mientras rezaba con más fervor que de costumbre, oyó una voz celestial que decía: "Francisco, pongo en tus manos la disposición de la vida de tu esposa. Si me pides que te la perdone lo haré, pero si deseas que te la quite también lo haré".

Estas palabras llenaron el corazón del santo varón de la mayor alegría, y ya lágrimas de gratitud llenaban sus ojos. Pero la voz continuó: "Si me pides que la cure, no será para su bien ni para el tuyo".

El Santo dijo: "Oh Dios mío, ¿quién soy yo para pedirte que hagas mi voluntad en lugar de que se haga la Tuya? Lejos de mí, Señor, hacer esto. Que se haga tu santísima voluntad, no la mía. Si es tu santísima voluntad quitarme a mi esposa, que se haga; y no sólo a ella, sino también a mí mismo y a mis hijos".

A este generoso acto de resignación siguió la muerte de su esposa. Lloró por ella, pero sus lágrimas no eran tanto de tristeza como de alegría, al pensar que aquella a quien amaba con tanta ternura estaba ya con Dios mismo en el Cielo, y que un día se reuniría allí con ella. Además, Dios, que nunca es superado en generosidad, le dio tal consuelo en su duelo que se sintió aún más feliz que antes.

BOLLANDIA, xii. 249.

VI. DEBEMOS ORAR CON CONFIANZA.

Hijo mío, Dios es tu Padre y te ama. Por eso, cuando te arrodilles para dirigirle tus oraciones, debes hacerlo con la confianza de un niño que pide algo a su padre. Es la manera más segura de conseguir lo que pides.

LA VIUDA POBRE.

Una pobre viuda dijo una mañana a sus pequeños: "Hijos míos, hoy no tengo nada que daros para desayunar; no hay pan, ni harina, ni siquiera un huevo en casa. Id y pedid a Dios que venga en vuestra ayuda, porque Él es rico y misericordioso, y ha prometido ayudar a sus hijos en sus necesidades."

Uno de los niños, de sólo seis años, salió de la casa y, al ver abierta la puerta de una iglesia, entró y cayó de rodillas ante el altar.

Miró a su alrededor para ver si había alguien cerca, pero no vio a nadie; la iglesia parecía vacía.

Creyéndose solo, dijo en voz alta: "Oh Padre mío que estás en los cielos, nosotros, pobres niños, hoy no tenemos nada que comer. Somos cinco, y nuestra madre no tiene pan que darnos, ni harina, ni siquiera un huevo. Oh Dios mío, danos algo de comer, para que nosotros y nuestra querida madre no muramos de hambre. Ayúdanos, pues Tú eres rico y poderoso y, además, ¿no has prometido hacerlo?". Después de rezar esta oración, se levantó y, hambriento como estaba, fue a la escuela a tomar sus lecciones matinales. Al volver a casa, se sorprendió al ver sobre la mesa una gran hogaza de pan, un plato lleno de harina y una cesta llena de huevos.

"¡Oh, mamá!", exclamó con gran alegría, "¡Dios ha escuchado mi plegaria! ¿Ha sido un ángel el que ha traído todas estas cosas tan bonitas por la ventana?".

"No", dijo la madre, "pero Dios ha oído tu oración y la ha respondido a su manera. Cuando estabas arrodillada a los pies del altar, y creías que estabas sola, había cerca de ti una señora piadosa a la que no veías. Ella escuchó tu oración, y es ella quien nos trajo todas estas cosas buenas. Ella fue el ángel que Dios envió para ayudarnos. Arrodillémonos y démosle gracias por su bondad para con nosotros; y durante toda vuestra vida continuad pidiéndole lo que necesitéis, con la misma confianza, y estaréis seguros de obtenerlo."

Catecismo de Perseverancia, xii. 138.

EL REY FURIOSO.

Luis XIV, rey de Francia, tenía un afecto especial por uno de sus cortesanos. Todo lo que éste le pedía le era concedido.

Un día fue, como de costumbre, a pedir un favor al Rey. Pero sucedió que el Rey estaba enojado en ese momento, y le dijo apasionado: "Siempre me estás pidiendo algo. ¿Vas a dejar de hacerlo alguna vez?".

Ante estas palabras, el hombre bajó la cabeza y se marchó decepcionado.

A veces nuestra petición puede ser rechazada por la gente de este mundo, incluso por aquellos que nos aman, pero Dios nunca se enfadará con nosotros, ni nos rechazará cuando le roguemos; al contrario, se enfada con nosotros cuando descuidamos invocarle en nuestras necesidades.

"NO MORIRÉ ESTA NOCHE".

Durante los terribles días que siguieron al cambio de religión en Escocia, los sacerdotes fueron ejecutados por su fe o expulsados del país. Algunos pocos, por cierto, permanecieron arriesgando sus vidas, viviendo secretamente entre las montañas y yendo de un lugar a otro durante la noche para atender las necesidades de sus rebaños.

Los fieles también, como sus pastores, fueron expulsados para vivir como exiliados en una tierra extranjera, o habitaron en las soledades de sus montañas nativas, donde se vieron obligados a vivir, a veces durante muchos años sin ver nunca a un sacerdote, o sin poder recibir los Santos Sacramentos. Sin embargo, su fe ardía intensamente en su interior y, sobre todo, su confianza en la Santísima Madre de Dios era ilimitada; e incluso hoy en día la gente cuenta muchas cosas maravillosas que Ella realizó en favor de sus hijos escoceses. De ellos, el siguiente es un bello ejemplo, que mostrará también cuán poderosa es a los ojos de Dios la oración ofrecida con confianza y perseverancia.

Sucedió que uno de los obispos que fueron enviados a presidir la Iglesia en Escocia en aquellos terribles tiempos caminaba un día a pie entre las montañas. Era invierno. Llevaba el vestido de la gente común, porque aparecer con el de un Obispo le habría expuesto a una muerte segura. Se hizo de noche cuando se encontraba en medio de una zona árida y se había perdido en los caminos cubiertos de nieve.

Después de haber vagado durante un buen rato, sin saber dónde estaba ni dónde podía refugiarse para pasar la noche, pero encomendándose a la protección de Dios, cuyo ministro era, creyó percibir a cierta distancia una luz que brillaba. Dirigió sus pasos hacia el lugar, y vio que procedía de una cabaña muy pobre cercana a la entrada de un bosque. Dirigiéndose a la puerta, preguntó a las personas que la habitaban si podían darle cobijo para pasar la noche, pues se había perdido en la oscuridad.

Las buenas gentes le dijeron enseguida que entrara y, acogiéndole con la mayor amabilidad, le hicieron sentarse junto al fuego para que calentara sus miembros fríos y cansados, mientras preparaban algo de comida para refrescarle. No sabían quién era su huésped, ni el obispo quiénes eran las personas que tan amablemente le habían agasajado. Recorrió con la mirada la pequeña habitación para ver si por casualidad descubría algún signo que le permitiera saber a qué religión pertenecían; pero al no ver ninguna cruz ni cuadro piadoso en las paredes, ni ninguna otra cosa de carácter religioso, llegó a la conclusión de que no pertenecían a la Fe.

Después de un breve intervalo, la sencilla comida estaba lista, e invitaron al forastero a comer lo que le habían puesto delante. "Es verdad que sólo tenemos comida muy sencilla para darte, porque somos muy pobres y nos vemos obligados a contentarnos con lo más sencillo". El obispo dijo que estaban muy equivocados al hablar así de la comida, que le pareció excelente y, para un viajero cansado y hambriento como él, deliciosa.

Durante la comida, la conversación se hizo más distendida, y cada parte deseaba descubrir lo más posible sobre la otra; pero como en aquellos días era peligroso confiar en extraños, ni la gente de la cabaña ni el obispo revelaron mucho de su historia.

A medida que avanzaba la conversación, el obispo observó que, aunque todos se esforzaban por mostrarse agradables y atentos con él, había un sentimiento de tristeza y melancolía que acompañaba todo lo que decían o hacían.

Al cabo de un rato, el obispo se aventuró a observar: "Amigos míos, en verdad sois muy amables conmigo, pero todos me parecéis muy tristes, como si os hubiera sobrevenido alguna calamidad."

Ay, señor, es la verdad", dijo la madre de la familia, "una profunda pena nos oprime". Allí, en esa habitación contigua, sobre un pobre lecho de paja, yace mi anciano padre a punto de morir. Pero lo que nos aflige por encima de todo es que él persiste en decir que no ha de morir tan pronto, y se niega obstinadamente a escuchar todo lo que podemos decirle para que se prepare a morir."

"¿Me permitiríais verle?", preguntó el obispo, lleno de sorpresa y emoción.

"De muy buena gana", dijo la otra, con esa confianza que surge en el alma que sufre aflicción, y en seguida lo condujo a la habitación donde yacía el anciano.

El obispo vio que las palabras de la mujer eran ciertas y que el anciano se estaba muriendo de verdad. Se asombró de que hubiera podido existir hasta entonces, viendo el estado demacrado en que se encontraba.

Pero apenas el obispo, después de algunas palabras de simpatía, le dijo que la mano de la muerte estaba realmente sobre él, el anciano pareció recobrar fuerzas y respondió con voz fuerte y firme, ante el asombro del obispo: "No, señor, todavía no voy a morir".

"Pero, mi buen amigo", dijo el Obispo, "todos debemos morir, y podemos morir en cualquier momento; pero cuando las personas son viejas y enfermas como usted, la hora de la muerte no puede estar muy lejana."

"Os repito, señor", dijo el moribundo con reverencia, pero con gran energía, "que aún no voy a morir; eso es del todo imposible."

El santo Obispo, viendo el inminente peligro de muerte en que yacía, le hablaba cada vez con más insistencia para que no demorase ni un momento más la preparación de su paso a la eternidad. Pero siempre recibía la misma respuesta: "Todavía no voy a morir".

"¿Tendrías a bien decirme qué razón tienes para hablar así, tú que incluso ahora estás en las agonías de la muerte?".

Al oír esta pregunta, el anciano fijó sus ojos moribundos en el obispo y pareció extrañamente conmovido. Le dijo con una voz que apenas podía oírse: "Dígame, señor, ¿acaso es usted católico?".

"Sí", respondió el obispo, "soy católico". "Ah, entonces, ahora le diré por qué le he dicho tantas veces que todavía no voy a morir".

Con la mayor dificultad se incorporó en la cama hasta quedar sentado, y asiendo con su helado apretón la mano del Obispo, habló con una voz que mostraba la viva fe que ardía en su alma: "Yo también soy católico. Desde el día de mi primera comunión hasta ahora no he dejado ni un solo día de pedir a la Santísima Virgen la gracia de no morir sin tener a mi lado un sacerdote que me confiese y me dé los últimos sacramentos, ¿y cree usted, señor, que mi Madre celestial no me va a oír? Eso es imposible, ¡muy imposible! Así que no voy a morir hasta que algún sacerdote venga a visitarme".

"Hija mía", dijo el Obispo con profunda emoción, "Nuestra Señora, en efecto, ha escuchado tu oración y te la ha concedido, pues no sólo soy sacerdote, sino tu Obispo. La Santísima Virgen en persona debe haberme permitido extraviarme en estos lugares salvajes para que pudiera ser conducido hasta aquí para prepararte a morir una muerte feliz."

Entonces el Obispo abrió su manto y mostró al anciano la cruz que llevaba sobre el pecho.

Al verla, el moribundo levantó los ojos al cielo y exclamó: "¡Oh mi querida Madre María, desde lo más profundo de mi corazón te doy gracias!".

Luego, volviéndose hacia el Obispo, dijo: "Señor mío, tened la bondad de oír mi confesión, porque ahora sé que voy a morir".

El obispo hizo lo que le pedía y le dio los últimos sacramentos. Pocos minutos después expiró plácidamente en los brazos del Obispo. Y quién puede dudar por un momento que ahora está en el Cielo, alabando a la que durante su vida había sido su protectora y su alegría en la muerte.

Hija mía, si rezas con la misma confianza y perseverancia que aquel buen anciano, tú también morirás un día felizmente como él, y reinarás por toda la eternidad en el Cielo con Jesús y María, su Santísima Madre.

Annie de Marie.

SAN ULRICO, OBISPO DE AUGSBURGO.

En el año 955, un inmenso ejército de hunos marchó hacia Alemania y penetró hasta la Selva Negra, devastando toda la tierra con fuego y espada, y sembrando una salvaje consternación en todos los lugares.

Nada podía escapar a la furia de estos hombres salvajes, que, montados como estaban en caballos veloces, parecían volar sobre las llanuras, matando a la gente o haciéndola prisionera.

Con el tiempo llegaron a las puertas de Augsburgo, sede del santo obispo Ulrico. La ciudad, escasamente fortificada, prometía ser presa fácil de los invasores, y sus habitantes cayeron en la desesperación.

"¡Ay!", gritaron al pensar en la terrible destrucción que parecía inevitable, "estamos perdidos. Una muerte cruel y la destrucción de nuestra ciudad es el destino que nos espera".

Pero el obispo no se dejó vencer por el abatimiento general. Pidió al pueblo que se armara de valor y confiara en Dios. Ordenó que se elevaran oraciones públicas por toda la ciudad para que Dios se apiadara de ellos y los salvara de las espadas de los hunos.

El enemigo, como estaba previsto, atacó la ciudad en número abrumador, pero los habitantes, recobrado el valor por las palabras del obispo, se levantaron en armas y los repelieron enérgicamente. San Ulrico, vestido con sus vestiduras pontificias, se puso en medio de ellos con las manos levantadas al cielo, lo que les infundió nuevo valor para resistir el ataque. Además, todos, con el mayor fervor y devoción, habían recibido la Sagrada Comunión antes de salir al combate, y esto los inflamó con la heroica resolución de salvar su ciudad y su pueblo, o morir en su defensa.

Los hunos, que hasta entonces habían encontrado poca oposición en su victoriosa carrera, no esperaban encontrar la resistencia que encontraron ahora. Fueron rechazados en el primer ataque y se retiraron de las murallas para prepararse para otro ataque más poderoso. Pero justo cuando estaban a punto de reanudar el asalto, percibieron que un ejército inmenso y bien organizado, al mando del emperador Otón, se apresuraba a atacarles por la retaguardia. Viéndose así situados, no se atrevieron a iniciar el ataque contra la ciudad, sino que concentraron sus fuerzas para hacer frente al ejército enemigo en las llanuras situadas a sus espaldas.

Pero aquí sus indisciplinadas hordas no pudieron resistir el ataque de los bien entrenados soldados del Emperador. El 10 de agosto de 955 se libró una terrible y sangrienta batalla a orillas del Lech, y Otón consiguió una gloriosa victoria, destruyendo por completo las fuerzas del enemigo.

Así, gracias a las oraciones del santo obispo Ulrico y de los devotos habitantes de Augsburgo, su ciudad se salvó de una destrucción inminente.

Historia de la Edad Media.

Capítulo 15: Debemos orar siempre

Jesucristo nos dice que oremos siempre. Esto es muy fácil, incluso para los que tienen que trabajar todo el día, como te mostrarán los siguientes ejemplos:

ORAR SIEMPRE.

Un día, el santo abad Lucio recibió en su casa del desierto la visita de algunos monjes que habían venido desde muy lejos para verle.

Terminados los primeros saludos, Lucio les dijo: "Hermanos míos, decidme ¿en qué clase de trabajo os ocupáis cuando estáis en casa?".

"No hacemos ningún trabajo", respondieron; "rezamos sin cesar, según el consejo del Apóstol."

"¿Y no coméis nunca?", preguntó el Abad.

"Sí", respondieron, "comemos todos los días".

"¿Y quién reza por vosotros cuando estáis comiendo?".

No sabían qué respuesta dar a esta pregunta.

Entonces el Abad les dijo: "Hermanos míos, debéis trabajar además de rezar. Yo también procuro rezar siempre, pero trabajo al mismo tiempo. Antes de empezar a trabajar pido la ayuda de Dios, luego sumerjo en el agua las hojas con las que hago mis cestos, y mientras hago esto rezo a Dios esta oración: 'Ten piedad de mí, oh Dios mío, y según tu gran misericordia borra mis iniquidades'.' ¿No es ésa una oración?"

Todos respondieron que sí.

"Entonces", continuó el Abad, "cuando he trabajado de esta manera hasta la noche, y he estado rezando todo el tiempo con mis labios o en mi corazón, vendo la obra que he hecho, y con el dinero que recibo por ella puedo mantener a algunos pobres que vienen a mí por una limosna, y con el resto proveo a mis propias necesidades. Luego, los que han recibido de mí un poco en caridad rezan por mí mientras como y duermo. Así cumplo el precepto de orar siempre".

Los forasteros regresaron a sus casas edificados por la lección que habían recibido aquel día, lección que también pusieron en práctica durante el resto de sus vidas.

Catecismo de Perseverancia, xii. 115.

Tú también, hija mía, puedes orar siempre haciendo todo tu trabajo para agradar a Dios, y elevando de vez en cuando tu corazón a Él en el Cielo.

LA ORACIÓN DE LA MUJER IGNORANTE.

Había una vez una pobre mujer que no sabía leer, pero que era muy buena y agradable a Dios. Vivía en el desván de una casa, en una habitación muy pequeña, y cierta comunidad de monjas la empleaba en barrer el convento y las escuelas anejas.

Todo el día lo dedicaba a este tipo de trabajo; pero mientras trabajaba solía pensar a menudo en Dios y rezarle algunas oraciones breves. También solía pensar a menudo en lo bueno que Dios había sido con ella y en las bendiciones que le había concedido durante toda su vida, y le daba gracias por ellas.

Cuando veía a las monjas ir a la capilla a rezar, se decía a sí misma: "¡Qué felicidad debe ser para estas Hermanas decir oraciones tan largas y tan hermosas, y pensar tanto en Dios! En cuanto a mí, no puedo rezar oraciones largas, y no puedo estar siempre pensando en Dios. Debo contentarme con oraciones muy cortas, porque no puedo leer como ellas. Pero sigo barriendo y limpiando porque es la voluntad de Dios".

Esta pobre mujer agradaba mucho a Dios, y sus breves oraciones eran como dardos de amor, que llegaban hasta Dios y le hacían descender del Cielo para habitar en su alma.

Ahora, en el día del juicio de Dios, veremos que Dios quizás estaba más complacido con sus cortas oraciones que incluso con las oraciones de las santas Hermanas que ella llamaba tan hermosas.

No sólo en la tentación hay que rezar si se quiere perseverar, sino en otros momentos, particularmente por la mañana y por la noche. Es esta oración frecuente la que nos mantiene, por así decirlo, encadenados al Cielo, nuestro verdadero hogar.

ORACIÓN DE LA MAÑANA Y DE LA NOCHE.

Gothold, uno de los hombres más eruditos de su época, era muy cuidadoso de nunca omitir sus oraciones matutinas y vespertinas, y de rezarlas con gran devoción.

"Si rezas tus oraciones matutinas y vespertinas", solía decir, "serás un verdadero hijo de Dios y un fiel discípulo de Jesucristo todos los días de tu vida. La oración de la mañana te procurará las gracias que necesitas en el curso del día, y la oración de la noche las que necesitas durante la noche; de modo que estas oraciones, regularmente rezadas, se convierten, por decirlo así, en una cadena continua que te une a Dios desde el principio de tu vida hasta el fin de ella."

Esto te consolará, hija mía, si rezas siempre con devoción tus oraciones de la mañana y de la noche.

Capítulo 16: Debemos orar con perseverancia

N o debes desilusionarte si Dios no te concede de inmediato lo que pides, sino continuar pidiéndolo hasta que te lo conceda. Esto se llama Perseverancia en la Oración.

LA ORACIÓN DEL MUCHACHO NEGRO.

Había una vez un joven negro que había sido robado por unos marineros de la casa de su padre, y llevado por ellos a un país lejano, lejos de su tierra natal.

En el país al que había sido llevado había algunos misioneros católicos que habían ido a predicar el Evangelio a los pobres salvajes que allí habitaban. Entre los que recibieron el don de la fe estaba este pequeño negro. En su bautismo recibió el nombre de Tomás.

Un día, cuando uno de los sacerdotes pasaba cerca de la casa donde vivía el niño negro, le oyó decir las siguientes palabras: "Oh mi querido Jesús, te doy gracias de todo corazón por haber enviado a mi país un gran barco, y en ese gran barco algunos hombres malvados, que me robaron de mi casa, y me trajeron a este lugar, donde he podido conocerte y amarte. Y ahora, querido Jesús, tengo otro gran favor que pedirte. Oh, ten a bien enviar otro gran barco a mi país, con más hombres malos en él, para que traigan aquí a mi padre y a mi madre, a fin de que aprendan también a conocerte y amarte."

Algunos días después de esto, el mismo sacerdote vio al negrito de pie en la orilla, mirando a lo lejos sobre el mar.

"Tomás, hijo mío, ¿qué miras con tanto interés?", dijo el sacerdote.

"Estoy mirando para ver si Jesús ha escuchado mi oración", dijo el niño. "Le pedí que enviara aquí a mis queridos padres para que se hicieran cristianos, y quiero ver si viene el barco".

Durante unos dos años, aquel niño bajó día tras día a buscar a sus padres, pero nunca llegaron. Aun así, continuó rezando, pues sabía que Dios había prometido escuchar las oraciones de quienes le rezan con confianza y perseverancia.

Un día, el sacerdote vio al niño que corría hacia él cantando alegremente, y con el rostro radiante de sonrisas.

"Bueno, Tomás", le dijo el sacerdote, "¿qué te hace hoy tan feliz?".

"¡Oh mi querido Padre, Jesús ha escuchado por fin mi plegaria! Mi padre y mi madre han venido; están en el gran barco que acaba de llegar a tierra. Oh, qué bondadoso ha sido Jesús al escuchar mi oración y enviármelos!".

"SIEMPRE DECÍA LAS MISMAS PALABRAS".

Había en cierto pueblo de España un chiquillo, que era hijo único de una viuda, y ella era muy pobre. Ella tenía que enviar a su niño a trabajar muy temprano en la mañana, y así su educación fue descuidada. Pero le enseñó a amar a Dios y a ser bueno, y todo el mundo le quería. Tenía muy mala memoria, y nadie podía enseñarle ni siquiera sus oraciones. Si conseguían que aprendiera el padrenuestro y el avemaría, los olvidaba enseguida.

Pero había una oración que sí aprendió, una oración muy corta: era ésta: "Dios mío, yo creo en ti; Dios mío, yo espero en ti; Dios mío, yo te amo". Todos los días, cuando terminaba su trabajo, iba a la iglesia donde sabía que moraba el buen Dios, o a la pobre salita donde se alojaba su madre, y allí, en un rincón tranquilo, se arrodillaba y permanecía de rodillas largo rato.

La gente solía preguntarse qué hacía todo el tiempo, porque sabían que no podía aprenderse ni siquiera el "Padre Nuestro". Aun así, allí se arrodillaba, con las manos juntas; y cuando estaba en la iglesia, sus ojos se clavaban todo el tiempo en el sagrario.

Un día, el sacerdote se escondió detrás de un pilar de la iglesia, cerca de donde el pobre niño solía arrodillarse, para observarle y ver si decía algo. El niño no tardó en entrar y, sin mirar a su alrededor, se arrodilló, juntó las manos y fijó los ojos en el altar.

El sacerdote le oyó decir una y otra vez, durante una hora y más, la pequeña oración: "Oh Dios mío, creo en Ti; oh Dios mío, espero en Ti; oh Dios mío, te amo".

No vivió mucho, pero su muerte fue la muerte de los santos. Sus últimas palabras fueron: "Oh Dios mío, te amo". Ahora está con Dios en el Cielo, y allí será siempre feliz.

Capítulo 17: Debemos rezar con gran devoción

Hija mía, cuando reces debes tener cuidado de alejar todas las distracciones; si eres descuidada en tus oraciones, o las rezas con distracciones voluntarias, Dios se disgustará contigo.

POR QUÉ NO FUE DIRECTAMENTE AL CIELO

San Severino, arzobispo de Colonia, era tan santo que Dios concedió muchos milagros por su intercesión.

Un día, poco después de su muerte, el Santo se apareció en una visión a un sacerdote. Parecía estar sufriendo mucho y su rostro mostraba signos de tristeza.

El sacerdote le dijo: "Padre mío, ¿cómo es que estás tan triste y sufriente? Eras tan santo que estaba seguro de que habías entrado en la felicidad del Cielo tan pronto como habías dejado este mundo."

"Es verdad -respondió el Santo-, Dios en su infinita bondad me ha concedido la gran gracia de morir bien, y he de reinar con Él eternamente en el Cielo. Pero, ¡ay!", continuó, "aún no estoy allí; sufro en las llamas purificadoras del purgatorio." El sacerdote le preguntó qué había hecho para no estar, aunque fuera por un tiempo, en el Cielo.

"Sufro estos terribles tormentos -respondió el Obispo- porque, cuando vivía, a veces rezaba mis oraciones apresuradamente y con distracciones. Estaba tan ocupado con los deberes que el Emperador exigía de mí, que a veces posponía mis oraciones, o las decía sin devoción. Fue culpa mía, y ahora Dios me castiga por ello".

Pidió al sacerdote que intercediera por él, y luego desapareció repentinamente, dejándolo lleno de un gran temor por los juicios de Dios.

De San Pedro Damián.

SAN LA VISIÓN DE LOS ÁNGELES DE SAN BERNARDO.

Estando una noche San Bernardo en la iglesia a la hora de maitines, tuvo una visión, en la que Dios le dio a conocer la manera en que los religiosos rezaban sus oraciones. Vio a los ángeles guardianes de los monjes de pie cerca de ellos con plumas en las manos. Algunos de estos ángeles escribían con letras de oro, y otros con letras de plata. Algunos escribían con tinta común y otros con agua, mientras que unos pocos permanecían de pie, apenados, y no escribían nada en absoluto en sus libros.

Mientras el Santo contemplaba maravillado la visión y meditaba en su mente lo que significaba, un ángel le dijo: "Los religiosos cuyos ángeles de la guarda escriben con letras de oro son los que rezan sus oraciones con gran atención y están llenos de amor divino. Aquellos cuyos ángeles están escribiendo en letras de plata aman bien a Dios, y rezan con gran atención, pero son menos fervientes y menos perfectos que los otros.

Aquellos cuyos ángeles guardianes están escribiendo con tinta tienen, ciertamente, un cierto deseo de agradar a Dios, pero no hay mucho fervor en sus almas; mientras que aquellos cuyos ángeles están escribiendo con agua honran a Dios sólo con sus labios; sus corazones están lejos de Él, y están llenos de distracciones. Aquellos junto a los cuales los ángeles están de pie con semblantes tristes, y no escriben nada en sus libros, ya han perdido la gracia de Dios, y sus oraciones son sólo una burla de Él."

El santo varón les dio a conocer por la mañana lo que había visto. Los que eran fervorosos se animaron a perseverar, y los que se habían vuelto negligentes se despertaron para servir a Dios más fielmente.

DOS MONJES EN ORACIÓN.

Leemos en la Vida de San Macario que un día vio en una visión a dos monjes que estaban rezando sus oraciones. Ambos eran muy fervorosos, y parecían mantenerse siempre en la presencia de Dios, no sólo cuando estaban de rodillas, sino también cuando estaban trabajando.

El Santo vio salir de los labios de uno de ellos, de vez en cuando, como si fueran llamas de fuego, que parecían volar hacia el Cielo; mientras que de la boca del otro salían llamas como de un horno, que también llegaban hasta el Cielo.

El Santo supo por esta visión que estos dos monjes amaban a Dios; pero vio que el primero tenía muchas distracciones, y que a menudo estaba pensando en otras cosas, de modo que su oración no era continua, mientras que el otro, cuyo corazón estaba totalmente desprendido de las cosas del mundo, era capaz de enviar a Dios un fuego constante de oración.

Sé, pues, muy ferviente, hija mía, cuando reces, porque cuanto más fervorosamente reces, más abundantes gracias recibirás, y más fácil te será obtener el don de la perseverancia final.

CÓMO SATANÁS NOS TIENTA EN NUESTRAS ORACIONES.

Dios se complació una vez en mostrar a San Macario en una visión cómo Satanás nos tienta cuando rezamos nuestras oraciones.

En medio de la noche oyó que alguien llamaba a la puerta de su celda y decía: "Levántate, oh Macario, y vayamos con los hermanos a las oraciones de medianoche".

Pero el Santo, por una revelación del Cielo, supo que era Satanás que había venido de nuevo a molestarle; así que respondió: "Oh espíritu mentiroso, ¿qué tienes que hacer en la asamblea de los santos?".

"¿Y no sabes", replicó Satanás, "que tus solitarios nunca van a la iglesia a orar sin que yo y mis compañeros vayamos con ellos? Ven a ver por ti mismo lo que hacemos allí".

San Macario rogó a Dios que lo iluminara para no dejarse engañar por el enemigo de las almas; luego, levantándose, se dirigió a la iglesia, donde ya estaban reunidos los hermanos.

Era costumbre que los religiosos se sentaran mientras uno de ellos leía los Salmos y las Sagradas Escrituras. Tan pronto como estuvieron sentados, el santo Abad vio entrar un ejército de espíritus malignos que, corriendo de un lado a otro con gran rapidez, trataban de distraer a los religiosos durante sus oraciones. Vio que algunos de ellos trataban de cerrar los ojos a algunos de los hermanos, para que se durmieran; otros aparecían ante ellos como si estuvieran construyendo casas o preparándose para un viaje, y en otras diversas formas, como si trataran de hacerles pensar en estas cosas.

El Santo vio también cómo actuaban los religiosos bajo estas tentaciones. Algunos ahuyentaban a los espíritus malignos en cuanto se acercaban, para que no pudieran alcanzarlos. Otros, voluntariamente, permitían que los pensamientos permanecieran en sus mentes, y así contemplaba cómo los demonios los pisoteaban como señal de que habían obtenido una victoria sobre ellos.

Al ver estas cosas, San Macario rompió a llorar y gritó: "Oh Dios mío, mira cómo Satanás pone trampas para nuestra ruina. Oh, haz que oiga tu poderosa voz y sienta los efectos de tu cólera, pues Tú ves cómo trata de llenar los corazones de tus siervos con estos pensamientos vanos y mundanos".

Cuando terminaron las oraciones, y los solitarios estaban a punto de abandonar la iglesia, los llamó uno por uno a su lado, y les preguntó si tales y tales pensamientos no habían pasado por sus mentes durante el tiempo de oración. Cada uno se vio obligado a reconocer que había sido tentado con los mismos pensamientos que el Abad le mencionaba. Entonces les contó su visión, y ellos vieron más claro que nunca que no hay tiempo en que Satanás esté tan ocupado con sus tentaciones como el tiempo de oración, y que aquellos que mantienen sus corazones unidos a Dios fácilmente lo mantienen alejado, y que él se regocija cada vez que es capaz de llenar nuestras mentes con cosas mundanas, porque ha obtenido una gran victoria sobre nosotros.

Parte 3: "Nuestro Padre que está en los cielos"

Capítulo 18: DIOS ES NUESTRO PADRE PORQUE ÉL NOS CREÓ.

Dios es nuestro Padre, hijo mío, y nosotros somos sus hijos, porque Él nos creó y nos hizo lo que somos. Su Reino en el Cielo será también nuestro Reino, si vivimos en este mundo como Sus hijos deben vivir en obras y en verdad. Esto es lo que debéis tener siempre presente cuando recéis el "Padre Nuestro".

EL PASTORCILLO DE LAS MONTAÑAS

Un chiquillo cuidaba un rebaño de ovejas en una montaña solitaria. Un sacerdote que viajaba por los alrededores lo vio y, admirado por su aspecto devoto y recogido, se apartó para hablarle.

"Hijo mío", le dijo, "estoy seguro de que debes sentirte muy solo aquí todo el día".

"Oh, no, Padre", dijo el muchacho, "no me siento solo en absoluto; siempre estoy ocupado".

"¿Y qué es lo que haces que te mantiene tan ocupado?", replicó el sacerdote.

"Se lo diré, padre: Tengo una hermosa oración que rezo, y me mantiene ocupado todo el día". "Seguramente debe ser una oración muy larga, hija mía, ya que te lleva todo el día rezarla".

"No, padre; al contrario, es muy corta, y, sin embargo, nunca puedo llegar al final de ella; es tan hermosa, tan dulce, que me llena el corazón de alegría."

"¿Y cuál es esa hermosa oración tan corta y, sin embargo, tan larga?", preguntó el sacerdote.

"Es el Padre nuestro -respondió el niño-, pero cuando digo las primeras palabras, Padre nuestro que estás en los cielos, me detengo por completo y no puedo ir más lejos".

"¿Por qué no?

"Porque no puedo evitar llorar", respondió el niño, "cuando pienso en esas palabras. ¿Es posible -me digo- que pueda llamar Padre mío a Dios, tan grande y tan poderoso, que hizo el hermoso cielo y el brillante sol, estas altas montañas y todo el universo? Y, sin embargo, sé que es verdad, y que Él permite que yo, un pobre pastorcillo, le llame con ese dulce nombre de Padre, mientras que Él, por su parte, me ama y me cuida como si fuera su único hijo. Cuando pienso en todo esto, empiezo a llorar, y no puedo continuar con mi oración".

Luego, volviéndose y señalando con el dedo el valle, continuó: "Padre, ¿ves allá abajo, entre esos dos árboles, detrás de la tercera colina, ese pueblecito de pocas casas? Pues allí vivo yo, y mi padre es el hombre más pobre. Pero piensa que puedo llamar a Dios mi Padre tan verdaderamente, y ser tan amado por Él, como si yo fuera el más grande caballero de la ciudad. Soy tan hijo de Dios como él".

El sacerdote, que con dificultad podía ocultar su emoción, dijo al muchacho: "Hijo mío, haz lo que has estado haciendo, y Dios te bendecirá y te amará".

Y el buen Padre continuó su camino, alabando a Dios, que ha ocultado los misterios de su bondad a los sabios de este mundo, y los ha revelado a sus pequeños elegidos.

Anécdotas católicas.

EL SOLDADO VETERANO Y SU PADRE CELESTIAL.

La siguiente leyenda, relatada con autoridad fidedigna, muestra la excelencia de la oración que el mismo Jesucristo nos enseñó:

Un viejo soldado, célebre por su valentía en el campo de batalla, pero no menos por su sencilla piedad, deseaba pasar el atardecer de sus días entre los monjes de San Benito. Nunca había aprendido nada en su juventud, y sólo conocía sus oraciones, que rezaba devotamente muchas veces al día, en particular aquella oración que el mismo Jesucristo enseñó a sus Apóstoles cuando les dijo: "Así, pues, oraréis: 'Padre nuestro que estás en los cielos'". Y durante el tiempo que los religiosos estaban en la iglesia cantando los salmos del Santo Oficio, recitaba una y otra vez esta hermosa oración.

Pero con el tiempo, al ver que todos los hermanos de aquella santa casa eran más doctos que él, se desanimó. Satanás le tentó con el pensamiento de que esta morada de paz no era el lugar en el que Dios deseaba que habitase, y decidió volver al mundo y trabajar en su salvación en una vida más oscura y humilde.

Mientras estos pensamientos pasaban por su mente, Dios le concedió una visión para su propio consuelo y nuestra instrucción. Vio de pie ante él a un hombre venerable, cuyo semblante estaba lleno de dulzura, y alentador; era el mismo San Benito. Llevaba en la mano una vestidura de la mayor belleza, ricamente bordada en oro y adornada con las más preciosas gemas, que estaban dispuestas de tal manera que formaban las dos primeras palabras del Padre Nuestro."

El santo anciano contempló la túnica con inexpresable admiración; nunca había visto tanta magnificencia; pero le sorprendió que no se encontraran en ella otras palabras que las dos primeras de su amada oración: "Padre nuestro".

El santo patriarca, pareciendo adivinar sus pensamientos, le dijo: "Hijo mío, será obra tuya terminar esta túnica que te estás preparando recitando tan a menudo el "Padre nuestro" con devoción. No te alejes de esta casa; es el lugar en el que Dios desea que permanezcas. Continúa hasta el día de tu muerte repitiendo esa misma oración, que es la mejor de todas las oraciones, entonces esta vestidura estará completa, y serás investido con ella a la puerta del Paraíso, y la llevarás por toda la eternidad como testimonio de tu amor a tu Padre Celestial."

Schouppe: Instruc. Religieuse, ii. 196.

SAN RESPUESTA DE SAN HUGO DE GRENOBLE A SU SIERVO.

Cuenta Surius en su "Vida de San Hugo" de Grenoble, que tenía por costumbre rezar muy a menudo durante el día el Padre Nuestro. Una vez se puso muy enfermo y permaneció en cama sin poder dormir. Pasó esas horas silenciosas y lúgubres de la noche rezando una y otra vez el Padre Nuestro, según su costumbre.

Su criado, que pasaba la noche junto a él, oyéndole rezar continuamente esta oración, le dijo: "Seguramente, Padre mío, debes cansarte mucho repitiendo esta oración tan a menudo".

San Hugo respondió: "No; al contrario, me siento más y más renovado cuanto más la rezo".

Surius: Vida de San Hugo.

PABLO, EL PEQUEÑO AFRICANO.

Dos padres misioneros regresaron a Francia después de trabajar durante muchos años en las misiones africanas. Llevaron con ellos a varios niños que habían comprado en el mercado de esclavos, para que fueran instruidos en la religión cristiana, y para que después, cuando regresaran a su tierra natal, enseñaran a sus compatriotas a creer en el único y verdadero Dios.

Al principio fue difícil hacerles entender algo; pero como eran amables y diligentes, pronto empezaron a saber lo que se les decía.

Los Padres les hablaban a menudo del gran Dios cuyo hogar está en el Cielo. "Hijos míos", les decían, "Dios, que hizo este gran mundo, os hizo también a vosotros. Os hizo para que fuerais sus propios hijos en la tierra, y si le amáis y obedecéis aquí, os llevará al Cielo cuando muráis, y allí seréis felices para siempre con Él." A uno de los muchachos, que se llamaba Paul, se le oía decir a menudo: "¡Oh, qué bueno ha sido Dios conmigo! ¿Soy realmente hijo de ese Dios que hizo este gran mundo? Sí, lo soy, porque todos los días le hablo y le llamo Padre: 'Padre nuestro que estás en los cielos'". Este pensamiento parecía llenar al niño de gran felicidad.

Un día estaba contando a los Padres lo cruelmente que le habían tratado sus antiguos amos. "¡Oh -exclamó-, qué diferencia hay entre Dios y mis amos de casa! Siempre me pegaban y me maltrataban, y yo era siempre desgraciado; pero desde que soy hijo de Dios, soy siempre feliz; ya nadie me pega."

Los Padres también estaban llenos de alegría al verle tan agradecido. Parecía estar siempre pensando en Dios y tratando de demostrarle su gratitud de todas las maneras posibles.

Hijo mío, Dios te ha concedido los mismos favores y aún mayores, y ¿le estás agradecido por ellos? o que no tenga que quejarse de ti como tuvo que hacerlo de algunos otros cuando dijo: "Si yo soy vuestro Padre, ¿dónde está mi honra?".

EL FORASTERO Y LOS DOS HUERFANITOS.

Una hermosa tarde de verano, un carruaje se dirigía a la posada de un pueblo. Los últimos rayos del sol poniente eran visibles en las nubes vellosas y en la veleta de una anticuada iglesia que se alzaba en el lado opuesto del camino. Un forastero salió, miró a su alrededor durante unos minutos y luego dirigió sus pasos hacia la iglesia. Abrió la verja del cementerio que rodeaba el sagrado edificio y lo rodeó.

Mientras leía las diversas inscripciones de las lápidas, le llamaron la atención los sollozos de dos niños harapientos, sentados llorando sobre una tumba recién hecha. Entre ellos había un trozo de pan duro. El forastero preguntó la causa de su angustia. El niño comenzó a decirle que su hermana era mala y no quería comer el trozo de pan que le había pedido. Ella interrumpió a su hermano y le dijo que había comido un poco de pan ayer, pero que su hermano no había comido nada desde el día anterior, y que quería que comiera esto.

El muchacho contó al forastero que hacía un año que su padre había abandonado la aldea, se había hecho a la mar, y que en una tempestad se había ahogado. "Y la pobre madre lloró mucho y dijo que pronto moriría ella también, y que debíamos amarnos los unos a los otros, y que Dios sería nuestro Padre. Nos llamó a su cabecera, nos besó a los dos y luego murió. ¿Puede decirnos, señor, dónde se encuentra nuestro Padre Celestial?".

Después de escuchar este penoso relato, el forastero, emocionado, exclamó: "Venid conmigo, hijos míos; Dios será vuestro Padre. Él, sin duda alguna, me ha enviado hoy aquí para trabar amistad con vosotros".

Los llevó a la posada y los mantuvo hasta que regresó a casa, donde fueron llevados, alimentados, vestidos e instruidos; y el extranjero, en sus últimos años, tuvo la felicidad de verlos piadosos, útiles y honorables miembros de la sociedad. Su bondad fue recompensada cien veces incluso en esta vida.

Ave María, vol. 32.

LA OFRENDA DE LA VIUDA POBRE.

Cierto sacerdote estaba recaudando dinero para construir una iglesia. Se le acercó una viuda, vestida con la ropa más pobre, y le ofreció una corona. "Hija mía", le dijo el sacerdote, "no puedo aceptar de ti una suma tan grande, pues eres pobre y la necesitas para tu propio sustento".

"Padre", respondió ella, "no soy pobre, pues ¿no soy la hija del Rey del Cielo, que es infinitamente rico, y la heredera de su propio reino, que no tendrá fin?".

El sacerdote aceptó la ofrenda y bendijo a Dios por haber concedido el don de la verdadera sabiduría a los pobres y humildes, mientras que los ricos y los grandes de este mundo viven sin pensar en la eternidad para la que fueron hechos.

El pensamiento de la eternidad de Dios debería hacerte feliz, hija mía, y causarte el bien. Pues, ¿no es ese Dios Eterno tu Padre? y ¿no te ha prometido llevarte al Cielo para estar eternamente con Él si sólo eres Su verdadero hijo en este mundo?

Capítulo 19: Dios es nuestro Padre por adopción

D ios es nuestro Padre, no sólo porque nos ha creado, sino porque nos ha adoptado como hijos suyos. Al concederte a ti, hijo mío, el sacramento del Bautismo, te ha hecho hijo suyo y heredero del Reino de los Cielos. "No ha hecho así con todas las naciones", dice el santo David en las Escrituras, "y no les ha manifestado sus juicios". Por tanto, ¡cuán agradecidos deben estarle por esta gran señal de Su amor por ustedes!

"PORQUE TODOS VOSOTROS SOIS HIJOS DE DIOS".

El Apóstol San Pablo, en su carta a los Gálatas, escribió: "Porque todos vosotros sois hijos de Dios por la fe en Cristo Jesús; pues todos los que habéis sido bautizados en Cristo, de Cristo estáis revestidos. Todos vosotros sois uno en Cristo Jesús.

"Cuando vino el cumplimiento del tiempo, Dios envió a su Hijo, nacido de mujer, hecho bajo la ley, para que redimiese a los que estaban bajo la ley, a fin de que recibiésemos la adopción de hijos. Y porque sois hijos, Dios ha enviado a vuestro corazón el Espíritu de su Hijo, que clama: 'Abba, Padre'. Por tanto, ahora no es siervo, sino hijo, y si hijo, heredero por Dios".

EL ÁNGEL EN LA LÁPIDA.

Un niño lloraba un día amargamente sobre una tumba recién hecha en el cementerio. Acababan de depositar los restos de su padre en su última morada al lado de su madre, y él quedaba solo a merced de extraños.

"Ya no tengo padre ni madre; ambos yacen aquí, en la fría tumba. Nunca más veré la dulce sonrisa de mi querida madre, ni sentiré la afectuosa presión de la mano de mi padre, que solía ser mi mayor recompensa cuando era bueno y obediente; nunca más oiré aquellas hermosas lecciones que me enseñaron; sus labios se han cerrado para siempre. Ya no hay nadie que me quiera como me quisieron mis buenos padres. Ah! pero es duro, duro no tener padre ni madre".

Así se lamentaba el pobre niño mientras sus lágrimas caían con fuerza sobre la tumba de sus padres. Al levantar la cabeza, sus ojos se posaron por casualidad en una lápida que había cerca de él. En ella estaba grabada la figura de un hermoso ángel, que con una mano señalaba al Cielo, mientras que en la otra sostenía un pergamino, en el que estaban escritas las palabras: "Padre nuestro que estás en los cielos".

Sus lágrimas cesaron de brotar al leer estas palabras, y, levantando los ojos hacia el Cielo, dijo: "Oh Dios mío, ¿cómo es que te he olvidado tan pronto? Tú sigues siendo mi Padre. No te he perdido. Tú me quitaste a mi padre terrenal, y ahora Tú vas a ocupar su lugar. Mi padre, cuando vivía, me amaba mucho, pero Tu amor por mí es aún mayor. Entonces, querido Padre celestial, no me abandones, pobre huérfano sin hogar y solo en el mundo".

Así rezó el huérfano. Fue consolado e incluso feliz en su duelo, y su Padre Celestial cuidó de él. No llegó a ser un hombre rico; pero, lo que es infinitamente mejor, vivió en la paz de una buena conciencia, y cuando en la otra vida se sintió tentado a la tristeza, pensó en el ángel de la lápida que señalaba hacia arriba, y en las palabras grabadas en el pergamino: "Padre nuestro que estás en los cielos".

SCHMIDT.

MARY ANNE, LA PEQUEÑA HUÉRFANA.

Mary Anne era hija de padres pobres pero piadosos. Los amaba con el más tierno afecto, y su amor por ella -su única hija- sólo puede ser comprendido por un padre o una madre que no tiene más que un hijo a quien amar.

La muchacha era piadosa como sus padres, y su oración diaria a Dios era que ellos la cuidaran durante mucho tiempo y le enseñaran cómo agradarle.

Apenas había cumplido los once años cuando experimentó su primera gran pena. Su madre murió. Poco después enfermó también su padre, y la idea de que también él pudiera serle arrebatado hizo que su corazón se estremeciera como si hubiera sido atravesado por una espada de dos filos.

"Dios mío, Dios mío, perdona a mi padre".

A medida que pasaba el tiempo su padre empeoraba, e incluso ella, joven como era, podía ver que se hundía rápidamente en la tumba. Aun así, rezaba y esperaba contra toda esperanza que Dios no se lo llevara.

Día y noche se sentaba junto a su cama y lo cuidaba con afectuosa ternura. Observaba todos sus movimientos y hasta sus miradas. Un día levantó los brazos y, echándoselos al cuello, la acercó a él y le susurró al oído: "Hija mía, tengo que dejarte; me estoy muriendo; es la voluntad de Dios. Pero si eres una buena muchacha, y le amas como tantas veces te he dicho que lo hagas, Él será un Padre para ti, y te protegerá y velará por ti, y proveerá para ti mucho mejor de lo que yo podría hacerlo si te hubiera sido perdonado."

No pudo decir nada más. La pobre niña yacía sollozando sobre el pecho de su padre, como si se le fuera a romper el corazón, pero su padre no la oyó; estaba muerto.

María Ana se sintió inconsolable al ver que ya no estaba, y se preguntó por qué Dios, que tan solemnemente había prometido escuchar las oraciones de sus hijos, no había concedido las suyas; y ella también había rezado con tanto fervor.

Pero, recordando las últimas palabras de su moribundo padre, se armó de valor y, levantando las manos al cielo, dijo: "Oh Dios mío, ¿por qué debería afligirme por lo que has hecho? Has liberado a mi querido padre de su sufrimiento aquí, y le has dado a cambio el Cielo. Ahora no tengo a nadie en la tierra que cuide de mí. Oh Dios mío, sé Tú en adelante mi Padre, y prometo -sí, oh Dios mío, prometo fielmente- ser tu hija obediente y amorosa".

Cuando hubo dicho esta oración, sintió en su corazón una especie de alegría secreta, que le decía que su oración había sido escuchada y atendida.

Como María Ana era piadosa y diligente, muy pronto consiguió trabajo suficiente de algunos vecinos bondadosos, y así sus necesidades presentes fueron suplidas. A los dieciséis años obtuvo una excelente posición en una familia buena y rica. Le gustaba trabajar y nunca estaba ociosa; era modesta, fiel, amable con sus compañeras y obediente con su amo. A menudo se la oía repetirse a sí misma, medio en voz alta: "No tengo padre ni madre en la tierra, pero si soy buena, Dios será mi Padre y proveerá para mí". Eran las últimas palabras de su querido padre, y a ella le encantaba recordarlas.

Todos los años, cuando su amo le pagaba el jornal, le regalaba una buena suma, pues sabía que se la merecía y que no la malgastaría; y después de muchos años de fiel servicio le dijo que mientras viviese debía considerarse de su familia y que nunca le faltaría de nada. Cumplió su palabra, y así proveyó Dios a su querida hija, que se había confiado amorosamente a sus cuidados. Lo mismo hará con nosotros nuestro Padre celestial si le confiamos afectuosamente nuestros cuidados.

Catchisme de Persévérance.

Capítulo 20: Nuestro Padre Celestial vela por nosotros

Hija mía, sería imposible enumerar los favores que nuestro Padre Celestial nos ha concedido a Sus hijos adoptivos. En efecto, no nos concede a todos los mismos favores, ni en el mismo grado, pero concede a cada uno lo que considera mejor, y lo que Él mismo elige. Sólo en la eternidad podremos comprender todo esto.

AGNES, LA PIADOSA CRIADA.

Un caballero que poseía una gran mansión en el campo tenía una joven llamada Agnes, que servía como criada en su familia.

Era muy diferente de las otras sirvientas de la casa, que eran ciertamente muy diligentes cuando el ojo de su ama estaba sobre ellas, pero a menudo eran negligentes cuando pensaban que nadie las miraba. Agnes siempre hacía su trabajo con prontitud, exactitud y diligencia, tanto si su ama estaba presente como si no.

Esta diligencia por parte de Agnes pronto fue observada, no sólo por sus superiores, sino incluso por extraños.

Un día llegó un médico y, entre otras cosas, el tema de conversación fue la diligencia y la pronta obediencia de Inés.

"Me gustaría mucho", dijo el médico, "ver a esta doncella de la que habla, porque he oído hablar mucho de ella. Estoy seguro de que debe tener algún motivo secreto para actuar así. ¿Cree usted que es porque desea ser alabada por ello, o para obtener una mejor posición en su casa?".

"Oh, no", respondió el señor de la casa, "ése no es ciertamente su motivo, pues todo lo que le decimos en alabanza o en reproche no parece tener influencia alguna en su conducta; está tan dispuesta a realizar el trabajo más humilde de la casa como el más importante, y en todas las ocasiones hace lo que se le ordena sin la menor murmuración."

"Lo que usted me dice", replicó el doctor, "me hace desear aún más verla y hablar con ella. Aprovecharé la primera oportunidad de hacerlo".

Aquella misma tarde encontró a Inés en una de las habitaciones de la casa, con un cepillo en la mano, arreglando el apartamento con sumo cuidado. Estaba llorando. El doctor entró de repente y, al darse cuenta, le dijo:

"Mi pequeña, ¿qué te pasa? ¿Por qué lloras? ¿Alguien se ha portado mal contigo o te ha ocurrido alguna desgracia?". Inés, tomada así por sorpresa, no le respondió, sino que bajó la cabeza. El médico, de la manera más gentil, la instó a que le confiara y le dijera cuál era la causa de sus lágrimas.

Alentada por sus amables palabras, contestó que, lejos de estar triste, era muy feliz; que los demás criados de la casa eran buenos con ella, y que su amo y ama la trataban con mucha más amabilidad de la que merecía; que lloraba, no de pena, sino más bien de alegría y felicidad.

"Es un verdadero placer oír todo esto -dijo el doctor-, pero ¿me dejarías entrar en tu secreto, hija mía, y me contarías cómo estás siempre tan feliz y contenta?".

Inés vaciló un poco, pero al cabo de unos instantes contestó: "Señor, si le interesa oír de una pobre criada como yo la razón de ello, se la contaré. Antes de venir aquí, oí por casualidad una instrucción sobre el amor de Dios. El sacerdote que nos dio la instrucción nos dijo cuán bueno es Dios, que nos permite llamarle Padre nuestro y amarle, y cuán felices son los que le aman. Cuando oí esto, pensé que me gustaría mucho amar a Dios perfectamente, y empecé a preguntarme cómo podría hacerlo, pues no era más que una pobre muchacha, y tenía que ir a trabajar para ganarme la vida, y no tenía tiempo para rezar largas oraciones, como algunas personas piadosas que conocía.

"Justo cuando estos pensamientos pasaban por mi mente, el Padre nos dijo en su instrucción estas palabras, que he guardado en mi mente desde entonces: 'Hijos míos, es fácil para todos vosotros amar a Dios. Haced exacta, cuidadosa y puntualmente el trabajo que tenéis que hacer día tras día, y mientras lo hacéis pensad que es Dios Quien os ha enviado a hacerlo. Si haces esto, realmente amas a Dios con todo tu corazón'. Así que, señor, cuando estoy barriendo el suelo, como me ha visto hacer hace un momento, o cualquier otra cosa que haga, pienso en mi propia mente que fue Dios quien me envió a hacerlo, y que me está mirando para ver cómo lo hago. Por eso procuro hacerlo con cuidado, para agradarle; y sé que Dios se complace en mí cuando lo hago así, y por eso soy siempre feliz."

"Pero te he visto llorar; ¿por qué esas lágrimas?", preguntó el doctor.

"Señor, no puedo dejar de llorar cuando pienso que a mí, que no soy más que una pobre sirvienta, se me permite amar a Dios tanto como aquellos grandes santos que eran tan santos, y que Aquel que es tan grande no sólo piensa en mí, sino que incluso me ama. Oh, señor, siendo Dios tan bueno, ¡cómo no voy a tratar de amarle con todo mi corazón!".

El doctor se fue a casa aquella noche con pensamientos en su mente muy diferentes a los que había estado acostumbrado. Aquel día había aprendido una gran lección que nunca antes había aprendido, una lección de más importancia que todas las demás que había recibido, y esa lección la aprendió de una pobre sierva.

Nosotros también, como el doctor, aprenderemos una lección de esta historia; y ya que podemos amar a Dios tan fácilmente, tomaremos la resolución de hacerlo como Inés. Haremos todo como si Dios nos hubiera enviado a hacerlo, y como si lo viéramos mirándonos para ver cómo lo estamos haciendo.

Cartas Ed.

GERMAINE, LA PEQUEÑA PASTORA

Dios ha prometido ser nuestro Padre de una manera especial cuando aquellos que nos ha dado para ser nuestros padres en este mundo nos descuidan. Así lo demostró en el cuidado que tuvo de Germaine, la pequeña pastora de Languedoc, que vivió en el siglo XVI.

Un día, el sepulturero del pueblo de Pibrac, cerca de Toulouse, estaba abriendo una tumba; de pronto se encontró con un ataúd que no esperaba encontrar allí y que, para su asombro, parecía recién enterrado. Por curiosidad lo abrió, y vio que contenía el cuerpo de una niña, completamente entero, con aspecto de estar sumida en un tranquilo sueño. Las ropas de la tumba estaban limpias y blancas, y las flores que cubrían el pequeño cadáver tan frescas como si hubieran sido recién cortadas.

La noticia de este maravilloso descubrimiento no tardó en llegar a la aldea, y toda la gente corrió al lugar para verlo con sus propios ojos.

"¿Quién puede ser?", se preguntaban unos a otros. "Nunca supimos de nadie que hubiera sido enterrado aquí".

Entre la multitud a la que la curiosidad atraía al lugar había una mujer muy anciana. No podía andar deprisa a causa de su avanzada edad, por lo que fue de las últimas en llegar a la tumba.

Cuando se acercó lo suficiente para ver el cuerpo, empezó a temblar. "Sé quién es", exclamó. "La conozco por esa marca en el cuello y por su mano paralizada. Es Germaine, la piadosa pastora de la que tantas veces me has oído hablar. Yo fui uno de los que la prepararon para su tumba: fui yo quien puso a su alrededor esas espigas de trigo que ves bien frescas, pues murió en tiempo de cosecha, y esa corona de flores silvestres sobre su cabeza, que luce tan hermosa como cuando yo la coloqué allí hace muchísimos años. Dios mío, qué maravilla".

La historia de la anciana y la milagrosa conservación del cuerpo de la niña hicieron que la gente indagara en su historia, y esto es lo que averiguaron sobre ella.

Sus padres eran muy pobres, y desde el momento de su nacimiento estuvo aquejada de sufrimientos. Su cuerpecito estaba cubierto de llagas y nunca pudo usar la mano derecha. Cuando era muy pequeña, su madre murió y su padre se casó de nuevo. La mujer que trajo a casa como esposa no podía soportar la visión de la pequeña Germaine, a causa de su deformidad, y solía encerrarla en una letrina toda la noche, y nunca le permitía acercarse a sus propios hijos, por temor a que pudiera contagiarles su enfermedad.

Cuando era capaz de cuidar de las ovejas, su cruel madrastra la enviaba por la mañana al campo y le ordenaba que no volviera hasta que llegara la noche. En cuanto volvía, le echaba unas migajas de pan duro y la mandaba a pasar la noche en el frío y oscuro establo, sin fuego que la calentase ni nadie que le dijese una sola palabra amable. Su padre tampoco soportaba verla, y, no queriendo disgustar a su esposa, la dejó sufrir todo este duro trato sin intervenir.

Pero su Padre celestial no olvidaba que era hija suya, y en la medida en que su propio padre la desatendía, Él la amaba; y llenó su alma de todo consuelo durante todo el día.

Por las mañanas, cuando oía la campana de la Misa, ponía su cayado en medio de su rebaño y los dejaba bajo el cuidado de Dios hasta que volvía de la Misa. Durante el día reunía a su alrededor a los pobres niños, pequeños como ella, y les hablaba de Dios y de su santo amor, que inflamaba toda su alma. Los mendrugos de pan que su cruel madrastra le daba para comer, los repartía entre los niños, y nunca era tan feliz como cuando no le quedaba nada para ella.

Luego, cuando se quedaba sola y sus compañeritas se iban a casa, le encantaba arrodillarse bajo los árboles y rezar sus oraciones, pues nada la consolaba tanto como estas cariñosas conversaciones con su querido Padre celestial.

Por la noche, cuando volvía a casa con su rebaño, tenía que soportar a menudo los crueles golpes y las palabras aún más crueles de su madrastra; y siempre se alegraba cuando llegaba la hora de acostarse en su duro lecho de paja, para poder estar a solas con Dios, a quien tanto amaba.

Una mañana del otoño de 1601, Germaine no apareció a la hora acostumbrada, y su padre fue al lugar donde dormía para ver qué le ocurría. La encontró como dormida, con una hermosa sonrisa en los labios, pero inmóvil. Había muerto, y su alma inocente estaba a salvo en el Cielo, descansando en el seno del Padre que nunca la había abandonado.

Aquella noche, dos religiosos se dirigían hacia Pibrac. Vencidos por la oscuridad, se tumbaron a la sombra de un viejo castillo para descansar hasta la mañana siguiente. De repente, percibieron una compañía de ángeles que se dirigía hacia el lugar al que ellos mismos se dirigían; y mientras se preguntaban en su mente qué podía significar aquello, los vieron regresar de nuevo, y en medio de ellos, coronada de hermosas flores y vestida con ropas blancas, caminaba una joven doncella. La visión desapareció pronto, y supieron que algún gran Santo acababa de entrar en el Cielo.

Cuando llegaron a Pibrac, contaron a la gente lo que habían visto en el camino y preguntaron si había muerto esa noche alguna persona grande y santa. Se corrió la voz de que habían encontrado muerta a la pobrecita Germaine, y entonces la gente supo que era su alma feliz la que los religiosos habían visto que los ángeles conducían al Paraíso.

Así que se llevaron el cuerpo y lo enterraron con reverencia en el lugar donde había sido encontrado. Durante algún tiempo la historia de su vida y de su muerte estuvo en boca de todos; pero con el paso de los años fue cayendo en el olvido, hasta que Dios, a su debido tiempo, quiso glorificar en la tierra la memoria de la querida niña que tanto le había amado.

Capítulo 21: De la Providencia de Dios

C on frecuencia oyes hablar, hija mía, de la providencia de Dios. Esto significa que Dios tiene para cada uno de sus hijos un cuidado paternal, y vela por ellos con gran amor. Todo lo que nos sucede es para nuestro bien, aunque a veces no lo percibamos. San Pablo dice: "A los que aman a Dios, todas las cosas les ayudan a bien".

LA TELA DE ARAÑA

Cuando la persecución de Decio estaba en su apogeo, San Félix de Nola era uno de aquellos a quienes los perseguidores de la Iglesia más ansiaban arrestar; pero Dios, que deseaba servirse de su siervo para exhortar a sus hijos de la tierra y alentarlos en sus pruebas, lo ocultó de sus enemigos que lo perseguían.

Un día, mientras estaba de pie en la plaza pública de la ciudad instruyendo y exhortando a los fieles, los que habían sido enviados a buscarlo se acercaron a él, pero sus ojos se cerraron al pasar junto a él, y se apresuraron a seguir adelante. Alguien les dijo que acababan de cruzarse con él en la calle, volvieron sobre sus pasos, y Félix, que los vio regresar, huyó del lugar y se ocultó en una abertura de un muro no muy lejano. Como no había puerta que lo ocultara, sin duda habría sido capturado si Dios no hubiera hecho que una araña tejiera su tela sobre la abertura.

Los soldados que lo perseguían, al llegar al lugar y encontrarlo cubierto de una tela espesa e intacta, pensaron que sería una locura imaginar que alguien pudiera entrar en la casa sin romper la tela, lo cual no podía hacerse en tan poco tiempo, y pasaron de largo, apresurándose a buscarlo en otra parte.

Pero la providencia de Dios con respecto a San Félix no terminó aquí, pues, habiéndose retirado de Nola para vivir en una cueva desierta, lejos de toda morada, fue milagrosamente alimentado durante seis meses, cuando por fin se restableció la paz en la Iglesia y pudo volver a la ciudad.

Vida de San Félix de Nola.

SAN PABLO, PRIMER ERMITAÑO, Y SAN ANTONIO.

San Pablo, que se distingue por el título de "el Primer Ermitaño", deseoso de escapar de las persecuciones de Decio, huyó al desierto de la Alta Tebaida, y habitó allí en soledad con Dios. Hasta los cincuenta y tres años de su edad -es decir, durante treinta años- se alimentó de las hierbas silvestres que crecían en el desierto y del fruto de las palmeras; pero desde entonces Dios mismo, de forma milagrosa, se ocupó del cuidado temporal de su siervo. Cada día enviaba un cuervo con media hogaza de pan, que ponía a los pies del santo varón. Así lo hizo durante un largo período de sesenta años.

Al cabo de ese tiempo, San Antonio, también ermitaño en un desierto lejano, recibió la orden de Dios de ir en busca del "Padre de los Ermitaños" para recibir su bendición antes de morir. Los dos santos se reconocieron en seguida como si se conocieran desde hacía años, y se saludaron por sus nombres; y mientras estaban sentados juntos hablando de cosas celestiales y de la felicidad de haberlo dejado todo para seguir a Cristo, se les apareció un cuervo. Llevaba en el pico esta vez no medio pan, como solía traer, sino uno entero; y como San Antonio, que nada sabía de la maravillosa bondad de Dios al proporcionar a su siervo alimento durante tantos años pasados, expresara su asombro ante lo que veía, San Pablo le dijo: "Durante los últimos sesenta años Dios mismo me ha proporcionado cada día mi sustento diario. Hoy, porque tú estás conmigo, Él me ha enviado una porción doble. Oh, hermano mío, bendigámosle juntos y glorifiquémosle por su infinita bondad al ocuparse así de los que le sirven."

Vida de San Pablo, Primer Ermitaño.

SAN MÁXIMO Y SAN FELIX.

San Félix, que había sido ordenado sacerdote por Máximo, obispo de Nola, fue encarcelado y cargado de cadenas durante la persecución del emperador Decio.

Una noche, un ángel del Cielo entró en la prisión y, tras despertarlo del sueño, le dijo que fuera al desierto, donde se había retirado Máximo, y donde padecía frío y hambre, y que le prestara toda la ayuda que necesitara.

Al principio Félix pensó que sólo se trataba de un sueño; pero el ángel le ordenó que se levantara, obedeció, e inmediatamente las cadenas que lo ataban cayeron al suelo, se abrieron las puertas de la prisión y se encontró libre. Luego, por caminos totalmente desconocidos para él, bajo la guía del ángel, llegó al desierto, e incluso al mismo lugar donde estaba Máximo. Lo encontró tendido en el suelo, casi sin movimiento y sin vida, y parecía a punto de morir. Félix levantó al buen Obispo del suelo y trató de devolverle el calor a sus miembros. Luego, viendo que no tenía nada que comer, se preguntó dónde podría procurarse algún alimento. Mirando a su alrededor, vio colgado de un espino un gran racimo de jugosas uvas. Cogiéndolo, lo estrujó y vertió el zumo sobre los labios resecos de Máximo, que recobró inmediatamente el conocimiento. Sonriendo dulcemente a Félix, le dijo: "Has tardado mucho en venir a visitarme, hijo mío. Hace ya mucho tiempo que Dios me prometió que te enviaría a asistirme, y yo esperaba tu venida con impaciencia, para que me llevaras de nuevo en medio de mi pobre rebaño, que nunca debí abandonar."

Entonces Félix, levantando al anciano sobre sus hombros, partió para Nola, donde su rebaño lo recibió con deleite y con gran veneración y amor.

Vida de San Félix de Nola.

"¿DÓNDE ESTÁ LA PROVIDENCIA DE DIOS?"

El padre Beauregard acababa de concluir uno de sus hermosos sermones sobre la Divina Providencia, al que había asistido un numeroso público, como siempre ocurría cuando se le anunciaba para predicar.

Apenas había regresado a su casa, cuando un hombre, bastante desconocido para él, le siguió, y pidió que se le permitiera hablar con él unos momentos.

"Con mucho gusto, amigo mío", respondió el venerable predicador, acercándole al mismo tiempo una silla y pidiéndole que se sentara.

"Señor -comenzó el forastero-, ha predicado usted un sermón magnífico, nadie podría haberlo hecho mejor, y ha hablado en términos enérgicos de la confianza que debemos depositar en la Providencia de Dios. Ahora bien, no doy crédito a lo que habéis dicho sobre este asunto, porque no creo que exista la Providencia."

El sacerdote respondió: "¿Qué son esas palabras que acabas de pronunciar? ¿Cómo puedes dudar un momento de la Providencia de Dios y del cuidado vigilante que tiene sobre nosotros?".

"No, señor", dijo el otro; "para mí no hay Providencia. Escúchame y juzga por ti mismo. Soy carpintero de profesión; tengo mujer y tres hijos pequeños; somos gente honrada y de vida sencilla, y nunca hemos hecho mal a nadie."

"Lo creo sin ninguna dificultad", dijo el buen Padre; "pero ¿de qué manera está todo esto relacionado con su incredulidad en la Providencia?".

"Si me escucháis, os lo diré. Tengo que pagar una suma de dinero el día treinta de este mes, y no puedo pagarla, porque no tengo medios para hacerlo. Se lo pedí a muchos de los que solían llamarme su amigo, pero no quisieron venir en mi ayuda; y mis parientes son tan pobres como yo, así que no pudieron ayudarme. Al final decidí poner fin a mi miserable vida ahogándome en el río".

"Pero, ¿cómo es posible", interrumpió el sacerdote, "que, con estos horribles pensamientos en tu mente, te encontraras presente en mi sermón?".

"Oh, señor, no tenía intención de ir a oírle predicar; fue todo por casualidad. Al pasar cerca de la iglesia, vi que entraba una gran multitud de gente. Pregunté a uno de ellos la causa de ello. Me respondió que se habían reunido para oír a un gran predicador. Entré junto con la gente por simple curiosidad de oír lo que tenía que decir. Le oí predicar, me interesé y me quedé hasta que terminó. Todo lo que usted dijo fue en verdad muy hermoso e interesante; pero, señor, al reflexionar sobre mi vida pasada, y no ver en ella nada que pudiera reprocharme, no pude decidirme a actuar como usted sugirió, ni siquiera a creer en la existencia de una Providencia."

"Mi querido amigo, escúcheme. Me dices que entraste en la iglesia, por así decirlo, por casualidad, sin ninguna razón seria para hacerlo, y que me oíste disertar sobre la Providencia de Dios, y que has venido a visitarme, y me has expuesto tus dificultades y tu huida de la terrible muerte que tontamente habías pretendido infligirte. ¿No es eso en sí mismo una prueba de la providencia de Dios sobre ti?".

El hombre pareció muy impresionado con esta observación, y después de un momento de silencio contestó: "Sí, señor; lo que usted dice es, en efecto, cierto; pero eso no me permitirá hacer frente a mis obligaciones el día treinta de este mes."

El padre Beauregard se sintió muy conmovido por este relato de la historia del pobre hombre, y sintió vivamente la condición a la que la pobreza le había reducido en alma y cuerpo. Reflexionó también unos instantes en silencio, y de pronto exclamó: "Escúchame. Creo que es usted, en efecto, el desgraciado que ha descrito, y que estas desgracias le han sobrevenido sin culpa alguna por su parte, y que no pretende engañarme. ¿Cuánto dinero necesitaría para hacer frente a las facturas que se le adeudarán? No soy rico, pero tal vez pueda ayudarle un poco".

"¡Oh, señor, qué amable de su parte! Cien coronas me permitirían pagar todo lo que se me debe".

El padre Beauregard se levantó y, abriendo su escritorio, sacó una suma de dinero. "Aquí tiene exactamente la cantidad que necesita -dijo-; por mí mismo no habría podido darle tanto, pero hace unos días, después de haber asistido a mi sermón sobre la limosna, la buena princesa- me envió este dinero, con el ruego de que lo gastara en alguna obra de caridad o de misericordia que considerara meritoria. Tómalo, y estoy seguro de que en el futuro tendrás confianza en la providencia de nuestro Padre Celestial".

Podemos imaginar los sentimientos de gratitud con que el hombre aceptó el regalo. A partir de ese momento su vida fue de gran piedad, y nunca más se le oyó quejarse contra la Providencia de Dios.

BILLECOQ: De la relig. chrét

"ECHA TUS CUIDADOS SOBRE EL SEÑOR".

Se cuenta en los "Anales de la Orden de San Francisco" que uno de los hermanos del monasterio de Perusa fue enviado una vez por su Superior a una casa lejana de su Orden, para llevar allí a un joven novicio de gran piedad, y dotado por Dios de grandes talentos, a quien las continuas visitas de sus parientes y el afecto que le profesaban ponían en inminente peligro de perder su vocación. Cuando hubieron recorrido una parte considerable del camino, se encontraron, al caer la tarde, en una zona desierta del país, donde no pudieron encontrar un lugar donde pasar la noche. Ya fatigados y hambrientos, les pareció imposible seguir adelante, sobre todo porque la oscuridad ocultaba a la vista el camino que habían seguido hasta entonces, y se resignaron a la necesidad de pasar la noche al aire libre. El novicio, todavía poco acostumbrado a las austeridades de la Orden, comenzó a quejarse de su dura suerte; pero el religioso mayor se esforzó por consolarlo recordándole que eran hijos de nuestro "Padre que está en los cielos", y que Él cuidaría de ellos. "No temas los terrores de la noche, porque Él ha enviado a sus ángeles para guiarnos en todos nuestros caminos".

Entonces le tomó de la mano, y siguieron caminando juntos, pero sin saber adónde iban.

De pronto vieron acercarse a un joven que, después de saludarles respetuosamente, se ofreció a servirles de guía y a procurarles albergue para pasar la noche. Aceptaron alegremente su invitación y le siguieron hasta que les condujo a una cabaña hecha de ramas, en medio de una extensa llanura. Cerca ardía un buen fuego, y en una mesa dentro de la cabaña había abundancia de pan y vino. Sorprendidos por su inesperada buena suerte, los buenos hermanos no encontraban palabras para expresar suficientemente su gratitud a su amable anfitrión por su hospitalidad.

"Padres míos", dijo el joven, "calentad vuestros miembros junto al fuego y tomad este pequeño refrigerio, mientras voy a prepararos la cena".

Al poco rato regresó, llevando en un plato un magnífico pescado. Era el tiempo sagrado de Adviento, y este plato era muy apropiado para la estación. Los religiosos se sentaron a la mesa y comieron lo que les había traído, que les pareció mejor de lo que habían comido nunca. La conversación del joven y su conducta edificante durante la comida les proporcionaron un gran placer.

Terminada la comida, y después de haber bendecido fervorosamente este inesperado refrigerio, el joven los condujo a una pequeña habitación, donde habían colocado dos colchones de paja en el suelo.

"Estas son vuestras camas, Padres míos -dijo-; no son, ciertamente, muy cómodas, pero son las que vuestra regla prescribe. Descansad aquí en paz, y mañana por la mañana volveré a veros".

Pronto se durmieron, y durmieron cómodamente hasta que la luz de la mañana empezó a brillar sobre ellos. El joven cumplió su promesa y, después de darles de comer, los guió en su viaje hasta que llegaron a un campo abierto. Allí, después de indicarles el camino, se despidió de ellos pidiéndoles, como hizo el ángel con Tobías, que dieran gracias a Dios por la misericordia que les había mostrado.

Los dos religiosos se volvieron hacia él para agradecerle su bondad, pero no le vieron por ninguna parte; había desaparecido de repente. Entonces supieron que, en efecto, era un ángel del Señor que había sido enviado para ayudarles en su necesidad, y, postrándose en tierra, agradecieron a su Padre Celestial los cuidados que les había dispensado, y allá donde iban contaban esta maravilla de su bondad y de su poder.

Crónica. Minorum, P. Marcos.

Capítulo 22: Dios nos consuela en la tierra y nos recompensa en el cielo

Hija mía, nuestro Padre celestial da a sus hijos, cuando están en este mundo, consuelos en sus pruebas, para animarles a soportarlas con paciencia; pero es cuando estas pruebas terminan cuando les concede las magníficas recompensas que les tiene preparadas en su reino de arriba, y que les ha prometido darles si perseveran hasta el fin.

"¡OH, QUÉ BUENO ES EL QUERIDO PAPÁ!"

Un caballero vivía con su esposa y su familia en una confortable casa de una de nuestras grandes ciudades. Su ocupación le llevaba con frecuencia lejos de casa, pero siempre regresaba lo antes posible al seno de su familia, donde encontraba su principal consuelo y felicidad.

En una ocasión su ausencia se prolongó más de lo habitual, y su esposa y sus pequeños se sintieron inconsolables. De vez en cuando recibían cartas suyas en las que les manifestaba el gran amor que sentía por todos ellos, pero esto no llenaba ni mucho menos el vacío causado por su larga ausencia.

Un día, unos dos meses después de su partida, llegó a su casa de la ciudad una gran caja dirigida a sus hijos. Con gran impaciencia abrieron la caja para ver lo que contenía y, para su gran alegría, encontraron un gran número de regalos de todo tipo enviados por su amable papá. Los fueron desempaquetando uno a uno, y cada uno de ellos, a medida que aparecía, parecía hacerles una nueva ilusión.

"¡Oh, qué bueno es mi querido papá!", exclamó Isabel, la mayor. "A pesar de estar tan lejos de nosotros, no nos ha olvidado y nos ha enviado regalos tan bonitos. Además, ha tenido la delicadeza de enviarnos a cada una lo que sabía que más nos gustaría".

Su madre, que había estado mirando tranquilamente, disfrutando de su felicidad, vio una carta en el fondo de la caja, que los niños, en su excitación, habían pasado por alto. La cogió y, después de leerla para sí, les dijo: "Aquí tenéis una carta de vuestro padre".

"Oh, mamá, ¿qué dice en la carta? Dínoslo", gritaron todos a la vez.

La madre leyó la carta en voz alta. Era la siguiente:

"Mis queridos hijos: Aunque estoy lejos de vosotros, no os he olvidado; he pensado en vosotros todos los días desde que llegué aquí, y he estado recogiendo todos estos regalos que ahora os envío, porque sé que os gustarán y os harán pensar en mí. Pero tengo para vosotros cosas mucho más hermosas, que ahora no puedo enviaros; pero si sois niños buenos y obedientes, algún día vendré a buscaros y os traeré aquí para que las disfrutéis y viváis conmigo en este hermoso lugar. No necesito tratar de explicaros la belleza de las cosas deliciosas que os estoy preparando aquí, porque nunca podríais entenderlo; sólo lo comprenderéis cuando vengáis aquí y las veáis. Así que tratad de portaros bien hasta que vuelva'".

Los niños se alegraron mucho de la buena noticia contenida en la carta, y empezaron a decir entre ellos: "Me pregunto si pasará mucho tiempo antes de que venga a buscarnos. Espero que venga pronto; ¡oh, no nos alegraremos cuando veamos al querido y buen papá!".

La madre dijo: "Ya veis, mis queridos hijos, cuánto os quiere papá, y cómo piensa en vosotros, y cómo todo su deseo es haceros felices; pero vuestro Padre Celestial os quiere infinitamente más, y está continuamente ocupado en cuidaros y en tratar de haceros felices. Es verdad que ahora no puedes verle, como tampoco puedes ver a tu querido papá, que está tan lejos; pero Él te demuestra que no te olvida, pues todos los días te envía hermosos regalos. ¿No es por vosotros que el sol brilla en los cielos, y que la tierra produce sus frutos? ¿Y no nos dice la Sagrada Escritura que los regalos que Él nos va a dar en el cielo, si somos buenos y fieles a Él en la tierra, sobrepasan con mucho nuestra comprensión: "Que ojo no vio, ni oído oyó, ni ha subido en corazón de hombre lo que Dios ha preparado para los que le aman"? Oh, mis queridos hijos, sed buenos ahora y obedeced a Dios, vuestro Padre celestial, y pronto vendrá a buscaros y os llevará a todos a su feliz hogar de lo alto".

Los niños escucharon atentamente, e Isabel, siempre dispuesta a hablar, respondió: "Sí, mamá, estoy segura de que todos lo haremos, no sólo porque nos hará felices en el Cielo, sino porque es muy bueno en sí mismo, pues por eso queremos tanto al buen papá. No le queremos porque nos haya enviado hoy todos estos regalos, ni porque nos haya prometido darnos más, sino simplemente porque es muy bueno. Oh, sí, papá es tan bueno".

Schmidt.

Capítulo 23. Todos los hombres son nuestros hermanos: Todos los hombres son nuestros hermanos, porque Dios es el Padre de todos

Puesto que Dios es nuestro Padre, y todos somos hermanos, debemos rezar no sólo por nosotros mismos, sino por todos los demás, y amarlos como a nosotros mismos.

EL COJO Y LA PRINCESA

La princesa Galitzin pasaba un día por un puente de San Petersburgo, cuando vio a un anciano sentado allí, pidiendo limosna a los que pasaban.

Le dio un poco de dinero, por valor de unos seis peniques, y siguió su camino. El pobre anciano, que también era cojo, apenas recibió el dinero, corrió tan rápido como sus débiles miembros le permitieron hasta un ciego que estaba sentado a poca distancia, y le dio la mitad de lo que ella le había dado.

La princesa, al ver este acto de caridad, se sintió muy conmovida. Envió a buscar al cojo a quien había dado la limosna y le dijo: "¿Quién es ese pobre anciano con el que has compartido la limosna? ¿Es tu padre o tu hermano?"

"No está emparentado conmigo por la sangre -respondió el anciano-, pero es mi hermano en Jesucristo. En nuestra juventud servimos juntos en el ejército, y ahora en nuestra vejez somos hermanos en la desgracia. Él es, en verdad, más digno de lástima que yo, porque no puede ver; ¿no es, pues, justo que yo le ayude, y ruegue por él tanto como por mí?". La princesa, conmovida hasta las lágrimas por la generosa conducta del pobre hombre, le dio una pieza de oro, prometiendo al mismo tiempo no olvidarle. Después dijo a una de sus amigas que nunca en su vida había experimentado tanto placer como cuando dio aquella limosna.

Capítulo 24: Nuestra conducta debe mostrar que somos realmente hijos de Dios

Hija mía, no nos basta con ser hijos de Dios sólo de nombre; si deseamos entrar en el Cielo, debemos, mientras estemos en este mundo, llevar la vida de aquellos a quienes Él ha honrado tan altamente, pues de lo contrario nos alejará de Él para siempre en la eternidad.

"NO OS CONOZCO".

Leemos en las vidas de los Santos que en cierto monasterio los religiosos se habían alejado del fervor prescrito por su regla, y llevaban vidas mundanas.

Un año, al llegar la fiesta de su santo fundador, fueron a la iglesia a cantar el oficio divino.

Cuando llegaron a cierta parte del mismo, rezaron, como de costumbre, esta oración: "Ruega por nosotros, oh santo Padre". Pero inmediatamente se oyó una voz, como venida del Cielo, que decía: "No me llaméis Padre vuestro, porque ya no sois mis hijos: ni seguís el camino que os he trazado, ni el ejemplo que os he dado. No os conozco".

¿No podría nuestro Padre celestial reprocharnos con las mismas palabras cuando, en nuestras oraciones cotidianas, le decimos: "Padre nuestro que estás en los cielos"? ¿No nos dirá como el Santo a estos religiosos: "Ya no me llaméis Padre vuestro, porque no obedecéis mis mandamientos ni seguís mi ejemplo. Más bien deberíais llamaros hijos de Satanás, porque es a él a quien obedecéis y sus máximas seguís"?

Catchisme de Persévérance.

Parte 4: "Santificado sea tu nombre"

Capítulo 25: De la reverencia y el amor debidos al Santo Nombre de Dios

"En el nombre del Padre, del Hijo y del Espíritu Santo". Hija mía, éstas son las palabras con las que siempre comienzas y terminas tus oraciones, y de las que te sirves en muchas otras ocasiones.

También rezas a menudo esta oración en honor de la Santísima Trinidad: "Gloria al Padre, al Hijo y al Espíritu Santo". Y, de nuevo, cuando asistís a la Bendición, decís esta hermosa jaculatoria: "Bendito sea Dios; bendito sea su santo Nombre".

En la oración que Jesucristo nos ha enseñado, las palabras de la primera petición son: "Santificado sea Tu Nombre". Con estas palabras pedimos que Dios sea conocido, amado y servido por todas sus criaturas, y que su santo Nombre sea amado y venerado por todos.

En la Antigua Ley, Dios exigía de Su pueblo una gran reverencia y un intenso respeto por Su santo Nombre, y castigaba con la máxima severidad a quienes osaban pronunciarlo irreverentemente o "tomarlo en vano."

LA VOZ DE DIOS EN LA ZARZA ARDIENTE.

Cuando Dios dio los Mandamientos a Moisés, declaró la importancia que concedía al honor que debía darse a Su santo Nombre con estas palabras: "No tomarás el Nombre del Señor tu Dios en vano; porque el Señor no tendrá por inocente al que tome el Nombre del Señor su Dios en vano" (Éx. xx. 7).

En la ocasión en que Moisés fue elegido para ser el libertador del pueblo de Israel de manos de sus opresores, "el Señor se le apareció en una llama de fuego de en medio de una zarza", dice la Escritura, "y vio que la zarza ardía y no se quemaba.

"Y Moisés dijo: 'Iré y veré este gran espectáculo, por qué la zarza no se quema'.

"Y cuando el Señor vio que se adelantaba para ver, lo llamó desde en medio de la zarza, y le dijo: 'Moisés, Moisés'.

"Y él respondió: 'Aquí estoy.'

"Y El dijo: 'No te acerques aquí, quita el calzado de tus pies, porque el lugar donde estás es tierra santa.'

"Y Él dijo: 'Yo soy el Dios de tu padre, el Dios de Abraham, el Dios de Isaac y el Dios de Jacob.'

"Moisés ocultó su rostro, pues no se atrevía a mirar a Dios.

"Y el Señor le dijo: 'He visto la aflicción de mi pueblo en Egipto, y he oído su clamor a causa del rigor de los que están sobre las obras; y conociendo su dolor, he descendido para librarlos de las manos de los egipcios, y para sacarlos de aquella tierra, a una tierra que mana leche y miel. . . . Porque el clamor de los hijos de Israel ha llegado hasta mí, y he visto su aflicción con que los oprimen los egipcios. Pero ven, yo te enviaré a Faraón, para que saques de Egipto a mi pueblo, los hijos de Israel.'

"Y Moisés dijo a Dios: '¿Quién soy yo para que vaya a Faraón y saque de Egipto a los hijos de Israel?'.

"Y El le dijo: 'Yo estaré contigo; y esto tendrás por señal de que yo te he enviado: cuando hayas sacado a mi pueblo de Egipto, ofrecerás sacrificio a Dios sobre este monte.'

"Moisés dijo a Dios: 'He aquí, yo iré a los hijos de Israel y les diré: "El Dios de vuestros padres me ha enviado a vosotros". Y si me dijeren: "¿Cuál es su Nombre?", ¿qué les responderé?'.

"Dios dijo a Moisés: 'YO SOY EL QUE SOY'. Él dijo: 'Así dirás a los hijos de Israel: "El Que Es me ha enviado a vosotros"'.

"Y Dios dijo de nuevo a Moisés: 'Así dirás a los hijos de Israel: "El Señor Dios de vuestros padres, el Dios de Abraham, el Dios de Isaac y el Dios de Jacob, me ha enviado a vosotros". Este es mi Nombre para siempre, y este es mi memorial por todas las generaciones'".

Éxodo iii. 2 y ss.

DIOS ES CELOSO DEL HONOR DEBIDO A SU NOMBRE.

De nuevo leemos en el Antiguo Testamento las palabras de Dios al pueblo de los judíos, ordenándoles que usen su santo Nombre con la más profunda devoción:

"Y el Señor habló a Moisés, diciendo: 'Yo soy el Señor que apareció a Abraham, a Isaac y a Jacob, con el Nombre de Dios Todopoderoso; y mi Nombre Adonai no les mostré.

"'No jurarás en falso por mi Nombre, ni profanarás el Nombre de tu Dios: Yo soy el Señor.

"'Bendito sea el Nombre del Señor desde ahora y para siempre; desde el nacimiento del sol hasta su ocaso el Nombre del Señor es digno de alabanza'".

Luego leemos de los severos juicios que Él amenaza contra aquellos que no dan el debido honor a Su santo Nombre:

"'Si no temieres su Nombre terrible y glorioso, que es el Señor tu Dios, el Señor aumentará tus plagas y las plagas de tu descendencia: plagas grandes y duraderas, enfermedades graves y perpetuas.

"'Profanaron mi santo Nombre con las abominaciones que cometieron; por lo cual los consumí en mi ira'".

Las Sagradas Escrituras en muchos ejemplos nos dicen con cuánta fidelidad los justos de la Antigua Ley honraban el Nombre de Dios.

David dijo: "Cantaré al Señor que me ha dado bienes; cantaré al Nombre del Señor, el Altísimo". "Bendito sea el Nombre del Señor desde ahora y para siempre. Reyes de la tierra y todos los pueblos, príncipes y todos los jueces de la tierra, jóvenes y doncellas, alaben el Nombre del Señor los ancianos con los jóvenes, porque sólo Su Nombre es excelso. Traed al Señor gloria y honor; traed al Señor gloria a Su Nombre. Oh, magnificad al Señor conmigo, y ensalcemos juntos Su Nombre".

Hija mía, oyes a muchas personas, viejos y jóvenes, que tienen constantemente el Nombre de Dios y el Nombre sacratísimo de Jesús en los labios, no para alabar Su Nombre, sino para injuriarlo; usan los Nombres sagrados como palabras de orden casi en cada frase, sin sentido ni significado. ¡Qué terrible castigo les espera a los que hacen esto!

Cada vez que oigas el Nombre de Dios profanado de esta manera, debes hacer lo que muchos de los santos acostumbraban hacer cuando oían el Nombre de Dios tomado en vano: debes elevar tu corazón a Dios, y hacerle alguna pequeña reparación, diciendo: "Santificado sea tu Nombre", o "Bendito sea Dios: bendito sea su santo Nombre", o "Bendito sea el Nombre del Señor, desde ahora y para siempre".

EL CELO DEL PAPA PÍO V. POR LA GLORIA DEL NOMBRE DE DIOS.

Algunos de los amigos del gran Pontífice, Pío V., le aconsejaron una vez que, ya que había envejecido y enfermado, debería cuidar más su salud, y darse un poco de descanso, después de haber pasado una vida tan larga al servicio de Dios.

"Ah, amigos míos -respondió-, si es deber de todo hijo de Dios santificar su santo Nombre, ¡cuánto más es mi deber! Dios no me colocó en la Cátedra de San Pedro por mí mismo, ni para mi honor o gloria personal, sino únicamente para el progreso de Su reino en la tierra. Por lo tanto, mi primer y único deber es glorificar Su santo Nombre y, mientras me quede en la tierra, trabajar para que sea honrado y glorificado por todas Sus criaturas."

Lohn. Bibl., iii, 510.

Capítulo 26: El honor debido al santo nombre de Jesús

EL DISCURSO DE PEDRO ANTE EL SUMO SACERDOTE.

C uando los sumos sacerdotes y los saduceos fueron informados del gran milagro que San Pedro había obrado en el cojo a la puerta del Templo, y de que una gran multitud del pueblo se había convertido, se llenaron de consternación.

"Y mientras ellos [San Pedro y San Juan] hablaban al pueblo, se les acercaron los sacerdotes y el oficial del Templo y los saduceos, y les echaron mano y los encarcelaron hasta el día siguiente, pues ya era de noche.

"Al día siguiente se reunieron en Jerusalén sus príncipes, los ancianos y los escribas, y poniéndolos en medio les preguntaron: '¿Con qué poder o con qué nombre habéis hecho esto?'.

"Entonces Pedro, lleno del Espíritu Santo, les dijo: 'Príncipes del pueblo y ancianos, oíd: del hombre que hoy sois examinados acerca de la buena obra hecha al enfermo, por qué medio ha sido sanado, sea notorio a todos vosotros, y a todo el pueblo de Israel, que por el Nombre de Nuestro Señor Jesucristo de Nazaret, a quien vosotros crucificasteis, a quien Dios resucitó de los muertos, por Él este hombre está sano delante de vosotros. Y en ningún otro hay salvación; porque no hay otro nombre bajo el cielo, dado a los hombres, en que podamos ser salvos."

Hechos de los Apóstoles iv. 1 y ss.

SAN PABLO Y EL SANTO NOMBRE DE JESÚS.

"Haya, pues, en vosotros este sentir que hubo también en Cristo Jesús, el cual, siendo en forma de Dios, no estimó el ser igual a Dios como cosa a que aferrarse, sino que se despojó a sí mismo tomando forma de siervo, hecho semejante a los hombres y en el hábito hallado como hombre.

"Se humilló a sí mismo, haciéndose obediente hasta la muerte, y muerte de cruz. Por lo cual también Dios le exaltó, y le dio un Nombre que es sobre todo nombre; para que en el nombre de Jesús se doble toda rodilla de los que están en el cielo, en la tierra y debajo de la tierra; y toda lengua confiese que el Señor Jesucristo está en la gloria de Dios Padre."

Filipenses ii. 5-12.

"JESÚS DE NAZARET, REY DE LOS JUDÍOS".

San Edmundo de Canterbury tenía una madre piadosa, que le enseñó desde su más tierna infancia un gran amor y reverencia por el santo Nombre de Dios.

Un día, mientras paseaba con algunos de sus compañeros de escuela, les oyó hablar con irreverencia del santo Nombre de Dios. Inmediatamente los dejó y se fue solo a su casa.

En el camino se le apareció el Santo Niño Jesús bajo la forma de un adorable niño y, mirándole con gran afecto, le saludó con estas palabras: "Buenos días, mi amado compañero".

Al oír la extraña voz, San Edmundo miró para ver quién era; pero no conociéndole, no devolvió el saludo.

El Santo Niño dijo: "¿No me conoces, Edmundo?"

Edmundo respondió: "No, nunca te había visto. Seguramente me habrás confundido con otra persona".

"¡Qué!", dijo el Divino Niño, "¿es posible que no Me reconozcas? Estoy a tu lado todo el día; estoy contigo en la escuela, contigo en tu casa y dondequiera que vayas. Mira en Mi rostro y ve lo que allí está escrito".

Edmundo miró, como se le había dicho, y vio escritas en Su frente estas palabras: "Jesús de Nazaret, Rey de los Judíos". "Ese es mi Nombre", dijo el Niño Celestial.

Cuando Edmundo vio quién era su visitante, cayó con el rostro en tierra.

Pero Jesús lo levantó, diciendo: "Mi amado hijo, continúa teniendo un gran respeto y amor por mi santo Nombre; que esté siempre grabado en tu corazón; y cuando por la noche te retires a descansar, trazalo sobre tu frente; te preservará a ti y a todos los que hagan lo mismo de una muerte repentina e imprevista." Diciendo estas palabras, y habiendo bendecido al niño, Jesús desapareció de su vista, dejándole lleno de gran alegría y felicidad.

Petits Bollandistes, 16 de noviembre.

EL NIÑO JULIÁN.

En tiempos de san Efrén vivía un piadoso erudito que se llamaba Julián. San Efrén era su maestro, y amaba al niño porque era muy bueno y amable. Había una cosa que el Santo tenía que reprocharle: el muchacho no cuidaba bien sus libros. En muchos lugares las palabras estaban completamente borradas, y parecía como si algunas de ellas hubieran sido carcomidas.

Un día el Santo cogió el libro para mirarlo, y vio que era en aquellos lugares donde se había escrito el Nombre de Jesús donde el libro estaba así destruido. "Hijo mío", le dijo, "¿por qué has borrado por todas partes en tu libro el santo Nombre de Jesús?".

El humilde muchacho respondió inmediatamente: "Mi querido Padre, amo a Jesús, mi amado Salvador, con todo mi corazón; y cada vez que veo Su santo Nombre en mi libro, recuerdo cómo María Magdalena, que era una gran pecadora, besó los pies de Jesús, y cómo Él le perdonó todos sus pecados. Yo no puedo ver a Jesús ni besar sus sagrados pies como hizo ella, pero veo a menudo su bendito Nombre en mi libro, y beso una y otra vez el lugar donde está escrito, pidiéndole al mismo tiempo que perdone mis pecados, y diciéndole que le amo con todo mi corazón, y que anhelo el momento en que pueda verle en el Cielo."

San Efrén respondió con una sonrisa, diciendo: "¡Mi querida niña, que Dios en su misericordia escuche tu oración, y te conceda lo que tan fervientemente le pides! pero para el tiempo venidero procura cuidar mejor tus libros."

Capítulo 27: Santificamos el nombre de Dios enseñando a los demás a conocerlo

T odos aquellos que instruyen a los ignorantes, o enseñan a otros a conocer a Dios, están santificando Su santo Nombre y grande será su recompensa en el Cielo.

SAN FRANCISCO XAVIER PREDICA A LOS NIÑOS.

Cuando San Francisco Javier llegó a la India, encontró a la gente de ese país viviendo en un estado de la más grosera idolatría. No conocían al verdadero Dios, sino que adoraban a los ídolos que sus propias manos habían fabricado.

San Francisco ardía en celo por llevarlos al conocimiento del Dios que los hizo, y con este fin oró y trabajó durante toda su vida.

Cada mañana temprano ofrecía el santo sacrificio de la Misa, para obtener gracia para sí mismo y para ellos. Luego iba de casa en casa, consolando a los enfermos, pidiendo limosna para los necesitados y mostrando la mayor caridad para con todos. De este modo esperaba conseguir su conversión.

Un día, cuando ya había pasado el calor abrasador y la gente empezaba a salir de sus casas para disfrutar de la fresca brisa de la tarde, se veían niños jugando en grupos ante las puertas de las casas o por las calles de la ciudad.

En seguida se oyó el sonido de una campana, y cuando el que la tocaba se acercó, muchos de los habitantes reconocieron al sacerdote forastero, cuyos días se pasaban atendiendo las necesidades de los afligidos y los enfermos. Algunos lo conocían por haber ido a sus casas a pedir limosna para los pobres de Cristo. Otros no lo conocían, pero su vestimenta tenía un aspecto inusual y se pararon a escucharlo. Los niños dejaron de jugar y se pusieron a escuchar.

Entonces gritó en voz alta: "Padres y madres de familia, tengo un mensaje para vosotros: enviadme a vuestros hijos, y yo les enseñaré lo que les hará obedientes y obedientes. Si tenéis esclavos, enviádmelos también a mí, y yo les enseñaré lo que hará que os sirvan fielmente. También para vosotros tengo buenas nuevas de gran alegría, pero enviadme ahora a vuestros pequeños".

Luego, volviéndose a los niños que, atraídos por su trato amable y gentil, se habían reunido a su alrededor, dijo: "Venid, hijos míos, venid conmigo, y os hablaré de Aquel que os ama entrañablemente, aunque no le conozcáis; Aquel que os ha preparado en su hermoso país un hogar de alegría y felicidad, como nunca habéis soñado. Venid, y os contaré el viaje hasta allí; y os contaré también historias acerca de este mismo bondadoso Señor: de cómo en un tiempo fue un niño tan pequeño como vosotros, de lo que hizo y dijo, y de todo lo que sufrió para compraros ese hogar feliz del que os hablo". Los niños le miraban asombrados; y luego, seguros por sus miradas bondadosas y sus palabras cariñosas, le seguían en tropel, algunos aferrándose a él, agarrándose a su sotana, o esforzándose por alcanzarle la mano. Otros, de nuevo, aplaudían con sus manitas, y llamaban a sus jóvenes compañeros, al pasar por las calles, para que vinieran a unirse a su compañía y escucharan las hermosas cosas que el Padre tenía que decirles.

Así los condujo a la iglesia, donde les habló de Dios, que los había creado, y del Cielo, para el que los había hecho. Les dijo que, aunque era Él quien hacía rugir los truenos y correr las olas del gran océano por las montañas, y aunque podía y quería castigarlos si hacían mal, era un Dios de tan tierno amor y piedad, que había consentido por ellos en hacerse un niño pequeño como ellos.

Luego les mostró en aquel lugar santo en el que estaban reunidos cómo debían doblar la rodilla y juntar las manos en oración ante Aquel que, aunque estaba en todos los lugares, allí estaba presente de manera especial; y, arrodillándose, les enseñó a rezar y oró con ellos a su Padre del Cielo, rogándoles que su santo Nombre fuera santificado en ellos y que Él reinara en sus jóvenes corazones.

Luego, dirigiéndose a María, la Madre de Jesús, le rogó que adoptara a estos pequeños como hijos suyos, y les obtuviera la gracia de convertirse en hijos obedientes de su Divino Hijo.

Terminada la oración, instruidos por el Santo, se inclinaron de dos en dos ante el altar de Dios y salieron de la iglesia en silencio. Bastaba mirar sus caritas, que lucían una expresión de modestia y piedad, para darse cuenta de que la obra de la gracia ya había comenzado en sus corazones.

Día tras día, después de sus habituales visitas a los enfermos, San Francisco, campana en mano, recorría las calles. En muy poco tiempo no necesitó hablar en absoluto. Al primer toque de campana, los niños, que le esperaban ansiosos, corrían a su encuentro, y las horas que pasaban en la iglesia se convertían en las más felices de su vida.

Poco a poco se fue produciendo en ellos un gran cambio: no se oían riñas ni palabras airadas; se volvieron mansos, modestos y devotos, tratando de parecerse más al Santo Niño de quien hablaba el Padre; y así, a su dulce manera, dieron una lección a todos los que les rodeaban.

También sus padres no podían menos de estar agradecidos a quien había hecho a sus hijos tan pacientes y obedientes, y se preguntaban por qué medios había operado en ellos un cambio tan grande. Y cuando, poco después, comenzó a predicar en las vías públicas, acudieron en masa a escuchar al santo varón del que tanto habían hablado sus hijos y que tan plenamente se había ganado la confianza de sus jóvenes corazones.

En poco tiempo se produjo un gran cambio en la ciudad. La gente, como sus hijos, se volvió piadosa y devota, y donde la iniquidad y el pecado habían abundado, el santo Nombre de Dios fue conocido y amado.

Vida de San Francisco Javier.

UN ÁNGEL DISFRAZADO.

Un sacerdote paseaba una vez por una de las grandes avenidas de París, cuando le salió al encuentro un chiquillo que le pidió una limosna. "Padre -le dijo-, deme medio penique para comprar pan, porque tengo mucha hambre".

Al sacerdote le agradó el aspecto del niño y la modestia con que le había hecho su petición, así que le dio lo que quería.

Cuando le hubo dado el medio penique, le dijo: "¿Puedes rezar tus oraciones, muchacho?"

"Sí, padre."

"Déjame oírte decirlas. Si sabes decirlas bien, te daré diez veces más".

El niño empezó enseguida, y sin equivocarse dijo el Padrenuestro, el Avemaría, el Credo y los Actos de Fe, Esperanza y Caridad.

El sacerdote le hizo entonces algunas preguntas sobre las principales verdades de nuestra santa Fe, y el niño las contestó todas sin vacilar, de modo que el siervo de Dios quedó asombrado de las hermosas y correctas respuestas que dio.

"¿Quién fue el que te enseñó todas estas cosas?", preguntó.

"Es un joven caballero que viene todos los días desde lejos a la pobre callejuela en que vivimos, y nos enseña el catecismo. Reúne a todos los muchachos en un mismo lugar, nos hace rezar nuestras oraciones y nos habla de estas cosas."

"¿Y no sabéis quién es ese señor ni de dónde viene?", preguntó el cura.

"No, padre; nunca nos lo ha dicho. Pero viene todos los días con todo tipo de tiempo, en invierno y en verano, y a veces sus ropas están cubiertas de barro; pero nunca nos ha dicho su nombre".

"Oh, padre -continuó el niño-, debe de ser un ángel; nunca se enfada, aunque a menudo nos entretenemos cuando habla, y aunque a veces tiene que repetirnos una y otra vez las mismas cosas. También trae consigo regalitos, que nos da cuando somos buenos, y cuando recordamos las cosas que nos ha dicho".

El cura entregó entonces al muchacho el dinero adicional que le había prometido. También hizo averiguaciones sobre el joven caballero que en secreto hacía tanto bien, y descubrió que pertenecía a una de las familias más altas de la capital.

Catéch. en Exemples, 1555.

EL SACERDOTE ALPHONSUS.

Un sacerdote muy santo, de nombre Alfonso, perteneciente a la Orden de San Francisco, había pasado muchos años de su vida entre los indios, enseñándoles la religión cristiana.

Pero siendo ya un anciano, tomó la resolución de pasar el resto de su vida preparándose para una muerte feliz. Se retiró, pues, a un lugar solitario y empezó a pensar sólo en Dios y en el mundo venidero.

No llevaba muchos días en su soledad cuando, arrodillado ante su crucifijo, le pareció oír la voz de Nuestro Señor reprochándole amorosamente.

"¿Cómo es, hijo mío -le dijo la voz que le hablaba-, cómo es que, habiendo tantas pobres almas que no me conocen y que aún no pueden llamarme Padre, vienes aquí para pensar sólo en ti mismo?".

El bondadoso corazón de Alfonso se conmovió ante estas palabras. "Oh Dios mío", exclamó, "si aún soy necesario para Tu pueblo, no rehúso trabajar. Volveré a mis pobres indios y seguiré predicándoles Tu santísimo Nombre".

Dios le renovó entonces la promesa que le había hecho, de que aquellos que instruyeran a muchos en la justicia brillarían como las estrellas del Cielo por toda la eternidad.

Ese mismo día Alfonso volvió a su trabajo con más celo que antes para dar a conocer el santo Nombre de Dios entre los hombres, para que un día pudieran ir a alabarlo en el Cielo.

Lokn. Bibl.

Capítulo 28: Los mártires glorificaron con su muerte el nombre de Dios

Los santos mártires glorificaron el santo Nombre de Dios sacrificando sus propias vidas en testimonio de su fe en Él y por amor a Su Nombre. Fue su gloria declarar ante el mundo que no había más Dios que el único Dios verdadero, y que no temían morir, ya que su muerte tendería a Su honor y gloria.

TITUS: LA HISTORIA DE UN MÁRTIR.

En la historia del Japón se cuenta que cierto cristiano, cuyo nombre era Tito, y su esposa, que se llamaba María, tuvieron tres hijos -dos varones y una mujer- a quienes desde su más tierna infancia educaron para servir a Dios.

Vivían en los días de la persecución, cuando los que permanecían fieles a su religión tenían que sufrir muchos tormentos y a menudo eran condenados a muerte.

Sucedió que el príncipe que gobernaba aquel reino odiaba el nombre mismo de cristiano, y había promulgado un decreto por el que se impondrían las penas más severas a los que profesaran la fe cristiana.

Pronto le informaron de que Tito y toda su familia eran cristianos y que se negaban a renunciar a su religión, por lo que ordenó que mandaran llamar a Tito y resolvió en su fuero interno ganarlo para la idolatría o condenarlo a muerte.

Cuando Tito fue llevado ante él, le dijo: "Sabes que se ha publicado un decreto en este reino para que todos profesen la religión que yo profeso y adoren a los dioses que yo adoro, y que los que se nieguen a obedecer este mandato serán condenados a muerte."

Tito respondió: "Señor, sé que tal es tu mandato; pero hay un Rey en el Cielo que es tu señor tanto como el mío, y cuyos decretos ambos estamos obligados a obedecer. A Él, por tanto, obedeceré, y nada -ni siquiera la muerte con la que me amenazas- hará que ni yo ni los míos faltemos a nuestro deber hacia Él".

El Emperador se enfadó mucho al oír estas palabras, y dijo: "Vete a casa por ahora; dentro de poco veremos cuán vana y vacía es toda esta jactancia".

A la mañana siguiente, al despuntar el día, fue enviado un mensajero desde palacio. "El Emperador me ha enviado", dijo, "para citar a vuestro hijo menor ante su tribunal, porque ayer no obedecisteis sus órdenes; y si aún os negáis, vuestro hijo será ciertamente condenado a una muerte cruel."

Al oír este mensaje, al pobre padre se le hundió el corazón. "Oh, hijo mío", exclamó, "¿qué será de ti? Sé que el tirano no tendrá piedad de ti. ¿Cómo podrás permanecer fiel en medio de las torturas que seguramente te infligirá? Oh, hijo mío, hijo mío!"

Pero el niño dijo: "No temas, padre mío; a menudo me has dicho que Dios me hizo para servirle en este mundo, y que si persevero fielmente hasta el fin, me llevará consigo en el Cielo. ¡Oh, cuánto deseo que llegue ese momento! Mis sufrimientos aquí serán breves, y entonces, felicidad con Dios para siempre".

Al oír estas palabras, las lágrimas corrieron por las mejillas del anciano. Abrazándole tiernamente, le dijo: "Ve, hijo mío, en el nombre de Jesucristo. Te encomiendo a su cuidado. Lucha con valor y no temas morir por Él. Pronto nos volveremos a encontrar en ese reino donde no hay separación".

Dos días después de esto, el Emperador envió otros mensajeros a Tito para decirle que su hijo había sido condenado a muerte porque se había negado a renunciar a su Fe; y que si él mismo seguía negándose a someterse a las órdenes reales, su única hija debía ir con ellos ante el juez para sufrir el mismo destino que su hermano.

El pobre padre sintió esta aflicción más que la anterior, pero no quiso ceder. "No, Dios mío -exclamó-; por mucho que ame a mi querida hija, aún te amo más a Ti, y de buena gana sacrificaría incluso a ella antes que serte infiel. Ve, querida", dijo a su hija; "no temas los breves sufrimientos que te procurarán la felicidad eterna. Dios te protegerá y te sostendrá".

La niña fue llevada ante el Emperador y se le ordenó adorar a los dioses paganos. Ella se negó, y él ordenó que sufriera el mismo castigo que se había infligido a su hermano.

No muchos días después de esto otra orden fue enviada a Tito. "Ven, ahora, y ofrece sacrificios a nuestros dioses", dijo el mensajero. "No te obstines más. Ya has perdido a dos de tus hijos, y si ahora te niegas a obedecer, tengo órdenes de llevar a Simón, tu único hijo superviviente, ante el Emperador, que lo tratará como trató a los demás."

El afligido padre se arrodilló ante la imagen de Nuestro Salvador crucificado, y rezó pidiendo fuerzas para soportar esta nueva prueba. Pensó en Abraham, a quien se le había ordenado sacrificar a su único hijo, a quien amaba, y cómo se había sometido sin murmurar a la voluntad divina. ¿Podría él mismo hacer otra cosa? "Oh Padre celestial", oró, "Tú sabes cómo he amado a mis hijos, y cómo ya he sacrificado a dos de ellos por Ti. Pero Tú quieres una ofrenda más. Tómalo, pues, Señor. Que se haga Tu adorable voluntad! ¡Que Tu santo Nombre sea bendito para siempre!".

Luego, volviéndose hacia su hijo, y abrazándolo por última vez, dijo: "Mi querido hijo, tú sabes lo que ha sido de tu hermana y de tu hermano menor: han entregado sus vidas antes que ser infieles a su Dios; ahora están a salvo con Él en Su reino, y ahora te hacen señas a ti también para que vayas y te unas a ellos. Ve, pues, hijo mío, y muéstrate digno hijo de Dios; no temas a la muerte, porque ella te llevará a la vida eterna. Tu hermano y tu hermana no temieron al tirano, ni tú tampoco lo harás; yo lo sé. Ve, pues, hijo mío, ve y actúa varonilmente, como corresponde a un hijo de tu Padre que está en los cielos."

Simón respondió: "Padre mío, muchas veces he dicho a Dios que preferiría morir antes que ofenderle. Ahora es el momento de demostrar la sinceridad de estas palabras. Nada podría darme mayor alegría que esta noticia de que voy a ser mártir de Jesucristo."

Dicho esto, cayó de rodillas a los pies de su padre. "Dame tu bendición, queridísimo padre", le dijo, "y ruega por mí". Habiéndola recibido, se levantó y se entregó gozoso en manos de los que habían sido enviados a prenderlo.

Tito, privado así de todos sus hijos, se dirigió a su esposa en busca de consuelo. Ella, como él, era una fiel sierva de Dios, y aunque a su corazón maternal le había costado muchas penas resignar a sus hijos a una muerte cruel, no vaciló ni un momento. Como la madre de los Macabeos, les había animado a morir, y ahora apoyaba a su marido en su dolor. "Son hijos de Dios", le dijo. "Sólo nos los ha prestado por un tiempo, y ahora quiere llevárselos a casa. Dejémoslos de buen grado en sus manos. Dentro de poco nos los devolverá a todos en el Cielo".

No mucho después de estos acontecimientos, se vio de nuevo a un mensajero que se acercaba a la casa de Tito. "Simón, tu hijo, ha sufrido el castigo de su desobediencia", dijo, "y vengo a decirte que, si aún persistes en tu obstinación, tengo órdenes de llevar a tu mujer ante el Emperador, para que también ella muera."

Tito, firme como una roca, dio esta respuesta: "Me has quitado a mis pequeños; ahora vienes a quitarme a su madre. Hay un favor que te pido, y es que me lleves también a mí, para que mi sangre se mezcle con la de ellos".

Sólo Dios sabía la pena que embargaba el corazón de esta santa pareja al despedirse; pero tenían el consuelo de saber que su separación sería breve y que pronto volverían a verse en el Paraíso.

Los criados de la casa lloraron amargamente al ver que se llevaban a su amada señora. Sólo ella estaba alegre y feliz, y les habló de la felicidad que sentía por haber sido elegida para morir por su Dios.

De nuevo se envió otro mensajero a Tito. "Tu esposa ha sido decapitada", dijo, "porque no quiso obedecer los decretos reales; vengo a convocarte también a ti para que compartas el mismo castigo."

"¡Gracias a Dios!", exclamó el santo varón, al tiempo que alzaba las manos y los ojos al cielo. "Ya he sufrido la muerte cuatro veces, en las personas de mi esposa y mis pequeños; de buena gana moriré una quinta vez para poder ir y estar con ellos de nuevo."

Fue conducido a palacio.

Tenía una expresión de triunfo en su rostro cuando se presentó ante el Emperador. Con una voz llena de emoción, le rogó que ordenara su ejecución sin demora, para poder reunirse cuanto antes con sus seres queridos.

El tirano quedó atónito ante estas palabras; pero en lugar de acceder a su petición, intentó por todos los medios que se le ocurrieron sacudir su constancia. Pero tanto las promesas como las amenazas fueron desoídas. "Mi deber en este mundo", dijo, "es servir y obedecer a mi Dios, en la tristeza como en la alegría, en la adversidad como en la prosperidad, y nunca mientras viva seré infiel."

De repente el semblante del Emperador cambió. "Tito", dijo en un tono de suavidad, "tu heroica fidelidad a tu Dios merece ser recompensada, incluso en este mundo". Luego, dirigiéndose a uno de los oficiales que estaban cerca de él, le susurró algo al oído. El oficial desapareció al instante y regresó en unos instantes, llevando a María y a sus tres hijos sanos y salvos.

El desconcertado Titus lanzó un grito de alegría y corrió a abrazarlos. "Oh esposa mía, mis queridos hijitos, ¿de verdad os contemplo de nuevo? Oh Dios mío, gracias eternas sean dadas a tu bondad por habérmelas devuelto así también en este mundo".

Los espectadores de esta escena se conmovieron hasta las lágrimas; incluso el propio Emperador tuvo que hacer grandes esfuerzos para disimular su emoción.

"Tito", dijo, "me dijiste que eras siervo del Dios del Cielo; ahora lo has demostrado. Vuelve a tu casa, llévate contigo a tu mujer y a tus hijos, y que nadie te moleste desde ahora en la práctica de esa religión que ha hecho de ti tantos héroes."

Aquella feliz familia, una vez más unida, regresó a casa y, dando gracias a Dios por su gran misericordia para con ellos, continuaron hasta el final de sus vidas en su fidelidad a Él, y murieron como habían vivido: fieles servidores del Rey del Cielo.

Su ejemplo debe animarnos a ser fieles a Dios en nuestras pruebas, como ellos lo fueron en las suyas, porque también nosotros somos sus hijos y sus siervos, y es nuestro deber obedecerle y servirle fielmente. En el Cielo, por toda la eternidad, seremos recompensados por nuestra fidelidad a Dios, y allí también nos encontraremos con aquellos que amaron a Dios en la tierra, y a quienes nosotros también amamos, para no separarnos nunca más.

Capítulo 29: Glorificamos el nombre de Dios orando por la conversión de los pecadores

Ruega, hija mía, por la conversión de los pecadores. Hay gran alegría en el Cielo cuando los ángeles ven a un solo pecador haciendo penitencia. Cuán grande, pues, será la recompensa que Dios te dará, si con tus oraciones has sido el medio de enviar allí a muchos para que glorifiquen el santo Nombre de Dios por toda la eternidad.

"ORAD POR ELLOS".

En los días en que la herejía de los albigenses traía la ruina a muchos miles de almas, la santísima Madre de Dios se apareció en una visión a una santa virgen que se llamaba Lutgarde, que moraba en un convento de Francia. Su semblante era triste y estaba vestida con ropas de dolor.

Cuando la Santa la vio, dijo: "Oh santísima Madre de Dios, ¿cómo es que tú, que eres toda hermosa y bella, estás ahora sumida en la tristeza y el dolor?".

La Santísima Virgen respondió: "Son los pecados de estas gentes que crucifican de nuevo a mi propio Hijo amado los que me entristecen tanto, porque su ira está a punto de caer sobre el mundo a causa de sus iniquidades; y los castigos que les infligirá serán terribles. Por eso he venido a ti, para pedirte que intercedas por ellos, para que no perezcan, sino que se conviertan y le glorifiquen eternamente en el Cielo."

Entonces le dijo que rezara por ellos y que hiciera penitencia por ellos durante siete años. Esto lo cumplió la piadosa virgen con gran valor y perseverancia.

Pasado este tiempo, el mismo Señor se le apareció y le pidió que hiciera otra penitencia semejante para la conversión de los católicos que se habían alejado de Él y vivían en estado de pecado. Para animarla en esta obra de misericordia, se le apareció cubierto de llagas y manando de ellas su sagrada sangre. "Mira, hija mía, cómo me presento ante mi Padre eterno en favor de los pobres pecadores. Deseo también que reces y sufras algo para obtener su conversión, y que aún puedan llegar a glorificar Su Nombre en el Cielo."

Desde aquel momento su corazón se llenó tanto de compasión por los pecadores, que rezó y lloró por ellos mientras vivió. "Oh Jesús mío", decía a veces en el exceso de su amor por ellos, "o los perdonas o borras mi nombre del Libro de la Vida".

A uno de los santos le fue revelado que, por sus oraciones y buenas obras, Lutgarde salvó de la muerte eterna a un inmenso número de almas que habían estado viviendo en pecado; ahora están en el Cielo con Dios, alabándole y amándole allí.

Vida de Santa Lutgarde.

"VENID CONMIGO Y OS LO CONTARÉ".

El señor de Berg, médico de gran reputación, fue llamado para visitar a un enfermo que vivía a considerable distancia de su casa. Para llegar hasta él tenía que atravesar un espeso bosque. Caía la tarde y, en la oscuridad, se perdió.

Durante cerca de una hora vagó de un lado a otro sin poder encontrar una salida del bosque. De pronto, una voz terrible llegó a sus oídos: "¡Detente! ¡Detente! Si no, eres hombre muerto".

En el mismo momento, un hombre de aspecto terrible, y disfrazado, saltó de detrás de un espeso arbusto, y, con una pistola en la mano, que apuntó al pecho del doctor, gritó: "¡Su dinero o su vida!"

Sin vacilar, el médico sacó inmediatamente su monedero, lo abrió y, entregando al ladrón la única pieza de plata que contenía, le dijo tranquilamente: "Toma, es todo lo que tengo. Pero, mi querido amigo, te ruego que dejes de llevar este tipo de vida, porque al final te llevará infaliblemente al cadalso. Recuerda, además, que fue por tu causa que Nuestro Divino Salvador murió en la cruz. Así que te ruego que pienses en todo esto y tomes la resolución de salvar tu alma".

Siete años después, el señor de Berg emprendió un largo viaje. Un día entró en una ciudad donde se celebraba una feria y, para divertirse, fue a la plaza del mercado a ver la venta de caballos que allí tenía lugar. Cuando se encontraba en medio de la multitud, sintió que una mano le tocaba suavemente el hombro. Al instante se volvió y vio a su lado a un hombre que le saludó respetuosamente y le dijo: "¿No me reconoces? "¿No me reconoce?"

Monsieur de Berg respondió que no recordaba haberlo visto nunca, y el otro le pidió que fuera a su casa y le informaría de quién era. Le acompañó hasta una pequeña y hermosa villa, en la que entraron. En una habitación, pulcramente amueblada, estaba sentada una dama de aspecto apacible, con un niño pequeño sobre las rodillas. El doctor miró a su alrededor, cada vez más asombrado por este incidente, y preguntándose qué podía haber hecho aquel caballero para traerle a él, un completo extraño, a su casa.

Este asombro aumentó cuando el otro, arrojándose a sus pies y rompiendo a llorar, dijo: "¿Qué puedo devolverle, excelente señor, por todo lo que ha hecho por mí? Sólo a usted debo toda mi felicidad actual. Nunca le olvidaré a usted ni su bondad hacia mí.

"Recordaréis que hace unos siete años, mientras atravesabais cierto bosque, un hombre se abalanzó sobre vos desde un matorral y, con una pistola en la mano, amenazó con mataros a menos que le entregarais vuestro monedero. Yo soy ese hombre. A menudo me han venido a la memoria las sencillas palabras que usted me dirigió entonces; aún las recuerdo bien. Estas palabras, pronunciadas en un tono de bondad -incluso podría decir de afecto- fueron para mí como una estrella brillante que me indicaba el camino por el que debía caminar en mi vida futura. No podía encontrar descanso hasta que hubiera renunciado a mi mal camino y me hubiera convertido en un ferviente discípulo de ese Divino Salvador del que usted me habló. Que Dios te recompense, mi más amable y mejor benefactor, por haber sido la causa de mi regreso al camino de la virtud."

El señor de Berg se llenó de emoción al escuchar esta narración. Extendió la mano y tomó en ella la del hombre que había ganado para Dios, y mientras él y su estimable esposa vivieron, figuraron entre los más devotos amigos del doctor.

Hija mía, puedes ver en este ejemplo cómo una palabra amable puede producir a veces grandes frutos y devolver a las almas descarriadas a un estado de gracia. Seguramente, a lo largo de tu vida, tendrás muchas ocasiones de realizar buenas obras semejantes, y al hacerlas estarás santificando el Santo Nombre de Dios.

Rep. du Catéch., iii. 238.

Capítulo 30: El Nombre de Dios se santifica con nuestro buen ejemplo

También podéis contribuir a la gloria del santo Nombre de Dios dando buen ejemplo, que moverá a las personas a hacerse buenas; también, dando a Dios toda la gloria de vuestras buenas obras.

EL MONJE EN ALEJANDRÍA

Un hombre muy santo dejó su celda en el desierto para asistir a la muerte de un amigo de su juventud que vivía en Alejandría, y que deseaba verle antes de morir.

La mayoría de los habitantes de aquella ciudad eran paganos, que odiaban la religión cristiana. Por eso, en cuanto entró, supieron por su vestimenta que era un ermitaño cristiano y empezaron a burlarse de él. Algunos llevaron su odio tan lejos que llegaron a golpearle y a maltratarle de muchas otras maneras.

Pero el buen hombre siguió adelante sin proferir una palabra de queja, y lo soportó todo pacientemente por amor de Dios.

Algunos de ellos gritaban tras él burlándose: "¿Hizo Jesucristo alguna vez un milagro?"

Un hombre que pasaba, y que era cristiano, dijo: "Sí, Jesucristo hizo muchos milagros; pero aunque no hubiera hecho ninguno, la conducta de este santo varón basta para probar la verdad de la religión cristiana. ¿Qué mayor milagro podríais desear ver? Habéis insultado y vejado a este buen hombre porque es discípulo de Jesucristo, y sin embargo lo ha soportado todo sin murmurar; y en medio de todas vuestras crueles palabras jamás ha pronunciado una palabra de reproche."

Estas palabras hicieron callar a la gente: se avergonzaron de lo que habían hecho. Y algunos de ellos, conmovidos por la mansedumbre del buen monje, se sintieron inducidos a creer en Dios y a renunciar para siempre a los errores del paganismo.

EL GENERAL Y SU MOZO DE CUADRA.

Había una vez un famoso general que había obtenido muchas victorias, pero que en todos los países que había conquistado había dejado tras de sí huellas de ruina y devastación.

Pero sucedió que en cierta batalla fue derrotado y tuvo que huir del campo de batalla, cubierto de heridas y abandonado por todos, excepto por su fiel mozo de cuadra. En su huida llegaron a un gran bosque y, como ambos estaban agotados, se sentaron bajo un gran árbol para descansar un poco.

No lejos del lugar donde se habían detenido vivía un ermitaño, un hombre muy anciano con el pelo blanco como la nieve. Cuando vio a los dos forasteros y oyó su triste historia, se compadeció de ellos, los llevó a su humilde morada y los atendió lo mejor que pudo.

Cuando el mozo vio que su amo iba a morir a causa de las heridas recibidas, se echó a llorar. "¿Cómo podré ir al cielo? Toda mi vida la he pasado cuidando del caballo de mi amo, y eso es todo lo que he hecho. Oh, no! Nunca podré esperar ver el Cielo, porque nunca he hecho nada lo bastante grande para merecerlo".

Luego, volviéndose hacia su amo, dijo: "Pero tú, mi querido maestro, sin duda llegarás allí, porque has hecho tantas cosas grandes; has ganado tantas victorias, y has hecho tantas otras hazañas valientes que los hombres han alabado tanto. Ah, ojalá yo hubiera hecho grandes cosas, para llegar al Cielo contigo". El ermitaño, que fue testigo de esta escena, dijo al General: "Hijo mío, ¿cuál fue el fin que te propusiste en todas estas grandes hazañas?"

"Era que adquiriera gran renombre, y que la gente hablara de mí, y que mi nombre se hiciera famoso en la historia de mi país".

"¿Era ése, pues, el fin que te proponías en toda la ruina que amontonaste en tantos países, y el dolor con que llenaste tantos hogares?".

"Y tú, hija mía", dijo dirigiéndose al mozo de cuadra, "¿por qué cuidaste con tanto esmero el caballo de tu amo?".

"No tenía otro fin que cumplirlo bien porque era mi deber, y porque Dios me había puesto en aquel humilde estado de vida".

El ermitaño dijo entonces al General: "Vuestro mozo de cuadra, en su humilde condición, ha hecho más por Dios y por el Cielo que vos, porque en todo lo que hicisteis, incluso en esas grandes acciones que han hecho famoso vuestro nombre, era la gloria de vuestro propio nombre lo que buscabais; pero vuestro servidor lo hizo todo por la gloria de Dios, y porque era su bendita voluntad; por eso será recompensado por Dios. Pero, como ya ha recibido su recompensa en la tierra, no puede esperar recibirla arriba".

Rep. de Catech., iii. 282.

Capítulo 31: SOBRE LA AYUDA A LA OBRA DE LA "PROPAGACIÓN DE LA FE".

Tal vez no podáis ir a predicar el Evangelio como esos grandes misioneros de los que tanto leéis, pero está en vuestra mano ayudarles. Por las pequeñas limosnas dadas para la Propagación de la Fe, o para la Sociedad de la Santa Infancia, muchas personas han sido rescatadas del paganismo y llevadas a conocer a Dios.

"POR FAVOR, CÓMPRAME".

Un misionero pasaba un día por uno de los mercados de esclavos de África. Había muchos niños en venta. Entre ellos había una niña que había sido robada a sus padres por unos hombres crueles que la habían llevado al mercado para venderla.

Cuando vio acercarse al misionero, pensó que iba a comprarla; así que le miró a la cara con sus ojos tristes, para ver si era probable que fuera un amo amable si la compraba, pues ella pensaba que era un esclavista.

Cuando vio la mirada de bondad que brillaba en sus ojos, tan diferente de la de todos los demás que había estado acostumbrada a ver, gritó: "Oh, amable señor, ¿quiere comprarme? Por favor, cómpreme".

El buen cura la miró un momento y una lágrima asomó a sus ojos, pero no se ofreció a comprarla.

"¡Oh, no me deje, no me deje! Seré una buena esclava para ti; trabajaré duro para ti. No me dejes", y la pobre niña se echó a llorar al ver que él apartaba la cabeza.

Volvió a gritar: "¿No tienes con qué comprarme?".

Pero el misionero no tenía nada; había gastado todo lo que tenía en comprar comida para los niños pobres que ya había comprado, y no le quedaba nada. Sacudió tristemente la cabeza y se marchó.

Entonces la pobre niña supo que caería en manos de otra persona que no sería tan amable con ella.

Tal fue el caso. Un hombre se acercó a ella y, después de mirarla un rato, se la compró a su amo. Se fue con él para ser golpeada y tratada como una bestia bruta hasta que la muerte pusiera fin a sus sufrimientos.

El cura se marchó muy triste. "Si todos los niños católicos de mi casa se unieran a la Sociedad de la Santa Infancia, ¡cuántos pobres niños podría rescatar de la esclavitud y enseñarles a amar a Dios!

Hija mía, si no puedes hacerte miembro de la Sociedad de la Santa Infancia, puedes al menos destinar a la Propagación de la Fe algunos de esos céntimos que sueles gastar en comprar lo que no te sirve para nada: así glorificarás a Dios siendo el medio de que otros lleguen a conocerle.

UN POBRE QUE CONSTRUYÓ UNA GRAN IGLESIA

Había en una de las misiones de China un anciano que tenía que trabajar de la mañana a la noche para ganarse la vida. Era pobre a los ojos del mundo, pero rico a los ojos de Dios, porque era muy atento a todos sus deberes religiosos.

Un día fue a ver al sacerdote y le dijo: "Padre, ¿podría construir una iglesia en nuestro pueblo? porque nuestra capilla es sólo una pobre choza, y no es lo suficientemente buena para el culto a Dios".

El Padre respondió: "Hace tiempo que deseo fervientemente levantar una iglesia que sea más digna de Dios; pero como no tengo dinero, me veo obligado a contentarme con la humilde iglesia que construimos hace mucho tiempo."

"Pero, padre, yo le construiré una iglesia".

El sacerdote, que le conocía desde hacía muchos años, y sabía que era un hombre pobre, le dijo: "Conozco, hijo mío, tu gran piedad y tu celo, y cuando me sea posible comenzar esta gran obra, estoy seguro de que contribuirás con un poco de tu pobreza."

"Pero, padre", continuó, "quiero pagarlo todo yo".

El sacerdote miró a la cara del buen hombre, y respondió: "No dudo ni por un instante de tu deseo de dar todo lo que tienes en el mundo para ayudar en esta santa obra; pero

¿no sabes que harían falta más de dos mil coronas para construir una iglesia lo bastante grande para todo nuestro pueblo?".

"Lo sé", respondió, "y no habría venido aquí a molestaros si no tuviera ya esa suma en la mano. Aquí la tienes". Y depositó el dinero sobre la mesa ante el sacerdote.

La sorpresa del buen Padre fue grande cuando vio al pobre hombre contar el dinero, pero fue aún mayor cuando le contó cómo había podido amasar una suma tan grande.

"Hace ahora cuarenta años -dijo- que pensé en esto por primera vez, y me dije: "¡Qué gran alegría sería para mí, en mi vejez, si pudiera levantar para gloria del santo Nombre de Dios una espléndida iglesia en mi pueblo natal!". Así que me desprendí de todo lo que me sobraba, viví con la mayor frugalidad y usé sólo la ropa más pobre, para poder tener esta felicidad antes de morir." El misionero aceptó el generoso regalo y se construyó la iglesia. El anciano tuvo la dicha de verla terminada, y luego Dios se lo llevó consigo al Cielo, para recompensarle allí por la gloria que había dado a Su santo Nombre en la tierra.

MÜLLER: La Misa, p. 616.

Capítulo 32: Cantando himnos sagrados glorificamos el Nombre de Dios

Cantando himnos sagrados glorificamos el santo Nombre de Dios. San Pablo nos exhorta a realizar esta obra de piedad. "Sed llenos del Espíritu Santo", dice, "hablando entre vosotros con salmos e himnos y cánticos espirituales, cantando y alabando a Dios en vuestros corazones."

EL HIMNO DE MEDIANOCHE.

El santo obispo Gerardio, que vivió a principios del siglo XI, estando de viaje, pasaba la noche en casa de un sencillo campesino, situada junto al camino.

Después de retirarse a descansar, fue despertado de su sueño por el sonido de alguien que cantaba. Escuchó durante unos instantes la letra de un sencillo himno cantado con una melodía de una dulzura sobrecogedora.

Llamó a su criado y le preguntó quién era el que cantaba tan dulcemente las alabanzas de Dios a una hora tan tardía.

El criado, a su regreso, le dijo que era una pobre muchacha encargada del trabajo nocturno de la casa, que llenaba las horas solitarias cantando himnos de alabanza a Dios.

El Obispo, conmovido por la piedad de la niña, dijo: "¡Oh, qué felices son los que comienzan en este mundo el empleo que ha de ocuparles para siempre en el Cielo! Cuánto más felices son que los grandes del mundo, que se olvidan por completo de Dios y nunca piensan en alabarle!".

A la mañana siguiente, el Obispo mandó llamar a la joven y la exhortó a perseverar en esta santa práctica. "Canta las alabanzas de Dios, hija mía; es el medio más seguro de endulzar los trabajos de esta vida fatigosa, y de asegurarte las alegrías sin fin del Cielo."

CHINANI.

SAN VICENTE Y LA PRINCESA MAHOMETANA.

San Vicente de Paúl fue ordenado sacerdote el 23 de septiembre de 1600.

Cinco años después, cuando regresaba por mar de Marsella, a donde había ido por un asunto importante, el barco en el que navegaba fue atacado por piratas, y todos los que iban a bordo fueron hechos prisioneros. Los llevaron a Túnez y los vendieron como esclavos. Vincent también fue capturado y vendido con ellos.

El hombre que lo compró había sido cristiano, pero había renegado de su fe y se había hecho mahometano. Este hombre lo llevó a su granja, situada en una montaña desértica y calurosa, donde lo empleó para labrar la tierra.

Una de las mujeres de su amo, que era turca, solía ir a menudo a los campos donde trabajaba Vincent. Había en él algo tan distinto de los demás esclavos que sentía un interés especial por él. Le hacía muchas preguntas sobre la ley de los cristianos y su modo de vida.

Un día le pidió que cantara. "Cántame alguno de los himnos que contienen alabanzas a tu Dios", le dijo.

Vicente hizo lo que ella le pedía, y le cantó uno de los salmos, el cántico "¡Salve, Santa Reina!" y algunos otros himnos en alabanza de Dios y de sus santos.

La mujer escuchaba embelesada. "¡Oh, qué himnos tan hermosos!", exclamó; y durante todo aquel día no pudo pensar en otra cosa.

Cuando su marido llegó a casa por la noche, le dijo: "¡Qué mal has hecho en renunciar a la fe cristiana! Ese buen hombre, Vincent, que trabaja en el campo, me ha hablado hoy de ella y ha cantado algunos de los himnos con que los cristianos adoran a su Dios. Ciertamente, creo que el Dios de los cristianos es digno de ser servido y amado, y nunca debería ser abandonado de la manera en que tú lo has hecho."

Estas palabras, en vez de enfadar al hombre, le hicieron reflexionar sobre el gran pecado que había cometido, y resolvió renunciar a su mala vida, para empezar de nuevo a servir a Dios. A la mañana siguiente fue a ver a Vicente y le comunicó su intención. Después de considerar la mejor manera de hacerlo, se acordó que debían huir secretamente de ese lugar, ya que le sería imposible profesar su fe allí, y regresar a Francia, donde sería libre de hacerlo sin peligro.

Sin embargo, pasaron diez meses antes de que consiguieran escapar. Poniéndose bajo la protección del Dios del Cielo y de la llamada "Estrella del Mar", se embarcaron en un pequeño bote y, tras un próspero viaje, llegaron a Francia el 28 de junio de 1606.

De este modo, Dios, en su providencia, devolvió a Vicente a su tierra natal y a sus amigos, que durante mucho tiempo habían llorado su muerte.

Parte 5: "Venga a nosotros tu Reino"

Capítulo 33: Dios Rey de nuestros corazones.

Cuando decimos "Venga a nosotros tu reino", rogamos a Dios que venga y reine en los corazones de todos por su gracia en este mundo, y nos lleve a todos después a su reino celestial.

Hijo mío, Dios ya ha entrado en tu corazón para reinar allí; entró en él por el bautismo. Sólo el pecado lo hará salir de él. ¡Oh, aléjate del pecado, para que Él pueda morar siempre allí!

LA FELIZ MUERTE DE UNA HIJA DE MARÍA.

No hace mucho había una niña que acababa de hacer la primera Comunión. El sacerdote estaba lleno de alegría, porque veía con qué esmero se había preparado y con qué devoción había hecho aquella feliz mañana.

"Mi querida niña -le dijo un día, al verla arrodillada devotamente ante el altar-, estoy seguro de que Nuestro Señor te ama mucho y que en este momento habita en tu corazón. Pero, hija mía, eres joven todavía, y tal vez un día puedas desterrarlo de tu corazón cometiendo un pecado mortal." "Oh, Padre mío", respondió ella, "no temas. Nunca sería culpable de un crimen tan horrible. Preferiría morir antes que ofender a mi querido Jesús, a quien tanto amo".

El buen sacerdote miró con afecto el rostro inocente de la niña. El fervor que brillaba en sus ojos le decía que era sincera en lo que decía. Pero, ¡ay! su experiencia le había demostrado cuán a menudo se rompían propósitos tan buenos como éste.

"Sí, hija mía -le dijo el sacerdote-, sé que te gustaría ser buena toda tu vida, y que preferirías morir antes que cometer un solo pecado. Pues bien, pídele a la Santísima Virgen que te obtenga esta gracia".

En cuanto volvió a casa, la muchacha se arrodilló ante una imagen de la Santísima Virgen, y le dijo: "Oh mi queridísima Madre del Cielo, pide a tu Divino Hijo Jesús que me conceda la gracia de no cometer jamás un pecado mortal; pídele que me saque de esta vida antes que permitirme caer en pecado."

No muchos días después, una pequeña llaga comenzó a aparecer en su mejilla. Al principio nadie pensó que tuviera importancia, pero pronto se convirtió en una gran hinchazón y, al final, se reveló como un cáncer que en poco tiempo le carcomió un lado de la cara.

Los sufrimientos que esto le causó fueron muy grandes, pero los soportó todos sin una palabra de queja.

"Padre mío -dijo al sacerdote que la atendía-, la Santísima Virgen ha escuchado mi oración; voy a morir. Ella me va a sacar de este mundo en seguida, para que no caiga en pecado, y así estaré en el Cielo para siempre con Dios."

Muy poco después murió la piadosa niña. Ahora es feliz en el reino de Dios junto con aquellas almas santas a quienes Él se lo prometió. "Bienaventurados los limpios de corazón, porque ellos verán a Dios".

Catch. en Ejemplos.

EL ÁNGEL DE LA CASA.

El señor B. era un comerciante acomodado de una de nuestras grandes ciudades. En su juventud, una madre piadosa le había enseñado su deber para con Dios, pero cuando creció, la agitación del mundo había borrado de su mente aquellas primeras impresiones de la religión. Aún conservaba la fe, pero no la practicaba; y durante muchos años había descuidado por completo sus deberes religiosos.

Sólo tenía una hija, una niña pequeña, y aunque él mismo era tan indiferente, estaba ansioso por ver a su hija crecer piadosamente. Por eso, desde muy pequeña, la enviaba regularmente a la santa Misa y a la escuela dominical, pues sabía que era el único modo de inculcarle el conocimiento de Dios y de sus deberes para con Él. María (que así se llamaba la niña) era dulce y obediente: no miraba de un lado a otro en la capilla como muchas otras, sino que escuchaba atentamente y trataba de recordar todo lo que decía el sacerdote, y después, cuando estaba en casa o en la escuela, o dondequiera que estuviera, trataba de poner en práctica lo que allí se le había dicho.

Cuando tenía ocho años, hacia el final del verano, su padre se puso muy enfermo. Llamaron al médico, y desde la primera visita, cuando vio la naturaleza de la enfermedad, no abrigó muchas esperanzas de que se recuperara. En una de sus visitas encontró a su paciente mucho más débil. Pensó que no podía demorarse más en dar a conocer a la familia el peligro que corría, y en privado le dijo a la señora B. que se estaba muriendo rápidamente, que ninguna habilidad humana podría salvarlo, y que su única esperanza estaba en Aquel que tiene en sus manos la vida de todas sus criaturas.

La pequeña Mary oyó estas palabras y, a pesar de su corta edad, comprendió lo que significaban. La pobre niña lloró larga y amargamente, porque quería mucho a su querido papá; pero lo que la entristecía más aún era pensar que hacía muchos años que él no iba a los sacramentos, y temía que muriese sin reconciliarse con Dios, pues veía que nadie tenía el valor de decirle que se estaba muriendo.

"Si pudiera ir yo misma a decírselo", se decía.

De repente, una idea pareció entrar en su mente. "Sí, iré a decírselo. Estoy segura de que me escuchará", se secó las lágrimas y se dirigió a la habitación de su padre.

Al verla tan triste, con los ojos enrojecidos por el llanto y las mejillas aún húmedas por las lágrimas derramadas, le preguntó:

"¿Qué te pasa, hija?"

"Oh, mi querido papá", sollozó ella, "vas a morir y a dejarme".

"¿Qué te ha metido eso en la cabeza, querida? "No me voy a morir todavía; pronto me pondré mejor". "No, papá, no vas a mejorar. Hoy he oído decir al médico que no te pondrás mejor". La niña estalló en un nuevo torrente de lágrimas. Su padre no habló.

"Oh, papá", continuó, "siento mucho pensar que vas a morir, porque si mueres nunca, nunca volveré a verte".

"¿Por qué no, cariño?"

"Porque hace mucho tiempo que no te confiesas, y el cura nos ha dicho muchas veces en las instrucciones que es un gran pecado no confesarse; y si una persona muere con grandes pecados, no puede ir al Cielo."

El padre no dijo nada, pero un extraño sentimiento se apoderó de él, y comenzó a derramar lágrimas; tal vez fue el pensamiento de estar separado de su pequeña María lo que le hizo llorar.

"Oh, padre -dijo la niña a su entrañable manera-, ¿no te confesarás si hago venir al sacerdote? Estoy segura de que lo harás, y cuando mueras irás al Cielo, y cuando yo muera también iré al Cielo, y entonces te volveré a ver, y seremos muy felices. ¿Verdad, papá?", y recostó su cabecita sobre el rostro de él.

El moribundo la besó y dijo: "Querida mía, ve a buscar al cura. Sí, me confesaré; no me demoraré más. Oh, hija mía, si mejoro, qué vida tan diferente me verás vivir; y si muero, esperaré en la misericordia de Dios el Cielo". Luego, levantando los ojos, dijo: "Oh Dios mío, bendito sea tu santo Nombre por haberme dado este querido niño, este angelito para guiarme de vuelta a Ti". El sacerdote vino y le dio los últimos Sacramentos, que recibió con devoción edificante. Luego, mandando llamar a su hija, dijo al sacerdote: "Padre, ¿ve a esta niña? A ella debo mi conversión; si no hubiera sido por ella, habría muerto en mis pecados y me habría perdido para siempre. Fue ella quien me hizo enviar a buscarte".

El sacerdote tomó a la niña de la mano y le dijo: "Ya ves, mi querida niña, qué bendición has traído a tu padre moribundo por haber sido tan diligente en aprender tu Catecismo, y tan atenta a las instrucciones que se te daban. Has sido el medio de Dios para salvar el alma de tu buen padre. Si no hubierais ido a la escuela dominical, o si hubierais estado poco atentos, probablemente no habríais sabido todavía mucho acerca de Dios ni nada sobre la necesidad de la confesión, y vuestro padre tal vez nunca habría obtenido la gracia del arrepentimiento. Sí, amigos míos -añadió, dirigiéndose a los que le rodeaban-, un niño verdaderamente piadoso, como éste, es el mayor tesoro de un hogar."

A la mañana siguiente murió el señor B--. Hubo gran pesar en aquella casa, y mucho llanto; pero lloraban ahora como lloran los que esperan.

Noël: Cat. de Rodes.

Capítulo 34: El Cielo La Recompensa De Los Que Sufren Pacientemente En La Tierra

Para llegar al Reino de los Cielos, hija mía, debes soportar con paciencia las pruebas de esta corta vida. La recompensa que Dios dará por cada una de ellas es mucho mayor de lo que cualquier mente humana pueda imaginar.

LOS DOS NOBLES Y EL MONJE

Dos nobles fueron a visitar cierto monasterio. Mientras recorrían las celdas, entraron por casualidad en la de un venerable monje, cuyos cabellos eran blancos como la nieve. Su semblante era alegre como el de un ángel, y toda su persona tranquila y gentil más allá de lo que se puede describir.

Al ver esto se quedaron asombrados. Se decían unos a otros: "¿Cómo es posible que un hombre que viste tan toscamente, y que lleva la austera vida de un monje, sea tan alegre y esté siempre sonriente?".

"Dime, padre", dijo uno de ellos, "¿has tenido alguna vez a lo largo de tu vida alguna aflicción o tristeza de corazón?".

El santo varón respondió: "Sí; muchas veces me han sobrevenido tentaciones de tristeza; pero, gracias a Dios, me ha dado un remedio, que en un instante cambia la tristeza en alegría, y la aflicción en gran gozo."

Diciendo estas palabras, señaló la ventana de su celda: "No tenéis más que acercaros a esa ventana, y veréis en seguida lo que me da fuerza y alegría".

Los dos hombres se acercaron a la ventana, pero no encontraron más que una pared áspera, que les impedía ver nada, e incluso casi les cortaba la visión del cielo.

"No vemos nada que pueda reconfortaros; al contrario, ese lúgubre muro basta por sí solo para llenaros de melancolía".

"Mirad un poco más de cerca", dijo el monje, "y veréis algo de lo más reconfortante". Volvieron a mirar. "No vemos nada desde esta ventana. Unos centímetros del cielo azul a través de un resquicio en la pared toscamente construida es todo lo que se puede ver."

"Eso es justo lo que me reconforta", dijo el monje. "Cuando la melancolía se apodera de mí, no tengo más que mirar esa pequeña porción de cielo, e inmediatamente el pensamiento de las alegrías eternas que están por venir me reconforta, y las nubes de tristeza se funden en un sol de consuelo y paz. Entonces ruego a mi Padre del Cielo que acelere el momento en que, en ese reino feliz, pueda encontrar el descanso eterno."

Al pronunciar estas palabras, se le llenaron los ojos de lágrimas, lágrimas de alegría. Los dos nobles también lloraron, pero estas lágrimas llenaron sus almas de una emoción que nunca antes habían sentido. "Sí", se dijeron el uno al otro, "si queremos encontrar la verdadera alegría, es sólo sirviendo a Dios aquí, y esperando la gozosa recompensa del Cielo, que Dios ha prometido a aquellos que lo hagan."

Rossign: De Vita Æterna.

"ÁNIMO".

Había una vez un joven de noble cuna y poseedor de muchas riquezas, en cuyo corazón Dios había puesto un gran deseo de ganar el Cielo.

Al mismo tiempo, recordando lo que Nuestro Señor había dicho sobre la dificultad de un rico para entrar en el Reino de los Cielos, resolvió dejar a otro todas sus grandes posesiones, y hacerse humilde monje en un monasterio franciscano.

Comenzó su nueva vida con gran fervor. Pero con el paso del tiempo, su devoción comenzó a desvanecerse.

Su primer fervor había desaparecido casi por completo, y cada uno de los deberes de la vida monástica se convirtió en una carga para él.

"Fue muy tonto de mi parte", se dijo un día, "dejar el mundo como lo he hecho. Estoy seguro de que me habría sido más fácil llegar al Cielo llevando una buena vida en el mundo que aquí, donde todo es tan difícil. No puedo seguir haciendo estas obras de penitencia, así que volveré al mundo y viviré en él como antes."

La noche que había fijado para abandonar el monasterio, pasó por casualidad ante un altar, en el que estaba reservado el Santísimo Sacramento. Cayendo de rodillas, se inclinó en humilde adoración. Mientras rezaba sus oraciones, Dios, que se compadecía de la debilidad de su hijo, le permitió ver un espectáculo maravilloso para animarle.

Vio una hermosa procesión que pasaba ante él. Parecía ir de la tierra hacia el cielo. Todos los que iban en ella estaban vestidos con magníficos ropajes, y sus rostros resplandecían de alegría celestial. Entre ellos había dos que parecían superar a los demás en belleza y gloria, y que parecían conducir triunfalmente al reino de Dios a un joven tan hermoso como ellos.

Esta gloriosa visión llenó al monje de gran alegría, y gritó a uno de los espíritus benditos de la procesión: "Dime, te lo ruego, oh espíritu de Dios, quiénes son estas almas brillantes que veo, y de dónde vienen".

Aquel a quien se dirigió respondió "Somos los que, cuando estábamos en la tierra, lo habíamos dejado todo para seguir a Cristo, y ahora estamos en la gloria celestial. Los dos que ves más brillantes y hermosos que los demás son San Francisco de Asís y San Antonio de Padua; y hemos sido enviados por Nuestro Padre de lo alto para conducir al Cielo con toda esta magnífica pompa del Paraíso el alma de ese joven monje que acaba de morir."

La visión desapareció entonces; pero el corazón del religioso estaba ahora lleno de un deseo tan ardiente de obtener un día la misma gloria, que regresó inmediatamente a su celda. Toda su antigua aversión por la severidad de la vida religiosa desapareció de repente, y su primer fervor volvió.

En una palabra, la vida religiosa, que hasta entonces le había parecido tan dura, se le hizo a la vez fácil y agradable, y permaneció fiel hasta el día de su muerte.

Crónica de San Francisco.

DOROTHY, LA NIÑA PIADOSA.

Muchas de las historias que has leído en este pequeño libro han sido sobre los mártires que murieron por su Fe. Pero tú tienes poca o ninguna posibilidad de morir como ellos, aunque también tienes que luchar el buen combate en tu estación de vida si quieres estar con los mártires en el Cielo. La siguiente historia te mostrará cómo puedes hacerlo.

Había una vez una viuda piadosa que no gozaba de mucha riqueza mundana, pero poseía lo que es mucho más precioso, la única y verdadera Fe. Dios le dio una hijita, a la que llamó Dorotea, porque quería que creciera bajo la protección de aquella gran Santa, a la que tenía especial devoción.

Pero cuando Dorothy creció y se convirtió en una niña grande, comenzó a mostrar signos de irreflexión, y muchas veces su pobre madre lloró por las faltas de su querida hija. Le gustaba jugar, y olvidaba sus oraciones y sus lecciones para corretear con sus compañeras, aunque su madre le decía que no lo hiciera.

Sin embargo, la niña tenía un corazón bondadoso, y a menudo lloraba cuando veía que había entristecido a su buena madre con su mal comportamiento y su desobediencia.

Cuando cumplió diez años, su madre, aunque era pobre, la envió a un convento para que viviera un tiempo bajo el cuidado de las piadosas Hermanas, que, sabía, velarían por ella y le enseñarían a crecer piadosamente. Solo Dios sabe los grandes sacrificios que hizo al hacer esto, pero fue bien recompensada por lo que hizo.

Dorothy permaneció en el convento por dos años, después de los cuales regresó a la casa de su madre. Pero ¡qué cambio había ocurrido en ella durante estos dos años! La gente que la conocía antes de que fuera al convento no podian creer que fuera la misma niña. La que había sido tan desobediente y holgazana, era ahora un ejemplo para todas sus compañeras, e incluso para las mayores, por su dulzura, paciencia, obediencia y piedad, aunque sólo tenía poco más de doce años. Nunca se enfadaba, siempre era agradable y encontraba su mayor placer en ayudar a los demás. Algunos decían que era una hipócrita, y otros, celosos de los elogios que la gente le hacía, decían cosas muy duras de ella. Pero Dorothy soportaba todo en silencio, e incluso hablaba amablemente a aquellos que eran tan crueles con ella. En poco tiempo la gente llegó a saber que ella era realmente buena, y los que habían tratado de destruir su buen nombre se llenaron de confusión.

El sacerdote del lugar donde ella vivía se llenaba de alegría cuando veía en su parroquia a alguien que daba tan buen ejemplo, porque sabía los beneficios que otros recibirían de ella.

Un día fue a ver a su madre, que ahora estaba contenta porque veía lo buena que se había vuelto su hija. Mientras estaba allí entró Dorothy.

"Ven, hija mía", le dijo, mientras la atraía a su lado, "debes decirme qué te ha hecho tan buena, pues sabes que antes eras muy diferente".

"Padre", respondió ella mansamente, "no soy buena, pero me gustaría mucho serlo, y me esfuerzo mucho por serlo".

"Dime, entonces", dijo el sacerdote, "qué te hace mejor ahora de lo que eras antes".

"Cuando estaba en el convento", respondió ella, "una de las Hermanas me preguntó si quería ser buena. Le dije: 'Sí, Hermana, me gustaría ser muy piadosa'. Entonces -dijo ella-, el modo más fácil de ser piadosa es tomar a Jesucristo por modelo, y todo lo que hagas, hazlo para agradarle, pensando que Él está a tu lado, pidiéndote que lo hagas como Él mismo lo hizo'. Así, cuando me levanto por la mañana y rezo mis oraciones, pienso que veo al Niño Jesús levantándose cuando Su Madre le llamó, y rezando a Su Padre Celestial. Cuando estoy en mi trabajo, pienso que veo a Jesús ayudando a San José en el taller, o a María en la casa; y cuando me mandan hacer algo, pienso que veo a mi querido Jesús mandado por Su Santísima Madre hacer esto o aquello, y que le veo haciéndolo inmediatamente. Y cuando me mandan hacer una cosa que no me gusta hacer, me acuerdo de cómo Jesús obedeció de buen grado a Su Padre del Cielo cuando le dijo que muriera en la cruz, aunque lo sintiera tanto; y entonces me digo: "Ya que mi querido Jesús sufrió tanto por mí, seguramente yo sufriré un poco por amor a Él, y entonces me resulta fácil hacerlo."

"Pero, hija mía", dijo el sacerdote, "cuando la gente hablaba contra ti y te llamaba hipócrita, ¿no te sentías enfadada con ellos?".

"Ah, querido Padre -respondió ella-, ésa era una cruz muy pesada; pero las Hermanas me habían dicho que tendría que cargar con muchas cruces si quería ser buena, así que, cuando oí las falsedades que decían de mí, y los nombres que me ponían, recordé cómo los judíos insultaban a Jesús, y que Él no decía nada, sino que sólo rogaba a Dios por su perdón. Así que hice lo mismo".

"Entonces a veces te cuesta ser buena, ¿verdad, hija mía?", dijo el sacerdote.

"Ah, sí, Padre, a veces me siento muy tentado, y a veces me canso tanto que me siento muy, muy triste, y a menudo pienso que es inútil tratar de ser bueno. Pero entonces recuerdo que el mismo Jesús estaba a veces cansado y triste, especialmente aquella vez que vio a tanta gente que le daba la espalda y lo abandonaba después de que Él, por amor a ellos, los había alimentado en el desierto con un milagro. Me parece verle mirando a los Apóstoles, y oírle preguntarles si también ellos iban a abandonarle. Luego me parece oírle decirme: "Y tú, hija mía, ¿también vas a dejarme? ¿No pecarás contra Mí después de lo bueno que he sido contigo?

"Entonces digo: 'No, Dios mío, nunca te dejaré. ¿A quién iría si te dejara? Te prometo seguir amándote tanto en la fatiga como en la alegría hasta la muerte; pero, Dios mío, ayúdame'. Entonces siento una especie de felicidad que me da valor para sufrir pacientemente todo por amor de Dios."

"Mi querida niña", dijo el sacerdote, "has aprendido bien la lección y, lo que es mucho mejor, sabes practicarla. Sigue como lo estás haciendo, y si perseveras, sin duda habrás peleado bien el buen combate, y habrás ganado muchos méritos para el Cielo."

¿Qué es más fácil que tomar a Jesús como nuestro modelo, y hacer todo, como lo hizo Dorothy, por Su causa? Mientras estemos en este mundo, debemos luchar contra el pecado y nuestras propias malas inclinaciones, y si lo hacemos, un día veremos a Dios en el Cielo; eso es lo que significa la buena batalla.

Instrucciones para la juventud.

Capítulo 35: Nuestro único gran deseo debe ser ganar el Cielo

Mientras los santos estaban en la tierra, su único pensamiento era el Reino de los Cielos, y su única gran ansiedad era cómo conseguirlo.

"Venga a nosotros tu Reino".

LA LEYENDA DE LOS PEQUEÑOS ERUDITOS.

Cuando el bienaventurado Bernardo ejercía el oficio de sacristán en el convento de Santarém, había dos niños que eran enviados diariamente al convento desde la cercana casa paterna para ser instruidos en su religión y recibir su educación en el conocimiento secular.

Estaban al cuidado del padre Bernardo, y el buen hombre sentía una gran alegría al educarlos, porque estaba seguro de que su dulce bondad e inocencia los hacían muy queridos de su Divino Maestro.

A los niños se les permitía entrar en una pequeña capilla no lejos del altar mayor, y allí extendían sus libros en los escalones, y aprendían sus lecciones feliz y tranquilamente, o comían su cena, que traían de casa.

Sobre el altar había una imagen de María, con el Santo Niño Jesús en brazos; y los dos niños, con toda la sencillez de su edad, le hablaban como si estuviera vivo como ellos.

"Querido Santo Niño", dijo un día uno de los niños, "¿cómo es que Tú nunca te mueves como nosotros, y nunca comes, sino que siempre permaneces en los brazos de Tu bendita Madre? Te daremos de buen grado una parte de nuestra cena si bajas a comer con nosotros".

Dios quiso recompensar la sencillez de sus pequeños con un milagro maravilloso. La imagen tallada del Divino Niño tomó la apariencia de la vida, y, bajando de los brazos de Nuestra Señora, se sentó con los niños ante el altar, y tomó un poco de la cena con ellos.

Esto sucedió más de una vez, y aquella capillita parecía llena de las alegrías del Cielo. El amor a Jesús se hizo tan grande en sus corazones, que no se preocupaban de otra cosa que de Él, y anhelaban tanto el momento en que esperaban verle bajar hasta ellos y hablar con ellos.

Sus padres veían que los niños habían experimentado un gran cambio y que nunca habían sido tan felices como cuando estaban en el convento.

Un día les preguntaron por qué estaban más contentos en el convento que en casa, y los niños les contaron su maravillosa historia. Pero sus padres no quisieron creerles, y dijeron que todo era una tonta fantasía, y que tal cosa era imposible.

Pero el bienaventurado Bernardo, al oírlo, pensó que podía ser verdad. Sabía que para Dios, que tanto amaba a los niños pequeños, nada era imposible, por lo que también los interrogó; y cuando hubo oído su historia, supo que habían dicho la verdad, y que no se trataba de una tonta fantasía.

Cuando le dijeron a su manera infantil que se preguntaban por qué el Santo Niño no traía también algo de comer, Bernardo les dijo: "Hijos míos, la próxima vez que venga a veros vuestro visitante celestial, preguntadle si tendría la bondad de invitaros a cenar en la casa de su Padre".

Los muchachos quedaron encantados, y al día siguiente le hicieron al Divino Niño la pregunta que su maestro les había dicho que le hicieran.

Jesús les sonrió con una mirada de gran afecto, y dijo: "Dentro de tres días vendréis conmigo a la casa de mi Padre, y comeréis de la comida que os ha preparado". Los niños corrieron inmediatamente a contarle a su amo lo que les había dicho.

Bernardo miró con cariño a los niños, aunque había un sentimiento de tristeza en su corazón, pues sabía muy bien lo que significaba el mensaje. Conocía la inocencia y la pureza de sus jóvenes corazones, y estaba seguro de que, de algún modo maravilloso, Dios iba a llevárselos del mundo antes de que se hubieran manchado con el pecado.

Entonces le entró un gran anhelo de ir al cielo con ellos. Había peleado la buena batalla con valentía, y sentía un gran deseo de entrar en su hogar eterno en el Cielo, donde podría descansar de sus labores en los brazos de su Padre Celestial. Pidió, pues, a los niños que volvieran y preguntaran al Niño Jesús si también él podía ir con ellos.

El Santo Niño respondió: "Volved a vuestro señor y decidle que se prepare, porque el jueves le recibiré con vosotros en la casa de mi Padre".

El corazón de Bernardo se llenó de la mayor alegría y amor al recibir este feliz mensaje, y comenzó a prepararse para la muerte.

El día fijado era el de la Ascensión. Aquella mañana, el bienaventurado Bernardo dijo misa temprano; sus pequeños alumnos le sirvieron y recibieron la Sagrada Comunión de sus manos; y cuando terminó la misa, se arrodilló en las gradas del altar, con uno de los niños a cada lado, y encomendó su alma a Dios.

Aproximadamente una hora después, algunos hermanos que pasaban por la iglesia vieron a Bernardo arrodillado, vestido como para la misa, y a su lado a los niños, vestidos con sus hábitos blancos como la nieve; pero los tres estaban muertos, y la suave sonrisa de sus rostros demostraba que se habían ido a casa con el Santo Niño, en el acto mismo de la oración. Fueron enterrados en la capilla donde Nuestro Señor los había visitado tan a menudo, y se colgó un cuadro sobre el altar, representando a los dos niños sentados en el escalón, con el Divino Niño Jesús entre ellos.

Vidas de los Santos, 8 de mayo.

SANTA TERESA Y SU HERMANO RODERICK.

Cuando Santa Teresa era una niña de no más de siete años, solía pasar mucho tiempo con su hermano pequeño Roderick leyendo las vidas de los Santos y hablando de cosas santas.

El pensamiento de la eternidad y del Cielo causaba una profunda impresión en sus jóvenes mentes, y nunca se cansaban de repetir una y otra vez estas palabras: "¡Para siempre, para siempre, para siempre! Qué cosa tan bendita será ver y gozar de Dios para siempre!".

Cuando leían acerca de los monjes y ermitaños que abandonaban el mundo y se iban a vivir a lugares desiertos, lejos de la compañía de quienes podían hacerles olvidar a Dios, también ellos deseaban ser como ellos.

Así que se pusieron a trabajar en el jardín de su padre para construirse casitas o celdas, donde, como los ermitaños, sólo pudieran pensar en Dios y en el Cielo, en el que tenían fijos todos sus pensamientos; pero como eran tan jóvenes y tan débiles, no pudieron llevar a cabo lo que deseaban hacer.

A veces, cuando leían la historia de los santos mártires, se llenaban tanto de gozo, que les parecía estar más en el Cielo que en la tierra.

"¡Oh, cuánto me gustaría ser mártir!", decía Teresa a su hermano; "¡qué felices eran al llegar al Cielo después de tan cortos sufrimientos!".

"¡Sí -dijo Roderick-, y a mí también me gustaría ser mártir! Ven conmigo, iremos al país donde viven los moros, y nos matarán por ser cristianos, y entonces llegaremos al Cielo, y seremos como los santos mártires."

"¡Oh, eso será delicioso!", jaculó Teresa. "Hoy mismo iremos, para llegar antes al Cielo".

Partieron, pues, aquellos inocentes niños hacia el país de los moros. Mientras iban por el camino, rezaban con gran fervor, y se preguntaban cuándo llegarían al final de su viaje.

Cuando su madre, que no sabía nada de sus intenciones, los echó de menos a la hora de la cena, se alarmó, y los buscó diligentemente por todas partes.

Sucedió que, al cruzar un puente sobre un río cercano a la ciudad, fueron recibidos por un tío que les preguntó adónde se dirigían.

"Vamos al país de los moros", respondieron, "porque queremos ser mártires y así llegar al Cielo".

El tío los llevó con su madre, que se alegró mucho cuando los volvió a ver. Ella le preguntó a Roderick por qué era culpable de semejante tontería; pero él echó toda la culpa a Teresa, su hermana, diciendo que ella había sido la primera en hablar de ello. Teresa recibió una gran reprimenda.

Sin duda Dios Todopoderoso se complació en su gran fervor, y aunque no recibieron la corona del martirio, continuaron haciéndose más y más fervientes; y este fervor se incrementó por el pensamiento del Cielo, y la gloria que Dios les daría un día, si eran buenos.

Vida de Santa Teresa.

EL NIÑO CELSO.

A principios del siglo IV una terrible persecución asolaba Antioquía. Los fieles eran ejecutados sin piedad porque no renegaban de Jesucristo ni ofrecían incienso a los dioses de los paganos.

Entre los que fueron llevados ante Marciano, el gobernador, estaba el santo mártir Juliano. Después de infligirle los más terribles tormentos, ordenó que lo arrastraran por las calles de la ciudad, entre los insultos de la muchedumbre.

Mientras llevaban a San Juliano por los lugares públicos, pasó por la casa donde estudiaba Celso, el hijo del gobernador. Los gritos de la muchedumbre que se agolpaba en torno al santo mártir atrajeron a Celso y a sus compañeros a la ventana para ver qué ocurría.

Mientras estaba en la ventana, el muchacho tuvo una visión maravillosa. "¡Oh!", gritó a sus compañeros, "¡veo algo maravilloso!".

Le preguntaron qué era.

"Veo", dijo, "una gran multitud de hombres, vestidos con ropas blancas; están hablando con ese cristiano al que están llevando a la muerte. Y veo sobre su cabeza una corona de gloria, que su Dios le va a dar. ¡Oh, qué hermosa es! Parece hecha del oro más puro, y brilla tanto que sobrepasa incluso la luz del sol. Y a su lado hay ángeles de una belleza deslumbrante, que le animan a conquistar esa brillante corona".

Entonces el niño, impresionado por la gracia de Dios, exclamó: "¡Grande es el Dios de los cristianos, que puede recompensar así a los que le sirven! Yo también seré su siervo, para ganar para mí una corona de gloria como la que ahora veo".

Entonces, presa de una santa alegría, corrió tras el mártir y, cuando lo alcanzó, gritó: "Oh siervo del Dios verdadero, renuncio para siempre a mi padre terrenal, que me ha educado en la incredulidad, y ahora te tomo a ti por padre, para que me enseñes la verdadera Fe, y me muestres cómo adorar al Dios verdadero."

Mientras tanto, las noticias de este extraño suceso llegaron a Marciano, su padre. Al principio se negó a creerlo; pero cuando vio que era cierto, se llenó de rabia e indignación, y ordenó que Juliano y su propio hijo Celso fueran llevados inmediatamente ante él.

"¡Juliano traidor!", gritó, "has conseguido robarme a mi querido y único hijo, la esperanza de mi raza y el orgullo de mi corazón".

En el mismo momento, la madre del muchacho, a quien también se había informado de lo ocurrido, acudió apresuradamente al lugar. Tenía los cabellos alborotados y el rostro bañado en un torrente de lágrimas; todos los que estaban con ella estaban también abrumados por el dolor.

Al ver esto, su padre le dijo: "Oh muchacho cruel, ¿no te conmueve el dolor de tu padre y las lágrimas de tu madre? Arrepiéntete de lo que has hecho; aún obtendré tu perdón".

Pero Celso respondió: "No le doy ningún valor a mi vida; hoy he nacido a una nueva vida que nunca terminará. Las lágrimas que brotan de tus ojos nunca ablandarán mi corazón. Quítame, pues, la vida que me diste, para que pueda entrar en seguida en posesión de esa corona de gloria que Dios me ha mostrado hoy."

El heroico niño fue condenado a sufrir las más crueles torturas, pero las soportó todas con heroica paciencia; y al final, cuando fue condenado a ser decapitado, inclinó gozoso la cabeza para recibir el golpe de la muerte, que, en un momento, le abrió las puertas de la vida eterna en el Cielo.

Surio: Vit. SS., 9 de enero.

LOS NIÑOS MÁRTIRES DE ESPAÑA.

En una ciudad de España llamada Alcalá vivían, en tiempos de Diocleciano, dos niños que se llamaban Justo y Pastor. Sus padres, que eran cristianos, los educaron con mucho cuidado en el temor de Dios. También les enseñaban todas las cosas que generalmente aprenden los niños, y para ello iban todos los días a la escuela.

El gobernador romano de España en aquel tiempo se llamaba Daciano. Era un hombre muy cruel, e iba de ciudad en ciudad buscando a los cristianos y dándoles muerte. Cuando llegó a Alcalá, promulgó un edicto en el que ordenaba a todos, bajo pena de muerte, ofrecer sacrificios a los dioses paganos.

Esta proclama causó un gran revuelo en la ciudad. Justo tenía entonces siete años y Pastor nueve. Ambos estaban en la escuela, cuando una persona entró corriendo y le contó la noticia al maestro. La mayoría de los niños estaban tan ocupados tratando de terminar sus lecciones rápidamente, para salir más pronto a jugar, que no prestaron atención a lo que el hombre dijo.

Pero no fue así con Justo y Pastor. En cuanto se enteraron de la proclamación del gobernador, se apoderó de ellos un deseo tan maravilloso de morir por Jesús que, arrojando sus libros, salieron corriendo de la escuela y, corriendo hacia el tribunal del malvado Daciano, gritaron: "Somos muchachos cristianos, y debéis darnos muerte, porque no sacrificaremos a vuestros dioses".

Al principio, Daciano no quiso escucharlos. Pensó que eran niños tontos que decían tonterías, y les dijo que se callaran y no le interrumpieran, pues estaba muy ocupado.

Pero ellos no se callaron y siguieron hablando con tanto denuedo que, al fin, Daciano, muy enfadado, se volvió hacia ellos y les preguntó quiénes eran.

"Somos cristianos", volvieron a decir, "y queremos que nos maten para ir a Dios en el cielo".

Daciano se asombró al principio de lo que oía, pero, persuadido de que se les había metido en la cabeza alguna fantasía infantil, pensó que pronto los curaría de ella, por lo que ordenó que los azotaran en privado y luego los enviaran a casa.

Así pues, los dos hermanitos fueron conducidos como inocentes corderos para ser azotados. Mientras iban juntos, se animaban mutuamente a soportar toda clase de tormentos por amor a Jesús.

Como Justo era el menor de los dos, pensó que tal vez su hermano pensaría que un hombre tan pequeño como él no podía tener valor para soportar los suplicios, por lo que le dijo: "Espero, querido pastor, que no tengas miedo de morir, o de ser azotado, o de esa espada afilada con la que tal vez nos corten la cabeza. En cuanto a mí, no les temo lo más mínimo".

"No temo por mí -respondió Pastor-, porque ya soy un muchacho grande; pero temo por ti, querido Justo, que eres tan pequeño.

"No te preocupes por mí", respondió Justus, "porque aunque soy tan pequeño, sin embargo, por la gracia de Dios, seré tan fuerte como el hombre más grande".

"¿Estás seguro?", dijo Pastor.

"Sí, muy seguro", respondió, "porque Dios, que nos ha llamado a sufrir por su santo Nombre, estará seguro de darnos fuerza para soportar nuestro martirio."

"Querido Justus," exclamó el Pastor, "estoy tan feliz de oírte hablar tan valientemente. Estoy seguro de que es Dios mismo quien habla por tu boca; así que ahora no te tengo ningún miedo, y me será bastante fácil morir contigo, para que podamos ir los dos juntos a vivir con nuestro querido Señor Jesús, en el Cielo."

"Dios nos sacará adelante, aunque seamos unos niños tan débiles -respondió Justus-, y nos llevará pronto a ese Paraíso feliz del que tanto nos han hablado papá y mamá, donde estaremos con sus ángeles y santos, y se verá a sí mismo en toda su gloria." Pastor respondió: "Sí, y pensad también en la gloria que será para nosotros derramar nuestra sangre por el querido Jesús, que derramó la suya por nosotros".

Así se animaban unos a otros estos chiquillos a medida que avanzaban. Los soldados, que oían lo que decían, se asombraban, y pensaban que debía de haber algo muy extraño en ellos, cuando estaban tan dispuestos a morir. Así que fueron a ver a Daciano, le contaron lo que habían visto y oído, y le preguntaron qué iban a hacer con ellos.

Daciano pensó que sería una desgracia para él, un hombre poderoso, ser vencido por dos niños pequeños; y también temía que su ejemplo heroico animara a otras personas a sufrir el martirio. Así que ordenó que los llevaran a un lugar donde nadie los viera, y que fueran decapitados en secreto.

Fueron conducidos a un campo, donde los decapitaron sobre una gran piedra, en la que hasta el día de hoy permanece la marca de las rodillas de aquellos dos niños inocentes. Los cristianos de Alcalá recogieron sus preciosas reliquias y las enterraron con gran reverencia en el lugar que habían santificado con su gloriosa muerte; y cuando pasaron los días de la persecución, se construyó sobre su tumba una magnífica iglesia dedicada a Dios en su honor.

Cuando leemos sobre el gran amor de estos dos niños por Dios, y su gran deseo de ir a verlo en el Cielo, debemos tratar de amar a Dios más de lo que lo estamos haciendo, y rogarle que nos dé un lugar en su feliz hogar en el cielo cuando el corto tiempo de nuestra prueba en la tierra haya terminado.

Surius: Hist. Sanct., Aug. 6.

Capítulo 36: El Reino de Dios en la Tierra.

C uando leemos la vida de los Santos, hija mía, vemos que su mayor deseo era ver extendido el Reino de Dios en la tierra; y leemos que muchos de ellos gastaron toda su vida en trabajar por la salvación de las almas

EL ESCLAVO DE LOS ESCLAVOS.

Hace muchos años, cuando el tráfico de seres humanos era común en Oriente, hombres crueles fueron a la costa de África, se llevaron a la gente que vivía allí, y los trajeron a América, donde fueron vendidos como esclavos.

Esta pobre gente tenía mucho que sufrir de sus crueles amos. Trabajaban en exceso, estaban mal vestidos y mal alimentados; pero lo peor de todo era que no recibían instrucción religiosa. Sus amos, en efecto, cuidaban de sus cuerpos, para que pudieran trabajar para ellos, pero no había nadie que cuidara de sus almas hasta que Dios, en su misericordia, suscitó a un hombre santo, que se convirtió en su apóstol. Este fue Pedro Claver, que nació en España en 1581.

Era hijo de padres nobles y piadosos. En su juventud ingresó en la Compañía de Jesús y, siendo aún novicio, suplicó que se le enviara a América para pasar su vida entre los pobres negros.

Su petición fue concedida. Tan pronto como llegó a ese país, comenzó su noble trabajo. Cada vez que llegaba un barco negrero, Pedro subía a bordo para recibir a los infelices. Los recibía con gran amabilidad y les dirigía palabras consoladoras y alentadoras. De este modo pronto se ganó su confianza.

Cuando llegó el momento de abandonar el barco, Pedro les ayudó a salir; llevó a los enfermos en brazos y los colocó en un carro que había preparado para ellos. A los demás los acompañó a sus nuevos hogares, rogó a sus amos que los trataran con bondad y les dejó la promesa de volver a verlos pronto.

Después los instruyó en las verdades de nuestra santa religión. Nada le desanimaba, ni la torpeza de algunos, ni las maneras rudas y toscas de otros. Día tras día, el santo varón llevaba esperanza y consuelo a los que estaban tristes, y obtenía el perdón para muchos que habían ofendido a sus amos.

Cuando no estaba así ocupado, pasaba su tiempo en los hospitales, donde se sentaba a la cabecera de los enfermos, curaba sus heridas y los atendía como un criado. El nombre que más le gustaba que le llamaran era "El esclavo de los esclavos".

Los domingos y días festivos reunía a todos sus queridos esclavos que se encontraban bien en una plaza abierta, donde había levantado un altar y colocado bancos y esteras para su comodidad. No es de extrañar que Pedro se ganara el amor de estos pobres negros.

Si vivían piadosamente, les hacía pequeños regalos para animarlos; pero si hacían mal, los reprendía con suavidad. De este modo ganó para Dios a este pueblo ignorante; y se dice que durante su vida convirtió y bautizó no menos de cuarenta mil.

El santo varón pasó treinta y seis años en esta heroica labor. Finalmente cayó enfermo y permaneció en su lecho de muerte durante cuatro años. Durante todo ese tiempo, sus pobres esclavos acudieron en masa a visitarle. Día tras día los instruía y consolaba, hasta que por fin, el 8 de septiembre de 1654, Dios lo llamó a su recompensa en el Cielo.

Vidas de los Santos, 9 de septiembre.

EL NIÑO DE NUESTRA SEÑORA

Era una hermosa tarde de verano. Los pájaros entonaban sus cantos más dulces y el sol brillaba sobre la tierra. Toda la naturaleza parecía llena de alegría, como para recordarnos el amor de Nuestro Padre del Cielo y hablarnos de la felicidad que dará en el Cielo a los que le han servido fielmente en la tierra.

Bajo la sombra de un gran árbol estaba sentada una niña sola. Era pobre y no tenía a nadie en este mundo que la cuidara. Su ocupación consistía en cuidar de unas pocas ovejas que pastaban tranquilamente cerca de ella, y para las que obtenía su escaso alimento y ropa del granjero al que pertenecían.

Pero era feliz, feliz en compañía de su querido Padre de lo alto, que parece tener un cuidado más especial por sus pequeños de la tierra cuanto más los descuidan y desatienden los hombres.

A su lado había un montoncito de flores que había recogido en el campo, y con ellas estaba haciendo una corona de flores.

Una vez terminada, se levantó y se dirigió hacia una capillita que había junto al camino. En ella había un altar y, sobre él, una imagen de Nuestra Señora. En aquel lugar solitario no había la grandeza que a veces se ve en las majestuosas catedrales. Todo era humilde y de poco valor; incluso la estatua de Nuestra Señora era de la más rudimentaria construcción.

A este humilde lugar, pues, se dirigió la pastorcilla y, arrodillándose ante el altar, elevó sus plegarias, esas sencillas plegarias que tanto agradan a la Reina del Cielo.

"Madre mía -dijo mirando con lágrimas en los ojos la imagen de Nuestra Señora-, Madre mía, no tienes corona en la cabeza. Oh, si yo pudiera, pondría sobre tu frente una corona de oro, toda resplandeciente de joyas; pero sólo soy una pobre y sencilla muchacha, y no tengo nada que darte sino esta corona de flores que recogí en el campo. Madre mía, son las más bonitas que he encontrado. Acéptala, pues, como signo del amor que te profeso".

Se levantó de rodillas y, acercándose al altar, colocó la corona sobre la imagen de Nuestra Señora. Luego, arrodillándose de nuevo, pensó en la gloria que Dios debía haber concedido a su Santa Madre, la Reina del Cielo, y rezó para poder ser un día tan feliz como para verla en su reino.

Así rezaba la solitaria niña día tras día, y cada tarde, mientras florecían las flores, coronaba la estatua de Nuestra Señora con una corona nueva.

Pero ahora es el momento de ver cómo María recompensó este pequeño acto de homenaje. La pobre niña enfermó y se acercaba la hora de su muerte.

Sucedió que dos religiosos pasaban por aquel país. Era un día muy caluroso y se sentaron a descansar bajo un árbol junto al camino. Uno de ellos se durmió y el otro permaneció despierto, pero ambos tuvieron la misma visión.

Vieron venir hacia ellos un grupo de vírgenes vestidas de un blanco deslumbrante. En medio de ellas había una más hermosa y majestuosa que las demás. Cuando llegaron al lugar donde descansaban, uno de los religiosos le preguntó quién era y adónde iba.

"Voy -respondió la Santísima Madre de Dios, pues era ella-, junto con estas santas vírgenes, a visitar a una que venía a menudo a verme: una niña que cuidaba las ovejas en este lugar. Ahora está a punto de morir".

Al decir estas palabras, la visión desapareció. Los santos religiosos se dijeron unos a otros: "Vayamos también nosotros a verla".

Se levantaron inmediatamente y se dirigieron hacia una solitaria casita cercana. Cuando entraron, vieron a la joven tumbada sobre la paja. En su rostro consumido se dibujaba una sonrisa celestial, y sus ojos parecían contemplar embelesados algo hermoso que ellos no podían ver.

Al entrar, miró a los dos religiosos y los saludó. Luego dijo: "Padres míos, rogad a Dios que os permita ver la hermosa compañía que me rodea".

Se arrodillaron junto a ella y, mientras rezaban, volvieron a ver la misma hermosa visión que habían visto antes. La Virgen dirigía a la moribunda dulces palabras de consuelo, y tenía en la mano una hermosa corona.

De repente, las hermosas vírgenes que acompañaban a Nuestra Señora comenzaron a cantar, y en el mismo momento el alma de la pobre niña abandonó su frágil cuerpo. María lo tomó en sus brazos y, coronándolo con una corona de gloria más resplandeciente que el sol, lo llevó consigo al Paraíso.

Así muere el hijo fiel de María. No nos es concedido verlo como lo vieron estos religiosos; pero si somos fieles a su servicio y al de su Divino Hijo, Ella vendrá a la hora de la muerte y nos conducirá sanos y salvos a nuestra patria de arriba.

San Ligorio

LO QUE SANTA CATALINA

Santa Catalina de Siena amaba a Dios con todo su corazón, y Dios le demostraba a menudo que también la amaba mucho con muchos favores especiales que le concedía.

Un día se complació en darle una pequeña visión de la gloria del Cielo que un día le concedería a ella y a todos sus hijos, si le eran fieles mientras vivieran en este mundo.

Terminada la visión, bajó a ver a las demás monjas del convento; pero su rostro estaba tan resplandeciente que apenas podían mirarla. En seguida supieron que debía de haber tenido una visión, y le pidieron que les contara lo que había visto.

"Ella exclamó: "¡Oh, he visto cosas maravillosas, cosas maravillosas! Pero no pudo decir nada más.

Cuando su confesor se enteró, le pidió que le contara más claramente lo que Dios se había complacido en mostrarle.

"Padre -respondió ella-, me es imposible decirte lo que he visto: ninguna lengua humana podría expresar, ni ninguna palabra describir, la belleza de las cosas celestiales que Dios me ha mostrado, la recompensa que ha de dar a todos los que le sirven y le aman en este mundo. Oh, no! es hermoso más allá de todo lo imaginable".

Puesto que el Cielo es tan hermoso, todos deberíamos tratar de amar a Dios ahora, para poder disfrutar un día de su felicidad.

Vida de Santa Catalina

Capítulo 37: Una muerte feliz La entrada en la vida

"Preciosa es a los ojos del Señor la muerte de sus santos" (Sal. cxv. 15).

SANTA LA MUERTE FELIZ DE SANTA GERTRUDIS

Santa Gertrudis ansiaba tanto ver a Dios y estar para siempre con Él en el Cielo, que durante toda su vida éste fue su único pensamiento.

Cuando llegó el día de su muerte, que tanto deseaba, se le apareció Nuestro Señor con su divino semblante radiante de alegría.

A su derecha estaba su Madre siempre bendita y a su izquierda el discípulo amado San Juan. Una inmensa multitud de la hueste celestial acompañaba a su Rey, y junto con ellos estaban muchas de las religiosas que, cuando estaban en la tierra, habían vivido bajo la guía de Santa Gertrudis, y que ahora estaban en el Cielo.

Una de las religiosas que estaba presente, y que también vio esta visión, se aventuró a dirigirse a Nuestro Señor con estas palabras: "Oh dulcísimo Jesús, te suplico, por la bondad que te impulsó a darnos una Madre tan querida, que, ya que estás a punto de llevártela de este mundo, la recibas con el mismo afecto con que recibiste a tu propia bendita Madre cuando salió del cuerpo".

Entonces Nuestro Señor se volvió hacia Su Santa Madre, que estaba a Su lado, y le dijo: "Dime, Madre mía, qué fue lo que más te agradé cuando dejabas el mundo, pues aquí me piden que conceda un favor semejante a su Madre."

"Hijo mío", respondió dulcemente la Santísima Virgen, "mi mayor alegría fue la gracia que me hiciste al recibirme tan amorosamente en tus sagrados brazos en el momento de mi muerte."

Entonces Jesús respondió: "Sí, Madre mía; te concedí ese favor porque, después de mi partida de ti al Cielo, recordaste siempre con tanto afecto mi Pasión y muerte."

Luego, volviéndose a los religiosos, dijo: "Concedí ese favor a Mi elegida, Mi Madre, en recompensa por su dolor y las lágrimas que derramó, mientras pensaba en Mi Pasión y muerte. Gertrudis debe merecer de algún modo ese mismo favor soportando con paciencia los sufrimientos que tendrá que soportar hoy."

Santa Gertrudis, pues, continuó en su agonía todo aquel día. Pero Nuestro Señor no la dejó sola en su sufrimiento, sino que sacó de su Sagrado Corazón la ayuda y el consuelo que necesitaba. También se le aparecieron espíritus celestiales que bajaban del Cielo y la invitaban al Paraíso. Ella oyó su armonía celestial mientras cantaban, en tonos de dulzura celestial: "Ven, ven, ven, oh Señora; las alegrías del Cielo te esperan. Aleluya. Aleluya".

Entonces Jesús se volvió hacia ella, y su alma feliz, abandonando en aquel instante el cuerpo, voló a sus benditos brazos.

"He aquí ahora -dijo, estrechándola contra su Sagrado Corazón-; he aquí ahora que vas a unirte a Mí y serás para siempre mi amada, y en el estrecho abrazo de mi Corazón te presentaré a mi Padre Eterno."

Así murió Santa Gertrudis.

Vida de Santa Gertrudis.

FE HEROICA DE UNA NIÑA.

En el año 1833 se levantó una violenta persecución contra la Iglesia por parte del Rey de Cochin China, y muchos de los cristianos fueron cruelmente torturados y condenados a muerte por la Fe.

Estas buenas gentes mostraban la mayor alegría en medio de sus sufrimientos, e incluso los niños pequeños confesaban noblemente la Fe, y se ofrecían al juez para recibir la corona del martirio.

Un día, un niño se presentó ante el tribunal del juez. Se arrodilló ante él y le pidió permiso para hablar.

Cuando obtuvo permiso, dijo: "Mandarín, córtame la cabeza con la espada, para que pueda ir a mi propio país".

"¿Dónde está tu país?", preguntó el juez.

"Está en el Cielo", respondió el niño.

"¿Y dónde están tus padres?" "Se han ido al Cielo y yo quiero seguirlos. Oh, señor, deme un golpe con la espada y envíeme allí también".

El mandarín quedó admirado ante la fe y el valor del niño, pero se negó a concederle su petición. Pero este niño recibió de Dios la gloria de los mártires por su gran deseo de serlo.

Anales de Prop. de la Fe.

Hijo mío, ¿con quién estaremos en el Cielo? Con Dios, que es nuestro Padre; con Jesucristo, que es nuestro Hermano; con la Santísima Virgen, que es nuestra Madre; con los ángeles y los Santos, que son nuestros amigos.

Un Rey en sus últimos momentos dijo con pesar: "¿Debo, pues, dejar mi reino, para ir a un país donde no conozco a nadie?". Porque nunca había pensado en la felicidad del Cielo. Debemos hacernos amigos allí ahora, para que podamos volver a encontrarnos con ellos después de la muerte, y entonces no seremos como ese Rey, temerosos de no conocer a nadie.

Beato Cura de Ars.

Parte 6: "HÁGASE TU VOLUNTAD".

Capítulo 38: ¿Qué significa hacer la voluntad de Dios?

La tercera petición del Padrenuestro es: "Hágase tu voluntad en la tierra como en el Cielo". Hacer la voluntad de Dios es guardar sus mandamientos, y recibir con gozo de sus manos cuanto se complazca en enviarnos durante el breve tiempo que estemos en esta vida.

"HÁGASE TU VOLUNTAD, SEÑOR".

Cada vez que Santa Gertrudis rezaba el Padrenuestro, decía esta tercera petición, "Hágase tu voluntad", con el mayor fervor. A veces la repetía una y otra vez, porque cada vez que lo hacía sentía que su corazón ardía en el amor de Dios.

Un día, mientras lo decía así, se le apareció visiblemente Nuestro Señor. En la mano derecha parecía llevar la salud, y en la izquierda la enfermedad. Le dijo: "Gertrudis, hija mía, ¿cuál de las dos quieres que te dé: la salud o la enfermedad?".

¿Eligió la salud? No. ¿Entonces fue enfermedad? No. Ella sólo dijo: "Oh Dios mío, hágase tu voluntad, no la mía". Esta respuesta agradó tanto a Nuestro Señor que le dio, aun en este mundo, muchas muestras especiales de su amor. Un día se apareció a una santa monja del mismo convento llamada Mectilde. Estaba sentado en un hermoso trono, con Santa Gertrudis a su lado. Ella contemplaba embelesada su sagrado rostro, y Él también parecía mirarla con ojos radiantes de amor.

Mechtilde comprendió entonces que este gran favor le había sido concedido por haber sido siempre tan sumisa a Su bendita voluntad.

Vida de Santa Gertrudis.

SIN CONSUELO.

Había una vez un hombre muy santo, que pasó su vida en medio de grandes consuelos espirituales. Era siempre muy feliz, y parecía no tener ninguna de esas tentaciones tan comunes entre los pobres pecadores de este mundo.

Un día estaba leyendo las Sagradas Escrituras, y vio allí que Jesucristo había dicho que si deseábamos ser sus discípulos, debíamos tomar nuestra cruz y seguirle.

"Yo no tengo cruces -dijo-; nunca las he tenido. Parece que vivo más como los ángeles de Dios en el Cielo que como uno que está siendo juzgado en la tierra. Oh Dios mío -exclamó-, quítame estos favores que me haces cada día, si ves que sin ellos te seré más agradable".

Dios escuchó su plegaria. Durante los cinco años siguientes fue continuamente atormentado con tentaciones, y durante todo ese tiempo no recibió ningún consuelo del Cielo. Tampoco sentía fervor en sus oraciones, y su vida estaba amargada por continuas penas.

Un día, mientras lloraba amargamente por su triste estado, se le aparecieron dos ángeles. "Dios nos ha enviado para consolarte", le dijeron. "Se complace en lo que has hecho por Él y, si así lo deseas, pondrá fin a todas tus aflicciones y te devolverá la apacible felicidad de antaño".

Pero él respondió: "No; no deseo ningún consuelo. Me basta con que se cumpla en mí la santa voluntad de Dios; no busco otra cosa".

Los ángeles le abandonaron. Hasta el final de su larga vida tuvo que soportar las mismas aflicciones y las mismas amargas pruebas. Pero ahora todas han terminado, y él está con Dios en el Cielo, en posesión de ese gozo eterno que Dios ha prometido a todos los que hacen su santa voluntad en la tierra.

P. Huguet: Cristo. Perf., p. 733.

LOS SUFRIMIENTOS DE SAN. VICENTE DE PABLO.

Cuando San Vicente estaba envejeciendo, tenía dolores muy agudos que sufrir. Sus piernas estaban tan hinchadas que, cada vez que intentaba caminar, sufría grandes dolores.

Un día, mientras le curaban las llagas, uno de los Padres que estaba cerca de él dijo: "¡Oh mi querido Padre, qué cruel agonía debes sufrir!"

El Santo respondió: "¿Qué es lo que dices? ¿Cómo puedes decir que es cruel lo que Dios se complace en enviarme? ¿Podría algo ser tan malo para mí, que soy un pecador tan grande? Que Dios te perdone, querido señor, por decir semejante cosa. No es así como debemos hablar de lo que nuestro amado Señor Jesús nos envía. ¿No es justo que suframos todo lo que Dios quiere que suframos? Porque no nos pertenecemos a nosotros mismos, sino a Él, y por eso tiene derecho a tratarnos como le parezca oportuno."

En otra ocasión el mismo sacerdote le dijo: "Padre mío, me parece que tus dolores aumentan cada día."

"Ah, sí; es muy cierto. Desde la coronilla hasta la planta de los pies sufro mucho, muchísimo. Pero, ¡ay! ¡qué cuentas tendré que dar a Dios cuando muera, por haber hecho tan poco uso de estas muchas y grandes gracias!"

LA ESTATUA EN EL NICHO.

¿Qué puede haber más hermoso que el siguiente consejo de San Francisco de Sales a Santa Juana de Chantal para animarla en la práctica de esta virtud de conformidad con la santa voluntad de Dios?

"Permanece en el lugar donde Dios te ha puesto, y cumple en él todos los deberes que te ha impuesto. Sé ante Dios como una estatua que está colocada en un nicho, recordando que no nos pertenecemos a nosotros mismos, sino sólo a Dios, y que Él es nuestro Todo.

Si la estatua en el nicho pudiera hablar, y si alguien le preguntara: "¿Por qué estás ahí?", respondería: "Porque mi amo me ha colocado aquí".

"¿Y por qué no te mueves?

"'Porque su deseo es que no me mueva', "'¿Y qué ganarás permaneciendo allí inmóvil?'

"'No es por mí que estoy aquí; es para cumplir el deseo de mi amo que me puso aquí'.

"'¿Pero no puedes verle?'

"'No, ciertamente; pero él me ve, y encuentra placer en verme en el nicho en el que él mismo me ha colocado.'

"'¿Pero no desearías tener el poder de moverte para acercarte más a él?

"'No; porque la voluntad de mi señor es el único deseo de mi corazón'".

Esto era, en efecto, lo que el Santo mismo practicaba diariamente. Todos sus deseos se centraban en este único pensamiento: "Agradar a Dios: hacer la santa voluntad de Dios". Era el único fin que se proponía en todos sus pensamientos, palabras y acciones.

San Francisco de Sales y Santa Juana Chantal.

FLORES DE LA ORACIÓN DEL SEÑOR: "HÁGASE TU VOLUNTAD".

Un ermitaño que habitaba en los desiertos de Egipto preguntó un día a San Macario, que habitaba en la Tebaida, y era famoso por su gran piedad y experiencia, cómo debía rezar.

"Mi querido hermano", respondió el Santo, "para orar bien no necesitas pronunciar muchas palabras; basta con levantar las manos y los ojos al Cielo, y decir: 'Oh Dios mío, que se haga tu santa voluntad'".

Cuando San Martín yacía en su lecho de muerte, sus discípulos estaban a su alrededor llorando. Le dijeron: "'Oh Padre, ¿por qué estás a punto de abandonarnos, o a quién nos confiarás a nosotros que tan pronto quedaremos huérfanos? Vendrán lobos hambrientos a atacar a tu rebaño, ¿y quién estará a nuestro lado para defendernos de sus feroces asaltos si te alejas de nosotros?".

El Santo, movido a la más profunda compasión, mezcló sus lágrimas con las de ellos; y, mirando al Cielo, con las manos extendidas, oró así a Dios: "'Oh Señor, si aún soy necesario para Tu pueblo, no me niego a trabajar aún más por ellos. Que se haga tu santa voluntad".

Cuando San Herion, un joven en la flor de su edad, estaba siendo arrastrado por los soldados para sufrir por causa de Cristo, su madre estaba a su lado llorando.

"No llores por mí, mi amada madre; es Dios quien me llama. Que se haga su santísima voluntad. Nos volveremos a encontrar en el Paraíso".

En cierta ocasión, san Ricardo, obispo de Chichester, sufrió mucho por los efectos de un incendio que se había declarado en una casa cercana a su morada. La gente acudió a darle el pésame por la pérdida que había sufrido; pero él les respondió: "Amigos míos, esto me ha sucedido por la santa voluntad de Dios. Que se cumpla su santa voluntad. ¿Quién sabe si me ha enviado este accidente para castigarme por mi excesivo apego a las cosas perecederas de este mundo?".

Santa Eduvigis, duquesa de Polonia, tenía por su marido y sus hijos un intenso afecto; sin embargo, cuando murió su esposo, después de un largo y penoso cautiverio, se cuenta que sólo derramó unas pocas lágrimas; asimismo, cuando su hijo mayor Enrique, en la flor de su edad, cayó en el campo de batalla en un combate contra los tártaros, parecía casi impasible.

Cuando se le preguntó por qué se mostraba tan impasible ante una aflicción tan pesada, respondió: "Fue la santa voluntad de Dios que murieran así, y Él sabe lo que es más ventajoso para nosotros".

Cuando la ciudad de Hamburgo fue asaltada por los normandos, que eran paganos, el santo obispo de aquel lugar, de nombre Auscarius, y todos los habitantes tuvieron que ponerse a salvo huyendo. Escaparon sólo con sus vidas, y se vieron obligados a dejar atrás todas sus posesiones.

San Auscario, viendo su tristeza en su gran aflicción, los consoló diciéndoles: "Fue Dios quien al principio nos dio todas estas cosas; ahora le ha placido quitárnoslas. Que se haga su voluntad y que su santo nombre sea bendito para siempre".

Cuando José II, emperador de Alemania, estaba en cama aquejado de una dolorosa enfermedad, le fue comunicada la triste noticia de que su esposa acababa de morir. Durante unos instantes permaneció en silencio, y luego, levantando piadosamente los ojos al Cielo, pronunció estas palabras: "Señor mío, es tu santa voluntad. Que en todo se cumpla tu santa voluntad".

El Conde Leopoldo de Stolberg, al enterarse de la muerte de su amada esposa, cayó en una profunda melancolía, lloró y pronunció palabras de gran lamento. "¡Ay!", exclamó, "se me ha ido. Ha muerto; no volveré a verla jamás"; y no quería ser consolado, tan grande era su dolor.

"Señor mío -le susurró dulcemente una de las doncellas que asistían a la difunta condesa-, ¿quién os la ha arrebatado? ¿No es Dios mismo, que os la había dado? Y ya sabéis que todo lo que Dios hace es siempre para bien, y está bien hecho".

Estas palabras conmovieron el corazón del conde y, suspirando, dijo en voz alta: "Tenéis razón; es Dios mismo quien me ha enviado este dolor; es Él quien me ha quitado a mi amada esposa. Es mi deber someterme a su adorable voluntad".

SAN. CONSEJO MORTUORIO DEL ABAD JUAN.

Cuando el abad Juan estaba a punto de dejar este mundo, sus hermanos le rogaron que les diera un consejo, que pudieran conservar como su último legado.

Él les dijo: "Hijos míos, nunca hagáis vuestra propia voluntad. Considerad cuál es la voluntad de Dios y cumplidla. Este ha sido siempre el objetivo de mi vida, pues no quería enseñar a los demás lo que yo mismo no practicaba y demostraba con mi propio ejemplo."

Vit. Patr., c. v., lib. i.

Capítulo 39: Cómo los santos y los justos obedecieron la voluntad de Dios

Hija mía, los santos no tenían voluntad propia. En cuanto sabían lo que Dios quería que hiciesen, lo hacían inmediatamente. Eran como niños pequeños que siempre obedecen las órdenes de su padre. Era esta gran virtud la que les hacía estar siempre alegres, incluso en medio de grandes pruebas y sufrimientos.

"SÉ MI PADRE Y YO SERÉ TU HIJO".

No hace muchos años había una niña perteneciente a Génova que tuvo la desgracia en su infancia de ser capturada por piratas y vendida como esclava.

Cambió varias veces de amo. Finalmente cayó en manos de uno más salvaje que los demás, que parecía carecer de todo sentimiento humano y que, en consecuencia, la trataba con la mayor crueldad.

Un día la golpeó tan ferozmente que cayó al suelo y se desmayó por el golpe. Luego se marchó, dejándola como muerta, y no pensó en ella más que si hubiera sido una bestia bruta.

Al poco rato recobró el sentido, y su primer pensamiento fue tratar de escapar del rufián que tan cruelmente la había tratado. Lo consiguió en pocos días y sin grandes dificultades.

Por una feliz casualidad, monseñor Dupuch, obispo de Argelia, llegó a la ciudad ese mismo día. La pobre niña lo vio al pasar por la calle y, aunque no sabía quién era, le impresionó la expresión de bondad que se dibujaba en su venerable semblante.

"Si pudiera tener a ese hombre por amo, ¡qué feliz sería! Estoy segura de que al menos me trataría con amabilidad y no me pegaría".

En aquel momento le vino a la mente una idea repentina. Corrió hacia el lugar donde estaba el obispo y, abriéndose paso entre la multitud que lo rodeaba, se arrojó a sus pies y gritó con acentos que llegaron al corazón del obispo: "¡Oh buen señor, sé mi padre y yo seré tu hija!".

El obispo levantó amablemente a la pobre muchacha del suelo, le preguntó en el tono más suave quién era y cómo había llegado a estar cubierta de tantos moratones.

Ella se lo contó todo en pocas palabras, y volvió a pedirle que fuera un padre para ella y no permitiera que cayera de nuevo en manos de su cruel amo.

El obispo se sintió conmovido por la historia de la muchacha, y más aún por la confianza infantil con que le había hablado. Prometió protegerla y le dijo que no tendría que sufrir más crueldad, sino que encontraría la paz en el hogar al que la llevaría. Entonces la llevó a un convento y la puso a cargo de las Hermanas, para que la instruyeran y la cuidaran.

Al cabo de unos meses, pidió que la bautizaran y la hicieran cristiana. Al principio, el obispo no accedió a su petición. Pensó que se necesitaría un poco más de tiempo para probar que su deseo era sincero y que su instrucción estaba suficientemente avanzada.

Pero este retraso entristeció a la niña; deseaba tanto ser hija de Dios, que no pudo consolarse al oír que este favor iba a ser aplazado por un tiempo. Así que las Hermanas volvieron a pedir al Obispo que accediera a la petición de la niña y le permitiera bautizarse inmediatamente.

El Obispo en persona fue entonces al convento para hablar con la niña. "Oh Padre mío", le dijo ella en cuanto lo vio, "permíteme ser bautizada, para que me convierta de una vez en hija de Dios". El Obispo le dijo: "Hija mía, sabes que cuando te bautices debes ser siempre buena, y no volver a pecar, y amar a Dios con todo tu corazón. ¿Estás dispuesta a hacerlo?".

La niña cogió un crucifijo y, apretándolo contra su pecho, dijo: "No deseo otro señor que mi querido Señor Jesucristo, que murió por mí".

Luego, viendo el anillo en el dedo del Obispo, lo señaló y dijo, con lágrimas en los ojos: "Así como tú llevas ese anillo contigo adondequiera que vayas, y como lo giras en tu dedo a tu gusto, y como siempre está contigo, así yo, cuando me haga cristiana, seré siempre como un anillo en el dedo de la mano de Dios".

El obispo se sintió conmovido ante esta hermosa y sencilla respuesta. No dudó más y la bautizó de inmediato. "¡Oh, qué felicidad sería que todos los niños trataran de ser como esta niña!", dijo a las bondadosas Hermanas que estaban presentes, "¡y ser como anillos en el dedo de Dios, siendo obedientes a su santa voluntad en todas las cosas!".

Notas d'Alger.

SAN EDMUNDO DE CANTERBURY EN SUS ÚLTIMOS MOMENTOS.

Aquellos que en el curso de su vida sólo buscan cumplir la santa voluntad de Dios disfrutan de la mayor paz y felicidad a la hora de la muerte.

San Edmundo, Arzobispo de Canterbury, durante toda su vida, se esforzó por conformarse en todo a la santísima voluntad de Dios.

Cuando, en el año 1242, vio que se acercaba su última hora, deseó recibir los últimos Sacramentos de la Iglesia; y cuando el sacerdote introdujo en su habitación el adorable Viático -Nuestro Señor mismo-, él, con un esfuerzo supremo, se levantó en su lecho, y, extendiendo amorosamente sus brazos moribundos, como para abrazar a Aquel a quien siempre había servido tan fielmente, dijo: "Tú eres mi Señor y mi Dios: Siempre he creído en Ti y te he predicado al pueblo que me confiaste. Tú eres mi testigo de que nunca busqué en la tierra otra cosa que a Ti, y de que nunca tuve otra voluntad, ni tengo ahora otra, que la tuya santísima, y en este momento mi único deseo es que se cumpla en mí."

Después de decir estas palabras de fe y amor, recibió en su corazón a su Divino Señor y Maestro. Durante largo rato pareció llenarse de una apacible calma; su semblante era dulce de contemplar, y sus ojos estaban bañados en lágrimas. Poco después, sin perder ni por un instante esa serenidad que hace tan dulce la muerte a los hijos de Dios, entregó su alma en manos de su Divino Maestro el 16 de noviembre de 1242.

De su Vida.

Capítulo 40: Dios sabe lo que es mejor para nosotros

Dios sabe siempre lo que más nos conviene, aunque no lo veamos; y durante nuestra corta vida terrena tendremos muchos sufrimientos que soportar si amamos y servimos a Dios. Será cuando la gloria del Cielo se abra ante nuestros ojos cuando veremos la indecible recompensa que Dios nos otorgará por cumplir fielmente su santa voluntad en la tierra.

LA FE Y LA OBEDIENCIA DE ABRAHAM.

"Después de estas cosas", dice la Escritura, "Dios tentó a Abraham, y le dijo: 'Abraham, Abraham'.

Y él respondió: 'Heme aquí'.

"Y le dijo: 'Toma a tu hijo unigénito Isaac, a quien amas, y vete a la tierra de la visión; y allí lo ofrecerás en holocausto sobre uno de los montes que yo te mostraré'.'

"Entonces Abraham, levantándose de noche, ensilló su asno, y tomó consigo a dos jóvenes y a Isaac su hijo; y habiendo cortado la leña para el holocausto, se encaminó al lugar que Dios le había mandado. Y al tercer día, alzando los ojos, vio el lugar a lo lejos.

"Y dijo a sus jóvenes: 'Quedaos aquí con el asno: Yo y el muchacho iremos con presteza hasta allí, y después de haber adorado, volveremos a vosotros.' Y tomando la leña para el holocausto, la puso sobre Isaac su hijo; y él mismo llevaba en sus manos fuego y espada.

"Y mientras ambos iban juntos, Isaac dijo a su padre: 'Padre mío'.

"Y él respondió: '¿Qué quieres, hijo?

"'He aquí', dijo él, 'fuego y leña: ¿dónde está la víctima para el holocausto?'

"Y Abraham dijo: 'Dios se proveerá de una víctima para el holocausto, hijo mío.' Y siguieron juntos.

"Y llegaron al lugar que Dios le había mostrado, donde edificó un altar, y puso la leña en orden sobre él; y cuando hubo atado a Isaac su hijo, lo puso sobre el altar, sobre el montón de leña. Y extendió la mano y tomó la espada para sacrificar a su hijo.

"Y he aquí que un ángel del Señor desde el cielo le llamó, diciendo: 'Abraham, Abraham'.

"Y él respondió: 'Aquí estoy'.

"Y le dijo: 'No pongas tu mano sobre el muchacho, ni le hagas nada; ahora sé que temes a Dios, y que no has perdonado a tu hijo unigénito por mi causa'.

"Alzó Abraham los ojos, y vio a sus espaldas un carnero entre zarzas que se le clavaba por los cuernos, el cual tomó y ofreció en holocausto en lugar de su hijo."

Génesis xxii. 1 y ss.

ENTRE LOS ÁNGELES.

El siguiente hermoso relato procede de la historia de los antiguos monjes de Egipto:

Había cierta señora rica que tenía una gran devoción a San Mauricio, el heroico comandante de la Legión Tebiana. Esta señora tenía un hijo único, un varón, y resolvió dedicar toda su vida a enseñarle a ser santo.

El día de su bautismo, lo consagró a Dios y, cuando llegó a la adolescencia, lo internó en el monasterio de San Mauricio, para que estuviera a salvo de todo peligro y creciera piadosamente en el temor de Dios.

Durante algunos años, los fervientes deseos de la madre se cumplieron incluso más allá de sus expectativas. El niño no sólo era piadoso y bueno, sino también inteligente y ocupaba un lugar destacado entre sus compañeros de estudios.

Tenía, además, una dulce voz musical que encantaba a todos los que la oían, y le encantaba unirse a los Padres del monasterio cuando cantaban el Oficio Divino.

Su madre estaba en éxtasis de alegría cuando se sentó y lo escuchó cantar las alabanzas de Dios, y muy seriamente rogó a su Padre en el Cielo para preservar a su querido hijo en su inocencia, que un día podría unirse a los santos ángeles en el Cielo, para cantar las alabanzas de Dios por toda la eternidad allí.

Esta plegaria fue escuchada antes de lo que ella deseaba, pues en su juventud le sobrevino una fiebre y murió. Su madre estaba inconsolable por su pérdida. Triste y desconsolada, veló junto al cadáver de su hijo; y cuando se lo llevaron a la tumba y lo ocultaron de su vista para siempre, su dolor fue doloroso de contemplar. Día tras día se sentaba en la iglesia y escuchaba a los religiosos mientras entonaban sus santas oraciones, y cada vez que las oía, el recuerdo del niño que había perdido volvía a ella, y nuevas lágrimas brotaban de sus ojos.

Un día, arrodillada en la iglesia, llorando como de costumbre, se quedó dormida. Y mientras dormía, se le apareció su patrón, San Mauricio.

"¿Por qué sigues llorando?", le dijo.

Ella respondió: "Lloro por mi querido hijo que ha muerto, y lloraré por él mientras viva, porque era mi único consuelo en la tierra".

"Oh mujer", replicó el Santo, "destierra toda pena de tu corazón, pues el muchacho a quien amas está ahora con nosotros en el Paraíso. Dios se lo llevó consigo, para que el mundo no manchara su inocencia, y ahora está cantando las alabanzas de Dios en el Cielo." Estas palabras consolaron mucho a la desolada madre. El Santo continuó: "Para que sepas que mis palabras son ciertas, levántate esta noche y ve a la iglesia a la hora de Maitines, y oirás la voz de tu hijo cantando junto con el resto de los religiosos. Consuélate, pues, porque tienes motivos para alegrarte más que para llorar, viendo que tu hijo está ya con Dios."

La mujer se despertó y, sin saber si se trataba de una visión real o sólo de un sueño, esperó impaciente la hora de Maitines.

Llegó la hora y se dirigió apresuradamente a la iglesia. Apenas hubo entrado, oyó la voz de su hijo, que cantaba tan bellamente como antes. A partir de ese momento, toda su tristeza desapareció, porque ahora sabía que su hijo estaba ciertamente en posesión de la gloria eterna, y dio gracias a Dios con todo su corazón.

Rodríguez: Cristo. Perf.

LOS HIJOS DEL MAESTRO DE ESCUELA.

Había un maestro de escuela que tenía dos hijos -un niño y una niña- que se distinguían entre todos los demás niños por su gran piedad y su inocencia infantil. Eran la alegría de su padre, que esperaba que fueran el sostén de su vejez.

Pero Dios, que dispone todas las cosas de la manera que considera más útil para nosotros, había dispuesto otra cosa.

Un día, los dos niños enfermaron repentinamente. El padre se ausentó de casa en ese momento y, antes de que regresara, ambos habían muerto.

La pobre madre estaba afligida más allá de lo imaginable. Lágrimas de dolor caían a torrentes de sus ojos al contemplar las formas sin vida de sus dos hijitos, poco antes tan felices y tan llenos de alegría.

Pero ella, como tantas otras madres santas, estaba llena de fe. Miraba más allá de este mundo cansado, y sabía que en aquel mismo momento sus queridos hijos estaban contemplando el bello rostro de Dios en el Cielo. Trató de secar sus lágrimas y, tomando los cuerpos, los llevó ella misma a otra habitación, donde con sus propias manos los preparó para su entierro y los cubrió con un paño blanco.

Mientras tanto, el padre regresó a casa; aún no se había enterado del triste suceso que había ocurrido. Al no ver a los niños que salían a su encuentro como de costumbre, dijo a su mujer al llegar a la casa: "¿Dónde están los niños?"

"No están muy lejos", respondió ella, y luego trató de hablar de otra cosa.

El marido, viendo que su mujer estaba, como de costumbre, tranquila y alegre, pensó que, aunque no los viera, debían de estar bastante a salvo, se sentó a la mesa y tomó la cena que ella le había preparado.

Cuando terminó y dio las gracias, como era su costumbre, su mujer le dijo: "Voy a hacerte una pregunta. Hace algún tiempo recibí de un rico caballero un valioso tesoro, que quiso que le guardara hasta que viniera a pedirme que se lo devolviera. Hoy ha venido a pedírmelo. ¿Cree usted que debería dárselo?". El maestro la miró sorprendido. Le pareció extraño que nunca antes hubiera oído hablar de aquel tesoro; pero enseguida contestó: "Desde luego; devuélveselo, ya que le pertenece. ¿Por qué me haces semejante pregunta?".

Ella respondió: "Porque quería que tú también consintieras en que lo hiciera".

Al decir estas palabras se levantó y, conduciendo a su marido a la habitación, levantó el paño blanco, y los ojos de éste se posaron en los cuerpos sin vida de sus dos hijos.

"¡Oh, Dios mío!", gritó, pálido de angustia; "¡Oh, hijos míos!", y se hundió en una silla que estaba cerca, y enterró la cara entre las manos. Su dolor encontró alivio en un torrente de lágrimas. Su esposa también lloró.

Tomando la mano temblorosa de su marido, le dijo: "¿No me has dicho hace un momento que era mi deber devolver inmediatamente el tesoro que me había sido confiado, tan pronto como su dueño viniera a buscarlo? Dios nos dio estos dos pequeños para que se los guardásemos, hasta que viniese a pedirnos que se los devolviésemos. Hoy ha venido a buscarlos. Devolvámoslos, pues, de buen grado, ya que le pertenecen a Él y no a nosotros".

El buen hombre se arrodilló junto a la cama, y con las manos y los ojos levantados al cielo, gritó: "El Señor ha dado, el Señor ha quitado; ¡bendito sea el nombre del Señor!".

Al día siguiente los depositó en la tumba. Las lágrimas caían de sus ojos, porque amaba a sus hijitos; pero su corazón estaba tranquilo y resignado a la santa voluntad de Dios.

Desde aquel día hasta el final de sus vidas, el maestro de escuela y su esposa vivieron en la práctica de la piedad, amando a Dios con todo su corazón y siendo amados por todos sus vecinos. Sus cuerpos yacen ahora junto a los de sus hijos en el cementerio del pueblo, y sus almas están, esperemos, reunidas con sus pequeños en el cielo, según la promesa de Nuestro Señor: "El que haga la voluntad de mi Padre que está en los Cielos, entrará en el Reino de los Cielos".

Capítulo 41: Nuestra perfección consiste en hacer la voluntad de Dios

Tu perfección, hija mía, consiste en cumplir los deberes del estado de vida en que Dios te ha colocado, y de tal manera que Le agrade.

EL EMPERADOR QUE QUISO SER MONJE.

Enrique, emperador de Alemania, era un príncipe amado por todos sus súbditos, no sólo por la firmeza y dulzura con que los gobernaba, sino también por su piedad y valor. Había salido victorioso en muchas batallas y gozaba de grandes riquezas.

Pero todas estas cosas carecían de valor a sus ojos; aspiraba a riquezas más elevadas y duraderas.

Había, a poca distancia de su palacio, un monasterio del que era abad el beato Ricardo. A menudo Enrique iba allí para pasar algún tiempo en oración, y para hablar con los monjes sobre cosas celestiales. A menudo también lamentaba su elevada posición en la vida, que le impedía renunciar por completo al mundo, para vivir en aquella santa soledad donde ya estaba su corazón.

Un día, mientras entraba en el monasterio acompañado por el Abad y Haimon el Obispo, de repente se quedó quieto, como si un gran pensamiento hubiera venido a su mente. Al final gritó: "Este es el lugar de mi reposo; aquí habitaré para siempre".

El Obispo llevó aparte al Abad y le dijo: "¿Has observado las palabras que acaba de pronunciar el Emperador? Por fin ha decidido renunciar a la corona y al cetro y hacerse monje. Ahora bien, si cedéis a su petición y lo recibís entre vuestros hermanos, el imperio que Dios le ha confiado sufrirá una pérdida que nada podrá reparar."

El abad se quedó pensativo unos instantes. "Ya sé lo que haré", dijo; "satisfaré el piadoso deseo del Emperador y, al mismo tiempo, preservaré la paz del Estado".

Entonces reunió a todos los monjes, y en su presencia preguntó al Emperador lo que pensaba hacer.

Enrique rompió a llorar. Pensó que por fin se le iba a conceder su gran deseo. "Venerable Padre y hermanos," exclamó, "he resuelto abandonar las vanidades del mundo, y pasar el resto de mis días en esta santa casa en soledad y oración, para poder salvar mi alma."

El Abad le dijo: "Entonces, ¿me prometes que, según la regla de esta casa, y según el ejemplo de Jesucristo, serás obediente en todo hasta el día de tu muerte?".

"De todo corazón lo prometo", respondió el Emperador.

"Entonces", dijo el Abad, "te recibo en este monasterio, y te admito entre el número de mis monjes, y desde este día yo mismo me haré cargo de tu alma. Pero debes prometerme de nuevo que harás todo lo que te ordene, en el Nombre de Dios".

Enrique prometió una vez más.

"Es, pues, mi voluntad, y te ordeno en el Nombre de Dios que vuelvas a tu palacio, y continúes gobernando el imperio que Dios te ha confiado, para que con tu vigilancia y tu celo procures la salvación eterna de tus súbditos."

Enrique, que nunca esperó recibir esta orden, rompió a llorar; pero, viendo ahora que era la santa voluntad de Dios que fuera colocado en un trono, obedeció alegremente.

Vidas de los Santos, 15 de julio.

CÓMO SE HIZO PERFECTO.

En cierto monasterio de España vivía, en el siglo XIV, un monje muy humilde, que con sus oraciones obraba muchos milagros.

Todos se asombraban de ello, porque, aunque era un hombre muy bueno, no había en él nada muy maravilloso, y los demás monjes del monasterio parecían ser tan buenos y fervorosos como él.

Un día, el Superior lo llevó aparte y le pidió que le dijera qué era lo que él hacía más que los demás monjes, para que Dios lo eligiera para obrar milagros tan maravillosos.

"Padre -respondió-, yo mismo me asombro de ello, y no sé la razón: Soy un gran pecador, y he hecho mucho para ofender a Dios en mi vida, y sin embargo Él se complace en elegirme para hacer estas grandes cosas."

"Pero, hijo mío", dijo el Superior, "¿no haces en secreto algunas grandes penitencias, o rezas algunas largas oraciones? porque me parece que debes hacer algo más que los demás, para ser tan altamente favorecido por Dios."

"No, padre -respondió-; no sé nada; no hago grandes penitencias, ni rezo más oraciones que los demás. Me contento con intentar hacer todo lo posible para cumplir la voluntad de Dios. Cuando estoy enfermo, digo a Dios: 'Oh Dios mío, hágase Tu voluntad'. Cuando mis superiores me dicen que haga esto o aquello, considero que es la voz de Dios mismo la que oigo, y lo hago inmediatamente, aunque no me guste, y siempre digo: "¡Oh Dios mío, hágase Tu voluntad!"".

"Pero, hija mía", dijo el abad, "¿qué hiciste el otro día, cuando vino ese enemigo nuestro y prendió fuego a la casa, que nos causó tan grandes pérdidas?".

"Padre -respondió el humilde monje-, recé el Padrenuestro, y cuando llegué a estas palabras: "Hágase tu voluntad en la tierra como en el Cielo", pensé que era la santa voluntad de Dios que nos sucediera esta aflicción; y volví a decir: "Dios mío, hágase tu voluntad en la tierra como en el Cielo".".

El Abad vio en seguida que la razón por la que Dios amaba tanto a este buen monje era por su humilde sumisión a su santa voluntad, y que era tan perfecto por ser tan obediente.

Seamos nosotros lo mismo, obedientes y sumisos a la santa voluntad de Dios, y si Dios no nos da el don de los milagros, al menos nos concederá gracias tan grandes o más.

Schmidt: Cat. Historique.

EL SACERDOTE Y EL MENDIGO.

Thaulerius, un religioso de la Orden de Santo Domingo, un hombre muy culto y elocuente, había rogado fervientemente a Dios durante muchos años que le enviara un ángel, o algún gran santo, que le mostrara el camino para llegar a ser perfecto.

Un día, cuando estaba en la iglesia haciendo sus oraciones, oyó una voz que le dijo: "Cuando salgas de la iglesia, te encontrarás con una persona que te mostrará el camino para llegar a ser perfectísimo".

Lleno de alegría, se levantó en seguida y salió, esperando encontrar a algún gran santo o sabio que le dijera lo que tanto deseaba saber.

Mientras estaba de pie en los escalones que conducen a la iglesia, mirando a todos lados por la persona que había venido a buscar, vio sentado allí a un pobre anciano, con apenas ropa para cubrirlo, y éstos eran sólo harapos; su cuerpo estaba todo cubierto de llagas, y muy repugnante a la vista.

Thaulerius le dijo: "Buenos días, mi pobre hombre".

"Reverendo padre", respondió, "nunca he visto un mal día".

El monje quedó un tanto sorprendido ante esta inesperada respuesta, y, pensando que el pobre hombre no le había oído bien, añadió: "¡Que Dios te conceda todo bien!" "Dios me ha enviado cosas buenas durante toda mi vida", respondió. Thaulerius, mirando la miserable apariencia del hombre, le dijo de nuevo: "¡Que Dios, pues, te haga siempre feliz!".

"Gracias, querido padre, por tus amables deseos", dijo el mendigo; "pero siempre he sido muy feliz, y, además, Dios siempre me ha dado todo lo que podía desear."

"Bien, eso es ciertamente extraño", dijo el monje; "pero dime cómo puede ser; dime cómo puede ser posible que tú que eres tan pobre y tan miserable puedas decir que siempre has recibido cosas buenas de Dios; que Él te ha dado todo lo que deseabas, y que siempre has sido feliz."

"Reverendo Padre -respondió-, todo es muy cierto; nunca en mi vida he tenido un mal día ni una desgracia. ¿Por qué se asombra de esto? ¿Acaso todo lo que ocurre en este mundo, sea agradable o desagradable, no viene de la mano de Dios? ¿No es Dios mi Padre? ¿Y no sabe Él lo que es mejor para mí, su hijo?

"Este pensamiento me hace estar siempre contento, y me uno estrechamente a Dios, y trato de ser uno con Él, mi querido Padre celestial; de modo que la voluntad de Dios es mi voluntad, y todo lo que le agrada a Él me agrada a mí, porque estoy seguro de que Él siempre sabe mejor lo que es bueno para mí.

"Si tengo hambre, alabo a Dios; si tengo frío, también doy gracias a Dios; si el viento es tempestuoso y la lluvia cae sobre mí, y si la enfermedad me aflige. Estoy contento, porque sé que Dios así lo quiere. Si los hombres se burlan de mí, si me persiguen, y si el Diablo me asedia, sigo contento, porque sé que Dios, mi Padre, todo lo ve, y me recompensará; y que ni el Diablo ni toda la malicia de los hombres podrán jamás hacerme daño, puesto que Dios vela por mí.

"¿Y quién soy yo, para que se me ocurra preferir mi voluntad a la de Dios? Él es mi Creador, y yo su criatura; y ¿no me amó mucho cuando murió por mí en la cruz? ¿Cómo es posible, entonces, que me mande algo que me haga daño? Oh, no! Estas cosas que tú llamas desgracias, como mi pobreza y mi miseria, no son males, sino un gran bien, porque me procurarán el Cielo.

"Por el contrario, las cosas que la gente del mundo llama buenas son verdaderos males, porque nos impiden ir a Dios. Me es, pues, indiferente todo lo que Dios me envía, porque sé que todo lo que me envía es para bien y ha de ser para mi bien.

"Ahora, dígame, buen Padre, ¿no tenía yo razón al decir que nunca he tenido un mal día, ni nunca podré tenerlo, mientras me mantenga resignado a la santa voluntad de Dios?".

"Pero, buen hombre", dijo el monje, "si después de todo esto Dios te condenara al fuego del infierno, ¿estarías entonces contento?".

"¡Dios me condene al fuego del infierno por tratar de agradarle! Jamás, Padre; Él nunca podría hacer eso. Pero aunque Dios quisiera esto, yo tengo dos brazos, y con estos dos brazos me agarraría a Él, y me lo llevaría conmigo, y ciertamente preferiría estar en el infierno con Dios que en el cielo sin Él. Pero no tengo miedo de eso, porque el Infierno fue hecho, no para aquellos que tratan de hacer la santa voluntad de Dios, sino sólo para aquellos que voluntariamente se rebelan contra ella."

Este pobre hombre fue el que Dios envió al docto teólogo para enseñarle cómo llegar a ser perfecto, y si nosotros hacemos como él, también seremos perfectos y llegaremos al Cielo; porque Jesucristo, como hemos oído a menudo, ha dicho expresamente: "El que haga la voluntad de mi Padre que está en los Cielos, ése entrará en el Reino de los Cielos".

Blosius: Append. c. 1.

BEATA CATALINA DE GÉNOVA: UNA SANTA EN EL MUNDO.

La beata Catalina de Génova, aunque vivía en medio del mundo y de sus atractivos, llevaba vida de religiosa en un convento.

Un día, un religioso le dijo: "¿Por qué no renuncias del todo al mundo y abrazas la vida religiosa? pues estando retirada del mundo y de sus alrededores, podrías amar a Dios con más fervor y servirle con mayor devoción".

Ella respondió con palabras de santa indignación: "¿Cómo puedes decirme estas palabras? ¿No estamos mejor en el lugar al que Dios nos ha llamado? Hasta este momento ninguna criatura ni cosa creada me ha impedido amar a Dios tanto como he querido y tanto como he podido."

Nuestra perfección, hija mía, no consiste, pues, en ningún estado particular de vida, sino en vivir piadosamente en aquel estado en que Dios desea que le sirvamos.

Mansi: Disc. vi., n. 8.

Hija mía, parece imposible a los ojos del mundo, y aun a los buenos cristianos les parece a primera vista muy difícil, ser sumisos a la santa voluntad de Dios en muchos de los sucesos de esta vida; pero en realidad no es así; porque Dios nos ha prometido darnos siempre gracia suficiente para cumplir lo que nos exige; y por eso se hace no sólo posible, sino fácil, considerando la recompensa prometida a los que hacen la voluntad de Dios en la tierra como se hace en el Cielo.

SANTA JUANA FRANCISCA RENUNCIA AL MUNDO ANTE LA LLAMADA DE DIOS.

Santa Juana Francisca de Chantal, habiendo perdido a su amado esposo, creyó oír, y oyó realmente, la voz de Dios en su corazón diciéndole las palabras que Él, en las lejanas edades del pasado, había dicho a Abraham: "Sal de tu tierra y de tu parentela y de la casa de tu padre, y ven a la tierra que yo te mostraré" (Gen. xii. 1).

Obedeciendo a la voz de Dios, tomó la resolución de renunciar al mundo y a todas las comodidades que hasta entonces había disfrutado; y tan pronto como le fue posible comenzó a cumplir su designio.

Pero, ¿quién puede describir la consternación de su familia cuando les comunicó que pronto los abandonaría para siempre? ¿Quién puede describir el dolor que llenó su propio corazón cuando consideró en detalle el sacrificio que estaba a punto de hacer? Los pobres, que la veneraban como a su benefactora, expresaron su dolor con fuertes lamentos. Los criados y domésticos que la servían suspiraban y lloraban. Sus parientes, que confiaban en ella como su consejera en todas las dificultades; su familia, que la amaba como sólo los niños devotos y obedientes saben amar, estaban todos consternados. Su padre, ya muy entrado en años, que la había considerado como su único sostén en el ocaso de sus días, le rogaba que no lo abandonara.

Ella se sintió conmovida hasta lo más profundo de su ser cuando le llegaron estos angustiosos gritos, pero no se inmutó en su determinación. Dios la había llamado: "Sal de la casa de tu padre", le había dicho, y ella obedeció.

Todavía le quedaba una prueba, y era la mayor de todas. Su hijo, que no había cesado de llorar desde que le habían dado la terrible noticia, y que había rogado continuamente a Dios que no permitiera que su madre le abandonara, hizo un último esfuerzo para vencer su constancia.

"Oh, madre mía, amadísima y más querida que nada en la tierra -dijo, postrándose a sus pies el día de su partida-, no puedes negarte a la ferviente petición de quien te debe su propia existencia. Puesto que mis lágrimas y mis súplicas han sido hasta ahora infructuosas, y puesto que estás decidida a dejarme, sólo será pasando por encima de mi cuerpo postrado a tu puerta. No puedo deteneros por la fuerza, pero seré la primera víctima que inmoléis". Diciendo estas palabras, se arrojó al suelo ante la puerta, de modo que para poder salir fuera fuera necesario que ella pasara por encima de él.

Su madre, al llegar al lugar, se detuvo un instante; su valor pareció por un momento abandonarla; sus ojos se llenaron de lágrimas, mientras su afectuoso corazón se desgarraba en su interior.

Pero Dios la sostuvo con su gracia, y la gracia triunfó sobre la naturaleza. Dios le habló en su corazón, y ella venció. Con valentía pasó por encima de él cuando yacía en su camino, y obtuvo la victoria, una victoria que el mundo no puede comprender, ante la cual la naturaleza está consternada, y ante la cual incluso la religión misma está asombrada. Esa victoria, obtenida por amor de Dios, le aseguró a su debido tiempo una recompensa, el ciento por uno en esta vida y la felicidad eterna en la otra.

Que podamos decir siempre con la misma resignación: "¡Que se haga Tu voluntad en la tierra como en el Cielo!".

De su Vida.

Capítulo 42: Todas las cosas están dispuestas para nuestro bien

A quellas cosas que la gente llama desgracias son a menudo señales del amor especial que Dios nos tiene. Hija mía, tu Padre celestial sabe siempre lo que es mejor para ti.

VENENO EN UNA FLOR.

Una dama inglesa fue de su país a la India, donde fue durante algún tiempo huésped de un oficial francés.

Una mañana salió sola al jardín para disfrutar del aire matinal. Mientras paseaba entre los alegres parterres, vio una flor de un color bellísimo; se acercó a ella, la arrancó y se puso a olerla.

Apenas había hecho esto, cuando un negro que estaba en el jardín saltó rápidamente a su lado y, arrebatándole la flor de la mano, la hizo pedazos y la arrojó a una zanja. Le dijo unas palabras que ella no entendió y se marchó corriendo.

La señora se enfadó mucho por la grosería del esclavo. En cuanto entró en la casa, le contó al amo el insulto que acababa de recibir. Inmediatamente se mandó llamar al esclavo para castigarlo por su falta.

Pero en pocas palabras, pronunciadas en la misma lengua en que se había dirigido a la dama, el esclavo explicó a su amo por qué había hecho lo que al principio le pareció tan grosero, y le demostró que, de no haberlo hecho, la dama habría sido con toda seguridad envenenada.

La flor que la dama había arrancado era una que, aunque muy hermosa a la vista, contenía el veneno más mortífero. El esclavo, al ver que la dama arrancaba la flor, y no pudiendo hacerle comprender con palabras el peligro que corría, no vio otra manera de salvarla de la muerte que arrebatándole la flor de la mano, como él había hecho, y destruyéndola.

Cuando la dama oyó esta explicación, en vez de enfadarse con el buen hombre, le agradeció su bondad y le dio una buena recompensa.

SCHMIDT.

"¡TU DINERO O TU VIDA!"

Un rico comerciante regresaba a su casa desde cierta ciudad con una gran suma de dinero en la cartera. Iba a caballo. El camino era largo y solitario, y apenas había emprendido la vuelta a casa, cuando la lluvia, que desde hacía algún tiempo amenazaba, empezó a caer a cántaros, y no tardó en mojarse por completo.

"Dicen que Dios es bueno con nosotros, y que todo lo ordena para nuestro bien. Pero, ¿qué bien puede salir de esto? Ya estoy a punto de ahogarme, y todavía tengo que recorrer muchas millas antes de llegar a un refugio. Creo que Dios habría actuado mucho más sabiamente si me hubiera permitido llegar a mi casa antes de enviar semejante diluvio de agua".

Mientras el caballero hablaba así, llegó a una parte del camino bordeada a ambos lados por un espeso bosque. En este lugar se habían cometido a menudo robos, porque la espesura del bosque daba cobijo a los ladrones.

La oscuridad de la noche, que se hacía cada vez más profunda, y la oscuridad del tiempo, hicieron que el caballero estuviera ansioso por llegar al otro extremo del bosque, por lo que empezó a cabalgar más deprisa para alcanzarlo cuanto antes.

Pero no había ido muy lejos, cuando el caballo se paró de repente y tiró a su jinete. El caballero apenas tuvo tiempo de recuperar su montura, cuando vio en medio del camino a un hombre disfrazado de pies a cabeza, con una pistola en la mano.

"¡Su dinero o su vida!" fueron las palabras que llegaron a oídos del caballero y le hicieron estremecerse.

En un instante echó espuelas a su caballo, pensando pasarle al galope. Pero el ladrón, previendo esto, levantó su pistola y disparó. El caballero cerró los ojos al ver el destello en la oscuridad y, pensando que había llegado su última hora, encomendó su alma a Dios. Todo fue obra de un instante.

Pero no murió de un disparo; ni siquiera resultó herido. Abrió los ojos, vio al hombre todavía de pie ante él, y le oyó pronunciar palabras de blasfemia y maldición. La pistola no había disparado, porque la lluvia que había caído tan fuerte había mojado la pólvora mientras el rufián la cargaba.

El caballero vio de un vistazo lo que había ocurrido, y antes de que el ladrón tuviera tiempo de abalanzarse sobre él, galopó hacia adelante, y pronto estuvo fuera de todo peligro. No miró atrás ni una sola vez hasta llegar a su casa.

Su mujer y sus hijos le vieron entrar, pálido y tembloroso, y, pensando que le había sucedido alguna terrible desgracia, le pidieron con acentos apresurados que les dijera de qué se trataba.

"Estoy a salvo", dijo, "y sin ninguna herida. Pero si no hubiera sido por el diluvio de lluvia, que me pareció una gran desgracia cuando emprendí el viaje, nunca habría llegado vivo a casa".

Luego les relató su aventura en el bosque y su escapada por los pelos de la muerte. Terminó con estas palabras: "Cuán insensato fui al quejarme del tiempo que Dios envió, y cuán bueno fue Él al haber enviado una lluvia tan fuerte, que con toda seguridad fue la causa de que me salvara de la muerte. Es evidente que el ladrón, quienquiera que fuese, sabía que yo iba a pasar por allí con una gran suma de dinero. Si la pistola se hubiera disparado, yo o el caballo en que cabalgaba habríamos resultado heridos por lo menos, y sin duda me habrían matado, pues habría sido una tontería esperar que un villano tan desesperado me perdonara la vida.

"Que esto os sirva de lección, mis queridos hijos -continuó, dirigiéndose a sus pequeños, que, por la alegría de su huida, le habían rodeado con sus brazos-; Dios, en efecto, ordena todo para bien, aunque a veces no podamos ver la razón de ello. Cada vez que recéis la petición del Padrenuestro: "Hágase tu voluntad", pensad en esto: Si hoy no hubiera llovido, la pólvora no se habría mojado, y ahora no tendrías un padre que te volviera a hablar, ni al que aferrarte como lo estás haciendo ahora."

Catech. en Ejemplos.

"GRACIAS SEAN DADAS A DIOS".

Un joven se dirigía al barco que debía llevarlo de Francia a Inglaterra.

Desde su más tierna infancia, sus padres le habían enseñado a someterse en todo a la santa voluntad de Dios, y a ver en todo lo que sucedía la obra de Dios.

Para tener esto siempre presente, tenía la costumbre de decir cada vez que le sucedía algo bueno o malo: "Esto es para mi mayor bien: gracias sean dadas a Dios."

El barco estaba a punto de dejar sus amarras, y el joven empezó a correr para poder alcanzarlo a tiempo. Pero, como tenía los ojos fijos en el barco, no vio un bloque de madera que yacía en la calle. Tropezó con él en su precipitación y cayó al suelo. Una pesada caja que llevaba al hombro cayó sobre su pierna y se la partió en dos.

Sus primeras palabras fueron, como de costumbre: "Esto es para mi mayor bien: gracias a Dios".

La gente que vio el accidente, y que corrió a levantarlo, se asombró al oírle decir estas palabras. Uno de ellos le dijo: "¿Cómo es posible que este accidente, que te ha impedido seguir tu viaje, sea por tu mayor bien?".

"No puedo decíroslo", respondió, "pero Dios lo sabe; y aunque nunca sabré por qué me ha impedido proseguir este viaje, que yo creía tan necesario e importante, ciertamente lo ha querido, y eso me basta. Que se haga su bendita voluntad".

Algunos se rieron de él y dijeron que era tonto, pero otros, con mejores sentimientos, se sintieron muy edificados.

Mientras tanto, el barco zarpó sin él, y fue llevado a casa.

Durante aquella noche se levantó un terrible vendaval, tan común en aquella costa, y al día siguiente se informó de muchos naufragios. Entre las embarcaciones perdidas estaba aquella en la que el joven debía haber zarpado hacia Inglaterra.

"¿No tenía yo razón -dijo al enterarse del desastre- al decir que Dios me envió una pierna rota para mi mayor bien? ¿No veis que si hubiera podido alcanzar el barco, ahora estaría en el fondo del mar?".

El pueblo vio en este suceso cuán sabios son los caminos de la providencia de Dios, y cuán felices son los que se someten en todo a su bendita voluntad. Será también para ti, hija mía, una lección; procura pensar en esto cada vez que reces estas palabras del Padrenuestro: "Hágase tu voluntad así en la tierra como en el cielo".

Schmidt: Catch. Hist., i. 123.

Capítulo 43: "Tal como es en el cielo".

Había un niño pobre llamado Bartolomé, que vivía en Ulm a principios del siglo XVII. Sus piadosos padres le enseñaban todos los días cómo debía servir a Dios, para poder poseerlo en el Cielo para siempre; y el niño se esforzaba cada día por guardarse de todo mal, y hacerlo todo por Dios.

Cuando tenía unos once años, estalló en aquel país una terrible peste, que se llevaba diariamente a gran número de personas. Bartolomé fue alcanzado por ella. Mientras yacía en su camita, sufriendo y preparándose para morir, dijo a Dios: "¡Oh Dios mío, qué poco es todo lo que hay en este mundo! No puedo llevarme nada más que las buenas obras que he hecho para tu gloria. Ah, son muy pocas, es verdad, pero Tú sabes, oh Dios mío, que he procurado alejarme de las más pequeñas faltas, y que Te amo sobre todas las cosas. Oh, ten piedad de mí, mi querido Padre Celestial, y si has decretado sacarme de este mundo por esta enfermedad, recíbeme, te lo suplico, en tu paraíso, donde podré ser feliz para siempre contigo, y complacerte en consolar a mis padres cuando me haya ido. Hágase tu voluntad en la tierra como en el cielo".

Bartolomé se recuperó de su enfermedad; pasó toda su vida al servicio de Dios, y murió felizmente en el año 1658.

Hijo mío, que tu único deseo en esta vida sea como el suyo, vivir con Dios aquí, para poder vivir eternamente con Él en el Cielo.

Parte 7: "Danos hoy nuestro pan de cada día".

Capítulo 44: Nuestra dependencia de Dios para todo

"Danos hoy nuestro pan de cada día" es la cuarta petición del Padre Nuestro. Cuando decimos estas palabras, pedimos a Dios que nos dé cada día todo lo necesario para nuestras almas y nuestros cuerpos.

Cuando decimos "Danos", reconocemos humildemente que Dios es el Dueño de todas las cosas, y que si deseamos algo, es a Él a quien debemos pedírselo, porque de nosotros mismos no tenemos nada; todo debe venir de Dios. Pidámosle, pues, con confianza el pan nuestro de cada día, al rezar esta petición del Padrenuestro.

EL BEATO CURA DE ARS SOBRE ESTA PETICIÓN.

"Estamos compuestos de dos partes, hijos míos: tenemos un alma y un cuerpo. Pedimos a Dios que nos dé el alimento necesario para nuestro pobre cuerpo, y Él nos responde haciendo que la tierra produzca lo necesario para mantenerlo.

"Pero también le pedimos que alimente nuestra alma, que es la parte mejor de nosotros. Pero la tierra no puede hacer esto; es demasiado poca; tiene hambre de Dios, y sólo Dios puede satisfacerla. Por eso el buen Dios no consideró excesivo venir a este mundo y tomar un cuerpo como el nuestro, para que ese cuerpo se convirtiera en el alimento de nuestras almas. 'Mi carne es verdadera carne', dice Jesucristo, 'y el pan que os daré es mi carne para la vida del mundo'.

"El alimento que necesitamos para nuestras almas está en el sagrario. ¡Oh, qué hermoso es esto, hijos míos! Cuando el sacerdote toma en sus manos la Sagrada Hostia y os la muestra, vuestra alma puede decir verdaderamente: '¡Este es mi alimento!'.

"¡Oh, hijos míos, tenemos demasiada felicidad! Sólo cuando lleguemos al Cielo podremos comprenderlo. Qué pena!"

De su vida.

EL OBISPO Y EL HUMILDE JARDINERO.

Monseñor de Flammeville, obispo de Perpiñán, se encontró un día con un jardinero que volvía a casa por la tarde de su trabajo.

Durante la breve conversación que mantuvo con él, le preguntó de qué manera servía a Dios y cómo rezaba sus oraciones.

El humilde hombre respondió que no era erudito, y que no podía decir largas oraciones, pero que trataba de hablar a su Padre Celestial como un niño pequeño lo hace con su padre en este mundo a quien ama. "Le hablo con palabras como éstas: Padre mío que estás en los cielos, ¡qué feliz soy de tenerte por Padre, y qué gozo siento al pensar que el cielo será un día mi morada! Dame tu gracia para que me muestre siempre como un hijo digno de Ti. No permitas que haga nada que me impida verte en el Cielo.

"Y puesto que me has mandado que te pida el pan de cada día, te ruego que me des tres clases de pan. En primer lugar, dame el pan de tu Divina Palabra, para que aprenda lo que debo hacer para darte el mayor placer; luego, ten a bien darme a menudo el Cuerpo y la Sangre de tu amado Hijo Jesús para que sean el alimento de mi alma; y, por último, concédeme lo que consideres necesario para mi cuerpo, a fin de que pueda vivir para tu honor y gloria."

El Obispo, lleno de asombro y admiración al ver tan sublime conocimiento en alguien tan humilde, dijo, con lágrimas en los ojos: "¡Ojalá los grandes y los sabios de este mundo rezaran como tú!".

LA FE DE UN NIÑO.

En cierta ciudad de Holanda vivía una viuda muy pobre, que tenía una familia numerosa. Una noche sus hijos fueron a verla y le dijeron: "Oh madre, ¿no tienes pan para nosotros esta noche? Tenemos mucha hambre".

La pobre mujer se echó a llorar y no pudo responderles. Cayó de rodillas y, levantando los ojos llorosos al cielo, rogó a su Padre que no permitiera que sus pequeños murieran de hambre.

Cuando se levantó de sus rodillas, su hijo mayor, un niño de unos ocho años, le susurró suavemente: "Querida madre, ¿no nos leíste hace poco que Dios envió una vez un cuervo para alimentar a uno de sus profetas cuando tuvo hambre como nosotros?".

"Ah, sí, querida niña", dijo ella; "pero eso fue hace mucho, mucho tiempo; y, además, era un hombre muy santo a quien Dios alimentó de esa manera."

"Pero, madre", dijo el niño, "¿no podría Dios hacer hoy lo que una vez hizo hace mucho tiempo? ¿Y no somos nosotros tan hijos suyos como el profeta? Iré a abrir la puerta, y tal vez nos envíe también un cuervo con pan".

Así que el niño, con su fe sencilla, fue a la puerta y la abrió. La luz de la lamparilla de la cabaña brilló a través de la puerta abierta sobre el sendero que conducía hacia ella.

Sucedió que un caballero que estaba de viaje pasó cerca del lugar, y al ver la luz encendida en la cabaña a una hora tan tardía, y la puerta abierta de par en par, pensó que debía de haber algo raro; así que entró y les preguntó la razón.

La viuda le contestó que su hijito había abierto la puerta, y le contó lo que acababa de decir, y que esperaba que el cuervo viniese a verlos y les trajese algo de comer.

El caballero se sentó y, tomando al niño a su lado, lo acarició. "Querido hijo -le dijo-, Dios no te ha enviado un cuervo con pan, sino que ha escuchado tus plegarias y me ha enviado a mí en su lugar. Ven conmigo, y te daré ese pan que con tanta confianza esperabas recibir".

Condujo, pues, al muchacho a una aldea, y le procuró pan suficiente para aquella noche. También le dio una suma de dinero para que comprase pan suficiente para muchos días.

Cuando aquella pequeña familia hubo saciado su hambre, se arrodillaron para dar gracias a su Padre del Cielo, que envía ayuda a quienes se la piden con confianza en sus necesidades. El buen caballero prosiguió su camino, feliz al pensar que Dios le había elegido para esta buena obra, y los niños rezaron aquella noche por él con estas palabras: "Quiérete, Señor, dar a nuestro bondadoso bienhechor, por amor de tu Nombre, la vida eterna".

Capítulo 45: Dios quiere que trabajemos por nuestro pan de cada día.

Aunque debemos rogar a Dios por todo lo que necesitamos, ya que, como dice Santiago, "todo don mejor y todo don perfecto viene de lo alto, desciende del Padre de las luces", sin embargo, es voluntad de Dios que trabajemos y hagamos lo que podamos, por nuestra parte, para recibir los dones que pedimos; porque Dios nos ha dado a todos ciertos talentos, y es su santa voluntad que hagamos uso de ellos, para nuestro sustento temporal.

SAN JOSÉ Y EL NIÑO JESÚS.

El Hijo Eterno de Dios, que fue confiado al cuidado de San José, a fin de que le proporcionara lo necesario para su sustento temporal, ayudó a su padre adoptivo, no haciendo milagros, sino con el trabajo de sus manos. Sabemos que podría haber procurado alimento a la sagrada familia de manera milagrosa, si tal hubiera sido su voluntad, con la misma facilidad con que en tiempos posteriores pudo alimentar con unos pocos panes a los miles de personas que le habían acompañado al desierto; pero no leemos que lo hiciera nunca. Se complació, para nuestro ejemplo, en trabajar en el oficio de carpintero para contribuir al sustento de su humilde hogar.

SAN PABLO TRABAJA CON SUS MANOS PARA SU SUSTENTO.

San Pablo, que había aprendido el oficio de fabricante de tiendas, trabajó en él no pocas veces durante su apostolado. Así escribe a los Tesalonicenses: "Porque vosotros mismos sabéis cómo debéis imitarnos; pues no fuimos desordenados entre vosotros, ni comimos de balde el pan de nadie, sino que, con trabajo y fatiga, trabajábamos de noche y de día, para no ser gravosos a ninguno de vosotros; no como si no tuviéramos poder, sino para darnos a nosotros mismos por modelo para que nos imitaseis. Porque también cuando estábamos con vosotros, esto os anunciábamos: que si alguno no quiere trabajar, tampoco coma."

Y cuando se despedía por última vez del clero de Éfeso, dijo: "No he codiciado la plata, el oro ni los vestidos de nadie, como vosotros mismos sabéis; porque lo necesario para mí y para los que están conmigo, lo han suministrado estas manos. Os lo he enseñado todo, cómo, trabajando así, debéis sostener a los débiles, y acordaros de la palabra del Señor Jesús, que dijo: 'Más bienaventurado es dar que recibir'."

Hechos de los Apóstoles xx. 33.

Capítulo 46: El alimento de nuestras almas es, en primer lugar, la Sagrada Eucaristía

Puesto que el alma es incomparablemente más preciosa que el cuerpo, debemos, sobre todas las cosas, pedir aquel alimento que es necesario para su mantenimiento.

El alimento del alma es, en primer lugar, Nuestro Señor mismo en la Sagrada Eucaristía, y debemos recibirlo diariamente al menos en espíritu y deseo.

"YO SOY EL PAN VIVO".

"Viendo, pues, la multitud que Jesús no estaba allí [en las naves que venían de Tiberíades], ni tampoco sus discípulos, se embarcaron y vinieron a Cafarnaún, buscando a Jesús. Y encontrándole al otro lado del mar, le dijeron: 'Rabbí, ¿cuándo llegaste aquí?

"Respondió Jesús y dijo: 'En verdad, en verdad os digo que me buscáis, no porque hayáis visto milagros, sino porque comisteis de los panes y os saciasteis. No os afanéis por la comida que perece, sino por la que permanece para vida eterna, la cual os dará el Hijo del hombre. A Él ha sellado Dios Padre'.

"Le dijeron, pues: '¿Qué haremos para obrar las obras de Dios?'

"Respondió Jesús y les dijo 'Esta es la obra de Dios: que creáis en Aquel a quien ha enviado.'

"Ellos le dijeron: '¿Qué señal, pues, muestras para que veamos y te creamos? ¿Qué obras? Nuestros padres comieron maná en el desierto, como está escrito: Les dio a comer pan del cielo'.

"Entonces Jesús les dijo: En verdad, en verdad os digo: Moisés no os dio pan del cielo, pero mi Padre os da el verdadero pan del cielo. Porque el pan de Dios es el que desciende del Cielo y da vida al mundo.'

"Le dijeron, pues: 'Señor, danos siempre este pan'.

"Y Jesús les dijo: 'Yo soy el Pan de vida: el que a Mí viene, no tendrá hambre; y el que en Mí cree, no tendrá sed jamás. . . .'

"Los judíos, pues, murmuraban de Él, porque había dicho: 'Yo soy el Pan vivo que ha bajado del cielo. . . .'

Respondió, pues, Jesús, y les dijo No murmuréis entre vosotros. Nadie puede venir a mí, si el Padre que me envió no le trajere; y yo le resucitaré en el día postrero. . . . Yo soy el Pan de vida. Vuestros padres comieron maná en el desierto, y están muertos. Este es el Pan que desciende del Cielo, para que el que coma de él no muera. Yo soy el Pan vivo que ha bajado del Cielo. Si alguno comiere de este pan, vivirá para siempre; y el pan que yo daré es mi carne, por la vida del mundo'.

"Los judíos, pues, discutían entre sí, diciendo: '¿Cómo puede éste darnos a comer su carne?

"Y Jesús les dijo: En verdad, en verdad os digo: si no coméis la carne del Hijo del hombre y no bebéis su sangre, no tendréis vida en vosotros. El que come mi carne y bebe mi sangre, tiene vida eterna; y yo le resucitaré en el último día. Porque mi carne es verdadera comida, y mi sangre es verdadera bebida. El que come mi carne y bebe mi sangre, permanece en mí y yo en él. Como me envió el Padre viviente, y yo vivo por el Padre, así también el que me come vivirá por mí. Este es el pan que descendió del Cielo. No como vuestros padres comieron el maná, y están muertos. El que come este pan vivirá para siempre'.

"Después de esto, muchos de sus discípulos volvieron atrás, y ya no andaban con Él (porque al oír estas palabras, decían: 'Dura es esta palabra, y ¿quién la puede oír?)

"Entonces Jesús dijo a los doce: '¿Queréis iros también vosotros?

"Simón Pedro le respondió: 'Señor, ¿a quién iremos? Tú tienes palabras de vida eterna. Y nosotros hemos creído y hemos conocido que Tú eres el Cristo, el Hijo de Dios".

San Juan vi.

EL ALIMENTO DE LOS FUERTES.

Había en París un rico comerciante que durante mucho tiempo había descuidado sus deberes religiosos y llevaba una vida muy mundana. Había perdido a su mujer pocos años después de casarse, y se había quedado con dos hijas pequeñas. En cuanto alcanzaron la mayoría de edad, las envió a un convento para que fueran educadas por las monjas.

En este feliz hogar recibieron una educación que las preparó para la posición que más tarde ocuparían en el mundo. También aprendieron allí, lo que era aún más importante, a practicar su religión como buenos y piadosos cristianos.

Cuando la mayor de las dos cumplió dieciséis años, su padre la llevó a casa, ya que estaba en edad de ocuparse de los asuntos de la casa.

En casa era tan atenta a sus deberes religiosos como lo había sido en el convento; pero tenía que realizar muchos de ellos en secreto para no disgustar a su padre.

Una mañana su padre salió mucho antes de lo habitual y se encontró con su hija que venía por la calle. Sorprendido al principio de verla allí a una hora tan temprana, le preguntó dónde había estado.

"He ido a la iglesia a oír la Santa Misa", le contestó ella.

"¿Y has comulgado hoy?", le preguntó él en tono airado.

"Sí, mi querido padre, lo he hecho, y he rezado mucho por ti".

"¿Comulgas a menudo?", dijo el padre, aún más enfadado.

"Sí, queridísimo padre, voy muy a menudo -respondió ella-, y es allí donde saco fuerzas y valor para cumplir con todos mis deberes en casa."

El padre volvió la cabeza y no habló. Cuando su hija levantó la vista, vio lágrimas en sus ojos; y cuando pudo hablar, dijo, con voz entrecortada por la emoción: "¡Oh, qué felicidad para mí tener una hija como tú! Comulga, hija mía, todas las veces que quieras, ya que te hace tan buena y obediente, y sigue rezando por mí." Aquel hombre no se convirtió inmediatamente en un ferviente cristiano, pero en poco tiempo las oraciones de su hija y su buen ejemplo le obtuvieron esa gracia. Todavía vive, y a menudo se le puede ver arrodillado al lado de su hija en el altar sagrado, alimentando su alma con el pan de la vida eterna.

Monseñor de Ségur.

"DEVUÉLVEMELO".

Un día San Francisco de Sales estaba dando la Sagrada Comunión a los fieles en la pequeña iglesia de un pueblo de campo.

Un anciano se acercó al altar para comulgar. El Santo recordó en seguida que le había visto acercarse a comulgar aquel mismo día, en una misa anterior. Entonces le dijo: "Mi buen amigo, ¿no has recibido ya a Nuestro Divino Señor esta mañana?".

"Sí, Padre", respondió el anciano.

"Pues entonces, hijo mío", dijo el Obispo, "no debes comulgar dos veces en un día; así que vuelve otra vez a tu sitio".

"Oh Padre mío", gritó el anciano, "dámelo otra vez; me sentí tan feliz, tan muy feliz en su compañía".

San Francisco no pudo menos de admirar el fervor y la sencillez del buen anciano, y como no podía concederle su petición, le dijo: "Bien, mi querido viejo amigo, vete esta vez, pero vuelve otra vez mañana por la mañana, y te prometo que te daré de nuevo a Nuestro Bendito Señor."

El hombre se marchó consolado; y a la mañana siguiente, en cuanto amaneció, estaba en la iglesia, y tuvo la dicha de comulgar de nuevo.

Esto lo hizo todos los días mientras pudo, y cuando llegó la hora de su muerte no sintió miedo, sino que estaba lleno de alegría; porque vio que ahora estaba a punto de ver cara a cara a Aquel a Quien había recibido tantas veces en la Sagrada Comunión.

Vida de San Francisco de Sales.

UN GRAN PECADOR CONVERTIDO EN UN GRAN SANTO.

En los días de San Felipe Neri había en Roma un estudiante que por mucho tiempo había sido esclavo de ciertos pecados graves. Un día oyó hablar de este gran Santo y de su bondad hacia aquellos que habían caído en grandes pecados. Fue, pues, a confesarse con él, y le dijo que había tenido la costumbre de cometer ciertos pecados muy graves, y que, aunque había tratado muchas veces de abandonar los malos hábitos, nunca había podido conseguirlo.

San Felipe le dijo que se armara de valor, y le pidió que le prometiera hacer lo que él le dijera.

"Sí, Padre -respondió-, se lo prometo. Haré todo lo que me digas con tal de volver a ser bueno".

"Pues bien, hija mía, ahora te daré la absolución, porque estás muy arrepentida de tus pecados, e irás a comulgar mañana por la mañana. Y si sucediera, como ruego a Dios que no suceda, que volvieras a caer en el mismo gran pecado, vuelve a mí en seguida, y te diré lo que debes hacer."

A la noche siguiente, san Felipe vio al mismo joven que volvía a confesarse. Había vuelto a caer. El Santo le ayudó como había hecho antes, le ordenó que volviera a intentarlo, y le dijo, como había hecho el día anterior, que comulgara a la mañana siguiente.

El pobre joven, atacado por una parte por la fuerza de su mal hábito, y por otra por el deseo de volver al servicio de Dios, encontró en la Sagrada Eucaristía tal valor para perseverar, que durante trece días seguidos volvió a San Felipe con la misma triste historia, y siempre se le dijo que comulgara.

Al fin triunfó la gracia de Dios. Jesús, en la Santa Comunión que recibía diariamente, le dio tanta fuerza que pudo desterrar la tentación y permanecer fiel.

No vivió mucho después de su conversión, pero durante el poco tiempo que transcurrió antes de morir, edificó a toda la ciudad con su celo y sus virtudes.

Le gustaba contar en todas las ocasiones la historia de su conversión, para animar a los pobres pecadores y hacer comprender a los jóvenes que su salvación estaba en recibir frecuentemente a Jesucristo en la Sagrada Comunión.

Capítulo 47: La santa gracia de Dios es también el alimento del alma

E l alimento del alma es también la gracia de Dios, que te permite, hija mía, soportar con paciencia las pruebas de este mundo, y ganar así méritos para el Cielo.

LA CARGA DE LA VIDA.

Un anciano iba por el camino con una pesada carga de leña sobre los hombros. La llevaba a su casa, donde sus pequeños nietos esperaban ansiosos su regreso. Pero como era viejo y débil, además de hambriento, le fallaron las fuerzas y cayó al suelo junto a su carga.

"Oh", gritó, "¿no hay nadie que me ayude? Mis hijos tienen frío y hambre en casa, y no soy capaz de llegar hasta ellos para darles lo que necesitan."

Un joven que pasaba por allí oyó estas palabras y, acercándose a él, le dijo: "No te preocupes por tu carga, amigo mío; yo te ayudaré. Pero primero descansemos mientras comemos algo".

Diciendo esto, extendió ante él pan, carne y vino, y, sentándose a su lado, ambos comieron y bebieron.

Terminada la comida, se dispusieron a proseguir el viaje. El joven se despidió de su anciano compañero y se marchó. El anciano se quedó sorprendido y decepcionado. "Creía que iba a ayudarme a llevar mi pesada carga", dijo, "y se ha marchado y me ha dejado solo".

Con el corazón encogido, se inclinó para levantarla, cuando, cosa maravillosa de contar, descubrió que podía llevarla con facilidad. La comida que el joven le había dado lo había refrescado tanto que ahora tenía suficiente fuerza para llevar su carga a casa solo.

Así sucede con la gracia de Dios. No nos quita la carga de la vida, sino que nos da fuerzas para llevarla. De ahí que en nuestras oraciones diarias pidamos a Dios la ayuda que necesitamos para realizar el trabajo que nos ha encomendado cada día, cuando decimos: "Danos hoy nuestro pan de cada día."

Obispo Gilmour.

Capítulo 48: Alimentamos nuestras almas escuchando la Palabra de Dios

Nuestras almas se alimentan también oyendo la Palabra de Dios y leyendo buenos libros. Ay, hija mía, cuántas personas descuidan voluntariamente escuchar las palabras de los que les hablan en nombre de Dios, o leer los libros que están escritos para su instrucción. Exponen sus almas a morir de hambre privándolas de ese alimento que les da a conocer la voluntad de Dios, que les anima en sus tentaciones, y les sostiene en sus pruebas, y también les hace crecer en virtud.

Hijo mío, no seas como ellos; recuerda que Jesucristo dijo: "Bienaventurados los que oyen la Palabra de Dios". Procura, pues, estar en el número de estos bienaventurados.

SAN PEDRO DE ALCÁNTARA Y LA NOBLE DAMA.

En una de las ciudades en las que San Pedro predicaba sus sermones misioneros, vivía una dama de alta alcurnia, que destacaba especialmente por su gran fortuna y su vanidad. Gastaba la mayor parte de su fortuna en bailes, obras de teatro y otras vanas diversiones que el espíritu del mundo sugiere a los que están enamorados de él.

Un día, mientras conversaba con algunas damas de su entorno sobre las maravillosas conversiones efectuadas por la predicación del Santo, les dijo que atribuía estas conversiones a su inestabilidad y a la debilidad de su mente. Pero ellas, por el contrario, dijeron que las consideraban efecto del poder y santidad del predicador, en cuyo elogio se prodigaron tanto que la noble dama sintió en su interior un gran deseo de ir a verle y oírle predicar.

Fue, pues, un día a la iglesia donde el Santo predicaba. Como de costumbre, iba magníficamente ataviada y, entrando en la iglesia con gran dignidad, se colocó cerca del púlpito. Entonces, por primera vez, levantó los ojos hacia él. Pero en aquel momento, ¡qué cambio se produjo en ella! En esta primera mirada contempló ante sí a un hombre cuyo cuerpo estaba demacrado y agotado por las austeridades, y se sintió tan cubierta de vergüenza y confusión, al contrastar su condición con la de él, que se bajó el velo para ocultar su rostro, pues pensó que los ojos del hombre de Dios estaban fijos en ella, reprochándole su conducta despreciable y su amor por el vestido.

Escuchó sus palabras con la mayor atención y, cuando hubo terminado, se levantó y regresó en silencio a su morada. Desde aquel momento comenzó una nueva vida, pues las palabras del Santo le habían mostrado la deplorable condición de su alma. Se despojó de sus joyas y de su soberbio vestido, y adoptó uno más modesto y más propio de una cristiana; luego se apresuró a llegar a la casa donde residía San Pedro, y con profunda humildad se arrojó al suelo a sus pies sin poder pronunciar una sola palabra.

Él la recibió con la más tierna caridad, y con palabras inflamadas por el amor de Dios, la animó a perseverar en la nueva vida que había comenzado. Hizo buena confesión de los pecados de toda su vida, y cambió su prodigalidad en abundantes limosnas; de manera particular se aplicó a la oración y a la mortificación, en el ejercicio de cuyas virtudes perseveró fervorosamente hasta la hora de su feliz muerte.

Vida de San Pedro Alcántara.

EL ERMITAÑO Y SUS CESTAS.

"Padre", dijo un ermitaño un día a su Superior, "¿de qué me sirve ir a oír sermones, porque por más que escucho atentamente las palabras del predicador, nunca consigo retener en la memoria de qué está hablando?".

El Superior, queriendo demostrarle, de una manera que no olvidara, que siempre sacaba algún pequeño provecho de cada sermón que oía, aunque no lo percibiera, le dijo: "¿Qué son estas cosas que llevas en las manos?".

"Dos cestos, padre", respondió.

"Ve, pues, toma uno de estos cestos, y tráeme en él un poco de agua del río de allá abajo".

El ermitaño miró con sorpresa el rostro de su amo para ver si le había entendido bien, pues sabía muy bien que no podía llevar agua en un cesto; pero viendo que parecía hablar en serio, y pensando que debía tener alguna buena razón para darle una orden tan extraña, obedeció, y fue en seguida con el cesto al río.

La sumergió en el agua y, sacándola rápidamente, corrió a toda prisa hacia su amo, pero mucho antes de llegar a él el agua se había agotado.

El Padre le dijo que volviera una segunda y una tercera vez. El obediente hombre así lo hizo, pero el resultado fue el mismo: el cesto estaba siempre vacío antes de llegar al lugar donde se encontraba su Superior.

Cuando lo hizo por tercera vez, le dijo al ermitaño que colocara la cesta al lado de la otra, y le preguntó si veía algún cambio en el aspecto de la cesta, o alguna diferencia entre ésta y la otra.

"No, no veo gran cosa", respondió; "la única diferencia que veo es que la que he metido en el agua parece mucho más limpia que antes, y mucho más brillante que la otra".

"Ah", replicó el padre, "ésa es justamente la diferencia; y lo mismo ocurre con tu alma. Como el cesto no podía contener el agua a causa de las muchas aberturas por donde se precipitaba, y sin embargo se volvía más limpio y más brillante cada vez que se sumergía en el río, así también tu alma, aunque parece que no puede retener la Palabra de Dios, sin embargo saca mucho provecho de oírla: porque te inspira por el momento un odio al pecado y un amor a la virtud, lo que en sí mismo es una gran gracia. Continúa, hija mía, oyendo la santa Palabra de Dios tan a menudo como puedas, pues siempre aprenderás algo acerca de Él que tal vez no sabías antes, u oirás algo acerca de Él que tal vez habías olvidado."

Vit. Patrum.

Capítulo 49: Alimentamos nuestras almas también leyendo buenos libros

A demás de oír la Palabra de Dios, nada hay tan provechoso como leer libros piadosos; éste es otro de los muchos medios que Dios, en su bondad, ha señalado para alimentar nuestras almas.

LA CONVERSIÓN DE SAN JUAN COLUMBINO

San Juan Columbano, que llegó a ser fundador de una Orden religiosa en el siglo XIV, debió su conversión a la lectura de un libro piadoso.

Un día, al llegar a casa, después de haber pasado un ajetreado día en su empleo, y estar por consiguiente cansado y fatigado, preguntó a su mujer si la cena estaba lista. Ella le contestó que no, pero que lo estaría en breve.

Juan se enfadó tanto por esto que, cediendo a su pasión, volcó algunos muebles de la habitación, cerró las puertas con gran violencia y prorrumpió en palabras de terrible imprecación contra su pobre esposa. Ella trató de calmarle, y le dijo con gran mansedumbre: "Ten un poco de paciencia, John; me daré toda la prisa que esté en mi mano, y la cena estará lista en unos minutos. Mientras tanto, siéntate y lee unas páginas de este libro". Al mismo tiempo le entregó la Vida de Santa María de Egipto.

Juan tomó el libro en sus manos y lo arrojó con violencia a la cabeza de su esposa, quien, agachando rápidamente la cabeza, evitó el golpe. La mansedumbre, paciencia y piedad de su digna esposa conmovieron a Columbino, que empezó a avergonzarse de su crueldad hacia ella. Cogió el libro que había caído al suelo, y al principio se contentó con examinar la cubierta. Luego lo abrió para ver cómo era el interior, y finalmente comenzó a leerlo.

En cuanto hubo leído unas pocas líneas, sintió deseos de seguir leyendo. Siguió leyendo en silencio, y a medida que leía el pensamiento de su cena pronto desapareció por completo de su mente, tan grande era el interés que sentía por el libro.

Por fin su mujer se acercó a él y le dijo: "La cena está lista, Juan; ven a comer".

Pero Juan, sin levantar los ojos del libro, le dijo: "Mi buena esposa, ¿tendrías la bondad de esperar un poco hasta que termine lo que estoy leyendo?".

Cuando terminó la parte que estaba leyendo, dejó el libro. Todo había cambiado. Levantó los ojos hacia su mujer, le pidió perdón por su conducta y le rogó que rezara por él, "porque -dijo- voy a hacerme santo. Este libro me ha abierto los ojos y me ha hecho oír la voz del Señor, y estoy decidido a escuchar esa voz."

A partir de ese momento, Juan cambió totalmente de vida y se hizo santo. Su feliz muerte tuvo lugar en el año 1367.

Vida de San Juan Columbino.

Hija mía, San Agustín dice: "Cuando rezamos, hablamos con Dios; y cuando leemos buenos libros, Dios nos habla".

CÓMO SAN IGNACIO SE HIZO SANTO

Ignacio de Loyola era un joven cuya única ambición en la vida era ganarse un gran nombre por su valentía y sus actos de valor. Había olvidado por completo el único gran fin de su creación, y vivía como si no tuviera nada que esperar en el más allá.

Es cierto que no había perdido el don de la fe, pero se había imbuido tanto del espíritu del mundo que todos sus pensamientos estaban fijos en él, y aunque nunca cedió a ningún acto deshonroso ni a nada que manchara su carácter moral, vivía enemistado con Dios y sólo pensaba en los honores, la gloria y los placeres de la vida presente.

Pronto se presentó una ocasión que le dio la oportunidad que siempre había deseado, de ganar renombre. Estalló una guerra entre Carlos V, emperador de Alemania, y el rey de Francia. Ignacio se apresuró a ofrecer sus servicios para ayudar en la defensa de Pamplona contra el ataque del ejército francés, que avanzaba para sitiarla. Su oferta fue aceptada, y el Virrey le dejó en Pamplona, no para mandar, sino para animar a la guarnición. Hizo todo lo que estuvo en su mano para persuadirles de que defendieran la ciudad, pero fue en vano.

Sin embargo, cuando vio que abrían las puertas al enemigo, para salvar su propio honor se retiró a la ciudadela con un solo soldado que tuvo el valor de seguirle. La guarnición de esta fortaleza deliberó igualmente si debían rendirse, pero Ignacio les animó a mantenerse firmes. Los franceses atacaron el lugar con gran furia, y con su artillería abrieron una amplia brecha en la muralla, e intentaron tomarla por asalto. Ignacio se presentó en la brecha a la cabeza de la parte más valiente de la guarnición, y con la espada en la mano se esforzó por hacer retroceder al enemigo; pero en el fragor del combate un disparo de cañón arrancó de la muralla un trozo de piedra, que le golpeó y magulló la pierna izquierda, y la propia bala, al rebotar, le rompió y estremeció la pierna derecha. La guarnición, al verlo caer, se rindió a discreción.

Los franceses aprovecharon su victoria con moderación y trataron bien a los prisioneros, especialmente a Ignacio, en consideración a su calidad y valor. Al principio lo llevaron a los aposentos del General, y poco después lo enviaron en una litera llevada por dos hombres al castillo de Loyola, que no estaba lejos de Pampeluna.

Pasó mucho tiempo antes de que pudiera ser retirado de su camilla, incluso después de que sus piernas hubieran empezado a sanar. Gozaba de perfecta salud, pero el tiempo de inactividad le resultaba tedioso para su espíritu marcial. Como sentía una atracción especial por las historias de caballería, pidió a su ayudante que le trajera algún libro de romances, o las fabulosas historias de la caballería. Como en el castillo de Loyola no había libros de esta clase, su criado le trajo libros que contenían las vidas de Nuestro Divino Salvador, de Su Santísima Madre y de los Santos. Esta clase de lectura no era la que el herido hubiera elegido, pero como no podía procurarse otra, se alegró de leerlos para pasar el tiempo.

Leía primero uno y luego otro, y pronto empezó a aficionarse a ellos y a pasar días enteros leyéndolos. Admiró sobre todo en los santos su amor a la soledad y a la Cruz. Allí se enteró también de que entre los anacoretas había habido muchas personas de calidad y poseedoras de grandes riquezas, que, renunciando a todas estas cosas por amor de Dios, se enterraban vivos en cuevas y madrigueras, pálidos de ayuno y cubiertos con paños de cabellos, y se dijo: "Estos hombres eran de la misma naturaleza y contextura que yo; ¿por qué, pues, no he de hacer yo lo que ellos han hecho?".

Al leer la Vida de Nuestro Divino Redentor, sintió que su corazón se inflamaba con el gran deseo de amarle más y más. No sólo la leía una y otra vez, sino que anotaba en un libro los piadosos pensamientos que conmovían su corazón, pues ahora no podía pensar en otra cosa. El mundo había desaparecido de su mente y sólo pensaba en Dios y en las cosas celestiales. Se cuenta que en este libro, siempre que escribía el santo Nombre de Jesús, lo hacía con letras de oro, y que siempre escribía con letras de plata el augusto nombre de María.

Fue así como, leyendo libros piadosos, uno de los más grandes Santos del Cielo, y el Fundador de la Compañía de Jesús, pasó de ser un hijo del mundo a convertirse en el medio de conducir a tantas miríadas de almas a Dios y al Cielo.

Alimentemos, pues, diariamente nuestras almas con este mismo alimento espiritual, para que también nosotros seamos cada vez más fervientes en el amor de Dios.

Vida de San Ignacio, 31 de julio.

OTRA VEZ MI ABC.

Un caballero fue a hacer sus ejercicios espirituales a cierto monasterio con el fin de prepararse para una muerte feliz.

Era costumbre en este monasterio prestar algunos libros piadosos a los que iban a hacer su retiro, para que pudieran hacerlo con mayor fruto. Entre estos libros había siempre un Pequeño Catecismo de la Doctrina Cristiana.

Tan pronto como el caballero entró en la casa, fue conducido ante el Superior, quien le entregó los libros y las instrucciones necesarias sobre cómo debían realizarse los ejercicios del retiro.

Cuando estaba hojeando los diversos libros que le pusieron en las manos, llegó al Pequeño Catecismo. Lo miró, y después de pasar algunas páginas, dijo: "Esto es un Catecismo para niños, padre; ¿qué voy a hacer con él?".

"Léalo de principio a fin con la máxima atención", respondió el Superior.

"Oh Padre", respondió el caballero, "seguramente no querrá decir que me va a enviar de nuevo al ABC. Conocía ese librito de principio a fin cuando sólo tenía diez años, y no necesito aprenderlo de nuevo."

"Pero, hija mía", dijo el otro, "¿no lo habrás olvidado desde entonces?".

"Oh, no", respondió; "es verdad que tal vez no recuerde las palabras exactas del Catecismo, porque, habiendo estado tanto tiempo absorto en los negocios del mundo, es muy natural que las olvide; pero eso no importa mucho si retengo el significado de lo que expresan las palabras."

"¿Y está usted completamente seguro de que retiene este conocimiento? ¿No habrá olvidado incluso eso? Sus relaciones comerciales con el mundo, que pueden haber afectado a su memoria en un caso, pueden haberlo hecho también en el otro. Déjame ver".

Y comenzó a interrogarle sobre Dios y sobre algunos de los puntos más esenciales de nuestra santa Fe, y el caballero se vio obligado a admitir que no tenía una noción tan clara de algunos de ellos como antaño, y que incluso tenía nociones erróneas sobre muchas cosas.

"Ya ve, mi querido señor", continuó el Padre, "actuamos sabiamente al poner este librito en manos de los que vienen aquí, y sería bueno que la gente del mundo tuviera en cuenta que la forma ordinaria que Dios, en Su sabiduría, ha ordenado para instruirnos a nosotros, Sus hijos, en el conocimiento de Quién es Él y lo que Él requiere de nosotros, es por medio de sermones e instrucciones. El librito que tienes en la mano es tanto para el anciano como para el niño, para el erudito como para el ignorante. Y el hombre que lo conoce bien, por poco que sea, sabe más que el filósofo más profundo del mundo."

El caballero comprendió enseguida la verdad de estas palabras, y durante los momentos de ocio de su vida posterior se le podía ver a veces leyendo un pequeño libro que llevaba siempre consigo en el bolsillo; era el Pequeño Catecismo.

Noël: Cat. de Rodes.

Capítulo 50: Los sufrimientos y las pruebas de esta vida alimentan el alma

Los sufrimientos, las pruebas y las aflicciones son enviados por Dios para alimentar el alma; por ellos somos llevados a pensar en Él y en el fin para el que nos hizo. EL PASTOR Y EL CORDERO.

Vivían una vez en un pueblo de Alemania un caballero y su esposa. Ambos eran católicos, pero pensaban más en esta vida que en la venidera, y eran muy descuidados en sus deberes religiosos.

Sólo tenían un hijo. Pero como ellos mismos no eran buenos, el niño habría crecido sin religión y en la ignorancia de su deber, si Dios no se hubiera apiadado de él y lo hubiera visitado con una enfermedad fatal. Se lo llevó de este mundo, y el niño se fue al Cielo antes de haber perdido su inocencia bautismal.

Si los padres hubieran sido piadosos, no se habrían afligido tanto por su pérdida; pero en vez de someterse a la santa voluntad de Dios con resignación cristiana, murmuraban contra Él por haberles quitado un hijo a quien tanto amaban.

Un día se dirigieron al sacerdote. "Tú nos dices que Dios es bueno -le dijeron- y que nos ama como un padre ama a sus hijos. Si tal es la verdad, díganos por qué ha sido tan cruel con nosotros. Nos ha quitado a nuestro único hijo y nos ha dejado para que pasemos el resto de nuestros días en la tristeza. ¿Cómo, entonces, puedes decir que Dios es bueno o que nos ama?".

El sacerdote respondió: "Amigos míos, no murmuréis así contra Dios. Él os ama de verdad, y como una señal especial de Su amor por vosotros se ha llevado a vuestro pequeño al Cielo".

Los padres del niño estaban a punto de responder airadamente, pero el sacerdote levantó la mano como para que se callaran.

"Escuchadme hasta el final", dijo. "Había una vez un pastor que tenía un gran rebaño de ovejas. Les preparó en el aprisco una comida deliciosa; pero cuando abrió la puerta y trató de hacerlas entrar, no quisieron entrar. Hizo todo lo posible por atraerlas, pero fue en vano. Al fin entró en medio de ellas, cogió en brazos un corderito y lo llevó dentro. En cuanto las demás ovejas vieron el cordero en el aprisco, entraron todas tras él.

"Esto es lo que Jesucristo ha hecho con vosotros. Os ha preparado en el Cielo un hermoso banquete, y una y otra vez os ha pedido que os preparéis para participar en él.

"Hasta ahora os habéis negado siempre; os habéis dejado llevar tanto por las cosas terrenas que os habéis olvidado del hogar celestial que vuestro Padre de arriba os ha preparado. Pero ahora os ha quitado a vuestro hijo, a quien tanto amabais, y lo ha colocado en el Cielo, para que estéis, por así decirlo, obligados a llevar una buena vida y a ir en pos de él."

Capítulo 51: El cuidado de Dios de nuestras necesidades temporales

Jesucristo ha declarado una y otra vez que si buscamos en primer lugar el alimento de nuestras almas, Él cuidará de que tengamos lo suficiente para nuestras necesidades corporales.

HERMANN, EL SASTRE PIADOSO.

Vivía en otro pueblo de Alemania un sastre que se llamaba Hermann. Durante veinte años este buen hombre mantuvo a su familia trabajando en su oficio, y durante todo ese tiempo nunca supieron lo que era la necesidad. También había enseñado a sus hijos, con su buen ejemplo y su esmerado cuidado, a servir a Dios en este mundo, para que en el otro fueran felices para siempre con Él.

Pero en el año 1770 estalló una gran hambruna en el país, y el buen Hermann pasaba a menudo tres o cuatro días sin trabajar. Muy pronto tuvo que vender hasta los muebles de la casa para comprar pan para sus pequeños. Al final, incluso esto le falló, y una mañana se levantó de la cama sin saber dónde encontrar un bocado de comida para sus famélicos hijos.

Se vio rodeado de ellos que le pedían pan a gritos y le tendían sus manitas. "Padre, tenemos mucha hambre", le gritaban, "danos de comer".

Estas palabras le atravesaron el corazón. Para consolarlos, les dijo "No tengo nada que daros ahora, mis queridos hijos, pero tened un poco de paciencia hasta el mediodía, y entonces tendremos suficiente para comer".

"Pero, ¿de dónde vendrá?", gritaron todos.

Él señaló con el dedo hacia el cielo y, levantándose, los dejó para que no vieran sus lágrimas.

Entró en la habitación contigua, y cayendo de rodillas, oró a Dios con estas palabras: "Oh Dios mío, ¿tendré el dolor de ver a mis pequeños morir de hambre ante mis ojos? ¿Puedes Tú, que das de comer a las aves del cielo, permitir que estos hijos tuyos perezcan de hambre? Oh no, porque Tú eres tan bueno, y Tu misericordia está por encima de todas Tus obras. Oh, entonces, ven y ayúdanos, porque ahora es el momento". Cuando estaba terminando esta oración, uno de los niños vino corriendo a decirle que había alguien en la puerta que quería hablar con él. Era una señora, que venía a pedirle si podía hacer algo de ropa para sus tres hijos, que iban a asistir a una boda dentro de unos días. Para inducirle a hacer el trabajo más rápidamente, le trajo un pequeño regalo que, según ella, sería aceptable en estos tiempos difíciles.

Diciendo esto, sacó de un cesto que llevaba en la mano una hogaza de pan, algo de carne, una bolsita de harina y otros alimentos.

Los niños, al ver todas estas cosas, se pusieron como locos de alegría, corrieron por toda la casa y se pusieron a dar palmas para mostrar lo contentos que estaban. En cuanto a su padre, guardó silencio. Levantó los ojos al cielo y, desde lo más profundo de su alma, dio gracias a su Padre Celestial por esta pronta respuesta a su oración.

Luego contó a la señora, que miraba asombrada lo que veía, el triste estado a que habían sido reducidos por el hambre, y cómo en aquella misma hora había prometido a sus hijos alimento, sin saber de dónde vendría.

La señora se conmovió hasta las lágrimas ante su historia y su piadosa confianza en Dios. Antes de marcharse le dijo que mientras durase el hambre, ella misma proveería para él y su familia.

¿Quién puede describir la alegría de aquella feliz familia y su gratitud a Dios por su ayuda paternal? Se sentaron a la mesa y, después de implorar la bendición de Dios, tomaron con alegría los alimentos que Dios les había enviado.

Cristo. La perfección.

EL PAN QUE ENVIÓ EL SEÑOR.

Hacia el año 1217, el gran Santo Domingo fue a Roma con algunos de sus discípulos. Mientras residió allí, todos los días acudían personas a pedir ser admitidos en la Orden que había establecido. El Santo, en sus sermones, había hablado con tanto fervor de la felicidad de vivir sólo para Dios, que muchos se sintieron impulsados a renunciar a todos los bienes terrenales por amor a Dios y al Cielo.

Los frailes vivían en extrema pobreza. Pero tan grande era la santidad y tan poderosas las oraciones del santo Domingo, que cuando los recursos de la tierra les fallaban, los del Cielo estaban listos para satisfacer cualquier necesidad.

Un día en particular, su provisión de víveres se agotó, y dos de sus miembros, el Hermano Juan y el Hermano Alberto, fueron enviados a buscar limosna según la costumbre de la Orden. Vagaron por las calles de Roma durante muchas horas, pero no consiguieron nada. Por fin se volvieron a casa, llenos de tristeza, al pensar en los hermanos que los esperaban en casa, pero cuyas necesidades no podrían aliviar.

Al pasar por la iglesia de Santa Anastasia, no lejos de su casa, se encontraron con una mujer que les había ayudado a menudo.

Al ver que sus sacos estaban vacíos, les ofreció una hogaza de pan, diciéndoles que les daría lo que pudiera antes que verlos volver a casa con las manos vacías.

Apenas les había dejado, cuando se toparon con un hombre de aspecto miserable. Tenía la ropa hecha jirones, las mejillas hundidas y los ojos brillantes por el hambre. Con voz débil les pidió limosna.

"Te daríamos una limosna con mucho gusto -dijo el hermano Juan-, pero no tenemos nada que dar; somos tan pobres como tú. Hemos estado mendigando toda la mañana, y no tenemos nada que llevar a casa, excepto este pequeño pan".

"Pero no tenéis tanta hambre como yo", dijo el forastero, y al mismo tiempo extendió la mano, tan delgada y consumida que parecía que la luz del sol pudiera atravesarla. "Oh, dadme un bocado de pan por el amor de Dios", gritó.

Los dos monjes lo miraron con compasión y se aconsejaron sobre lo que más les convenía hacer. "Para nosotros, dijeron, sería mucho mejor ayunar que dejar que esta pobre criatura pereciera de hambre; y, después de todo, no haríamos gran daño a nuestros hermanos dándole este pan, pues ¿de qué pueden servir unas onzas de pan entre cien hombres? Demos, pues, por amor de Dios, a este hombre hambriento la ayuda que podamos".

Llegado a esta conclusión, el hermano Alberto entregó el pan al mendigo, y partieron con su bendición.

Cuando llegaron al monasterio, Santo Domingo les salió al encuentro. "Hoy no habéis traído nada, hijos míos", les dijo.

"Nada, santo Padre", le contestaron; y entonces le contaron todo lo que les había ocurrido en el camino.

"Está bien, hijos míos", respondió el Santo con semblante alegre; "el pobre hombre a quien ayudasteis era un ángel del Señor, que sabe bien cómo proveer a los suyos. Recémosle, pues"; y dejándolos, entró en la capilla.

Pocos minutos después regresó y mandó llamar al hermano Roger, que era el cocinero, y le dijo que convocara a los religiosos a cenar como de costumbre.

"¿De qué les sirve a los hermanos ir al refectorio si no hay nada que ponerles delante?", dijo el hermano.

"Haced lo que os digo", respondió el Santo, "y Dios proveerá a nuestras necesidades".

Las mesas estaban dispuestas como de costumbre. Había un plato y una copa para cada Hermano, y un barril de vino vacío en un extremo de la sala, pues en Italia el vino era entonces, como ahora, la bebida común incluso de la gente pobre; pero no se veía ni comida ni bebida.

Al sonar la campana, los monjes entraron en la sala y se colocaron alrededor de las mesas, muchos de ellos con la mirada perdida y decepcionados; pero su Padre, con su acostumbrada calma, pronunció la bendición.

Todos tomaron asiento y el Hermano Enrique comenzó a leer en voz alta un libro espiritual, según su piadosa costumbre. Mientras tanto Santo Domingo estaba sentado con las manos juntas absorto en oración.

Entonces, a la vista de la comunidad reunida, entraron en la sala dos jóvenes de rostro grave y dulce y porte elegante. Largos mantos de puro lino blanco caían de sus hombros. Con paso silencioso avanzaron, uno por la derecha, el otro por la izquierda, del refectorio, y comenzando por los de menor rango, pusieron ante cada uno de los hermanos una hogaza de pan de notable blancura y belleza, que sacaron de los pliegues de sus níveos mantos.

Cuando llegaron a la cabecera de la mesa donde se sentaba Santo Domingo, le dieron a él también una hogaza y, saludándole, desaparecieron.

Entonces el Beato Domingo, levantando los ojos, dijo: "Comed, hermanos míos, el pan que el Señor os ha enviado"; y volviéndose hacia los que servían la mesa, les ordenó que trajeran vino.

"Santo Padre", le dijeron, "no hay vino".

"Id al tonel", respondió el Santo, "y sacad para los Hermanos el vino que el Señor les ha enviado".

Obedecieron, y fueron y lo encontraron lleno de excelente vino, con el que llenaron todas las copas.

Durante dos días, las provisiones así milagrosamente obtenidas abastecieron su mesa, de modo que nadie se vio obligado a salir a pedir limosna. El Santo ordenó entonces que se diera a los pobres lo que quedaba, diciendo: "Oh hermanos míos, confiad en nuestro buen Dios incluso en vuestra mayor pobreza. Él nunca se olvida de ayudar a los que así le invocan en sus necesidades".

Vida de Santo Domingo.

AYUDA EN LA HORA DE NECESIDAD.

Cuentan las crónicas de San Francisco que cierto religioso, notable por su gran piedad, fue elegido para acompañar a un joven novicio a otra casa de la misma orden situada a una distancia considerable.

Cuando llevaban ya algún tiempo de viaje, se les hizo de noche de repente en un lugar que parecía deshabitado. Muy fatigados y al mismo tiempo hambrientos, no sabían dónde encontrar refugio y comida. Pero el hermano mayor trató de animar a su compañero diciéndole que Dios, que nunca abandona a los que confían en Él, vendría en su ayuda.

Luego, tomándolo de la mano, lo condujo suavemente hacia adelante. De pronto les salió al encuentro un joven de aspecto amable que, después de saludarles reverentemente, se ofreció a servirles de guía y a procurarles el cobijo y el alimento que tanto necesitaban. Luego, yendo delante de ellos, los condujo a una cabaña situada en un lugar apartado del bosque vecino, donde, al entrar, encontraron un brillante fuego encendido. Los dos religiosos, sorprendidos, no encontraban palabras para expresar su gratitud. El joven les dijo: "Calentaos junto al fuego mientras voy a prepararos algo de comer".

Al poco rato regresó, llevando en un plato un magnífico pescado. Era el tiempo de Adviento. Los religiosos se sentaron a la mesa y comieron el pescado que les había puesto delante. En toda su vida no habían probado nada tan delicioso. Cuando terminaron, los llevó a una pequeña habitación, donde extendió en el suelo dos colchones de paja. "Aquí tenéis una cama para cada uno", les dijo. "No son muy lujosas, pero serán las más conformes a las reglas de vuestra santa Orden".

Durmieron tranquilamente durante la noche, y a la mañana siguiente el joven vino a despertarlos. Cuando hubieron tomado su refrigerio matutino, los condujo a través del bosque hacia la carretera, y les indicó el camino que los llevaría al final de su viaje. Al despedirse, les dijo que dieran gracias y bendijeran a Dios por lo que había hecho por ellos.

Cuando los dos religiosos se volvieron para agradecerle su amabilidad, no le vieron por ninguna parte. Entonces supieron que se trataba de un ángel que Dios les había enviado para ayudarles en su camino; y, postrándose en tierra, le devolvieron su agradecimiento por el favor que les había conferido.

Capítulo 52: La felicidad de los que confían en el Señor

E l pobre que día a día pide a Dios con confianza el pan de cada día es a menudo mucho más feliz que el Rey en su trono que tiene mucho más de lo que necesita.

EL EMPERADOR Y EL MONJE

No lejos de la ciudad de Constantinopla vivía un santo monje, que había dejado de lado todos los placeres de la vida para buscar en la soledad y en la oración los tesoros del Reino de los Cielos. Su comida consistía en pan y agua, y con este humilde alimento vivía tan feliz como el Rey en su trono.

El emperador Teodosio, habiendo oído hablar de él y del tipo de vida que llevaba, tenía un gran deseo de visitarlo.

Así que un día se vistió como un campesino y fue a la montaña donde vivía el santo.

Después de conversar durante algún tiempo, el Emperador le dijo que tenía hambre y le preguntó si tenía comida en su celda.

"Sí", respondió el monje, "tengo aquí un poco de pan y mucha agua pura del arroyo, pero eso es todo lo que puedo ofrecerte".

El Emperador tomó lo que el monje le había puesto delante y, mientras lo comía, le dijo: "Padre mío, ¿te sientes feliz aquí, y estás contento con el tipo de vida que has elegido?".

"Sí", respondió el santo varón, "estoy perfectamente contento; no cambiaría de lugar ni siquiera con el Emperador en su trono. No tengo nada, es cierto, pero no necesito nada. Nadie me molesta aquí, y nunca me falta nada, pues Dios siempre me provee de todo lo que necesito."

"¿Sabes quién soy?", dijo Teodosio.

"No, señor.

"Soy el emperador Teodosio. He venido a visitarte, para que con tu ejemplo y tu conversación celestial pueda ser edificado. ¡Oh, qué no daría yo por poder vivir como tú, libre de todas las preocupaciones de la vida, y viviendo con un poco de pan como tú! Entonces podría prepararme para comparecer ante Dios".

Teodosio se encomendó entonces a las oraciones del santo varón y partió. Ahora veía la verdad de aquellas palabras de Nuestro Bendito Señor, que si buscamos primero el Reino de Dios y Su justicia, todas las demás cosas que necesitamos nos serán añadidas.

Tratado sobre el "Padre".

EL ESTUDIANTE PIADOSO

Había una vez un joven que estudiaba en una de las Universidades de Alemania. Era muy pobre; pero aunque no tenía muchas riquezas de este mundo, era rico en piedad.

Sucedió que, cuando estaba a punto de terminar sus estudios, enfermó gravemente. Durante mucho tiempo se vio obligado a guardar cama, y el médico tenía que venir a verle a menudo. Cuando por fin se recuperó, se encontró con que todo el dinero que poseía en el mundo era necesario para pagar los gastos en que había incurrido durante su enfermedad.

Pronto se vio obligado a desprenderse incluso de sus libros y ropa para comprar comida, pero en poco tiempo estas cosas también se vendieron todas, y empezó a sentir más que nunca las punzadas del hambre.

Un domingo por la mañana, durante la Santa Misa, mientras rezaba la petición del Padrenuestro: "Danos hoy nuestro pan de cada día", pensó en su extrema pobreza, y repitió la oración una y otra vez con gran fervor.

"Seguramente Dios no se negará a escucharme hoy, pues estoy muy necesitado de su ayuda, y Él ha dicho que nunca les faltará a los que ponen su confianza en Él".

Con este pensamiento regresó a su casa, pero en ella no había ni un bocado de comida ni dinero para comprarla.

Mientras estaba sentado en casa, triste y hambriento, oyó a un ratoncito que mordisqueaba lo que parecía ser un mendrugo de pan en un rincón de la habitación. Fue al lugar, y encontró allí un trozo de pan duro y seco como la madera. Aquello era para él un tesoro. Lo tomó en sus manos, pero antes de comerlo se arrodilló para pedir la bendición de Dios sobre el trozo de pan que había encontrado.

Mientras trataba de comérselo, alguien llamó a la puerta con una cesta llena de alimentos buenos y nutritivos. Un señor rico que vivía en la vecindad se había enterado de la angustia del pobre estudiante, y se la envió.

El joven cayó de rodillas y dio gracias a su Padre celestial por haberle enviado tan oportuna ayuda. Pero esto no fue todo; el mismo caballero, viendo su piedad y confianza en Dios, proveyó a sus necesidades mientras permaneció en la Universidad. Así pudo terminar sus estudios y obtener un alto puesto en su ciudad natal.

Parte 8:
"PERDONA NUESTRAS OFENSAS"

Capítulo 53: Lo que pedimos en esta petición

C uando decimos: "Perdona nuestras ofensas, como también nosotros perdonamos a los que nos ofenden", rogamos a Dios que nos perdone nuestros pecados, como nosotros perdonamos a los demás las injurias que nos hacen.

Hija mía, Dios ha prometido perdonarnos los pecados que hayamos cometido contra Él a condición de que perdonemos a los que nos hayan ofendido.

TOM, EL POBRE ESCLAVO INDIO.

Un pobre negro conocido con el nombre de Tom fue comprado una vez por unos esclavistas en la costa de África y llevado por ellos a las Indias Occidentales.

En su nuevo hogar tuvo la dicha de abrazar la religión cristiana. Después de su conversión llevó una vida santa. No sólo soportó pacientemente todas las penurias que su humilde condición de vida le imponía, sino que se convirtió en un modelo de perfección cristiana incluso para su amo.

En poco tiempo, su buena conducta lo elevó tanto en la confianza de su amo, que éste le confió el cuidado de algunas de sus obras más importantes.

Un día su amo quiso comprar varios esclavos. Para ello fue al mercado y se llevó consigo a su fiel Tom.

Mientras buscaban entre los esclavos a los más adecuados, Tom vio allí a un anciano al que reconoció. Dirigiéndose a su amo, le dijo: "Por favor, señor, compre a este viejo".

Pero su amo se negó. "¿De qué nos servirá ese viejo?", dijo. "Ya no puede hacer ningún trabajo, y no puedo gastar mi dinero en objetos tan inútiles".

Pero el esclavista al que pertenecía el viejo le dijo que, si le compraba otros veinte esclavos, le daría también éste, sin pedir precio por él.

Así se hizo, y el viejo pasó a ser propiedad del amo de Tom.

Cuando llegaron a casa, Tom tomó al viejo especialmente bajo su cuidado. Lo llevó a su propia cabaña, lo sentó a su mesa y lo alimentó con la ternura de una madre. Si sentía frío, Tom lo llevaba al fuego para calentarlo; o si el calor era excesivo, lo conducía a un lugar sombreado entre los árboles; en una palabra, se comportaba con él con tanto afecto como si hubiera sido su más querido amigo en la tierra.

Su amo, que había observado esta singular conducta de Tom hacia el viejo esclavo, estaba ansioso por saber la razón de ello.

"¿Es ese viejo tu padre?", le preguntó un día.

Tom respondió: "No, amo; no es mi padre". "Entonces, ¿es un hermano mayor que tú?".

"No, no es mi hermano.

"Entonces debe de ser un tío o algún pariente cercano, porque es imposible que te intereses tanto por alguien que es un completo extraño para ti, y que le muestres tanta amabilidad."

"No, amo; no es pariente, ni siquiera amigo".

"Entonces, ¿quién puede ser?", preguntó su amo, más sorprendido que nunca; "y dime por qué le muestras tanta amabilidad".

"Ese hombre es mi mayor enemigo", respondió. "Fue él quien me robó hace mucho tiempo de mi hogar y de mis queridos padres, y me hizo esclavo. Pero no puedo odiarle, porque el padre misionero me dijo que debo perdonar a mis enemigos y hacer el bien a los que me han herido; y que si mi enemigo tiene hambre, debo darle de comer, y si tiene sed, debo darle de beber. Esa es la razón por la que soy tan amable con ese pobre anciano".

Anécdotas cristianas.

BIEN POR MAL.

Vivía en la ciudad de Ajaccio, en Córcega, un rico mercader, que se llamaba Bordano.

Tenía a su servicio a un hombre de mucha confianza llamado Benito Torcelli, que tenía mujer y familia, todos, como él, viviendo en el temor de Dios. Benedicto ocupaba un puesto de gran importancia en la casa de su señor, y correspondía a la confianza depositada en él atendiendo fielmente a los intereses de éste.

Un día, sin previo aviso, Bordano le ordenó que abandonara inmediatamente su servicio y que no volviera a presentarse en su presencia. En vano Benedicto le pidió que le dijera qué había hecho para provocar su disgusto. Bordano no quiso escucharle, y el pobre hombre tuvo que salir al mundo sin un hogar que le diera cobijo.

Durante un corto tiempo pudo mantenerse a sí mismo y a su familia con los pocos ahorros que había acumulado, pero éstos pronto se acabaron y quedó reducido a un estado de gran pobreza.

Un día, mientras vagaba por las montañas recogiendo ramas para hacer leña, se encontró con Bordano, su difunto amo, que estaba cazando.

Se acercó a él y, cayendo de rodillas, le dijo: "¡Oh maestro mío, perdóname si he hecho algo que te ofenda! Si he hecho algún mal, no ha sido voluntariamente. Oh, tened piedad de mí y de mis hijitos, que ahora están en gran miseria, y dadme algo para calmar su hambre."

Bordano miró al pobre hombre a sus pies, y, en vez de compadecerse, le dijo que se fuera, e incluso le amenazó con fusilarle si no obedecía de inmediato.

Benito se levantó y le dejó, y continuó tristemente recogiendo las ramas muertas, como había estado haciendo antes.

Durante todo aquel día, Bordano no tuvo mucho éxito, lo que le enfureció aún más. Aproximadamente una hora después de dejar a su viejo criado Benito, se volvió a casa. En el camino vio un hermoso pájaro que volaba sobre su cabeza entre los árboles. Levantó su arma y disparó. El pájaro cayó en un gran barranco entre zarzas y matorrales. Bordano, ansioso por no perderlo, echó a correr hacia el lugar, sin mirar hacia dónde se dirigía. En su precipitación, tropezó con algunas piedras sueltas y cayó por un precipicio al abismo que había debajo. Allí quedó aturdido por la caída, con las piernas y los brazos rotos.

Poco después, Benedicto, sin saber lo que había ocurrido, pasó por casualidad por el lugar en el fondo del barranco donde yacía Bordano. De pronto se topó con la figura inmóvil, y en un instante reconoció de quién se trataba. Con esa caridad cristiana que olvida todas las heridas del pasado, Benito corrió inmediatamente a su lado para ayudarle. Le vendó los miembros rotos lo mejor que pudo y, tomándolo a hombros, lo llevó con gran dificultad hasta la aldea, que estaba a una distancia considerable. Allí recibió ayuda, y el herido pronto estuvo a salvo en su propia casa.

Los médicos que le atendieron no tardaron en devolverle el conocimiento. Abrió los ojos. "¿Dónde estoy?", gritó.

"Estás a salvo en tu casa", fue la respuesta.

"¿Y quién fue el que me salvó de la muerte en aquel terrible antro en el que había caído? ¿Quién me trajo aquí?

"Fui yo, tu viejo sirviente Benedict Torcelli."

"¡Tú, a quien tan injustamente había tratado, a quien hoy mismo tan cruelmente había echado de mi presencia, a quien incluso había amenazado de muerte!"

"Sí", replicó Benedicto; "es verdad que me tratasteis a mí, un fiel servidor, con la mayor injusticia, desterrándome de vuestro servicio como si fuera culpable de algún gran crimen. Pero soy cristiano, y la ley de Dios me ordena hacer el bien a los que me injurian. Hoy sólo he cumplido con mi deber".

Bordano miró al buen hombre con lágrimas en los ojos. Ahora le tocaba a él pedir perdón. Éste le fue concedido inmediatamente, y Benito y su pequeña familia volvieron a su antigua posición, donde fueron felices y respetados por todos mientras vivieron.

EL REY RINDE CUENTAS A SUS SIERVOS.

Jesucristo nos muestra en la siguiente parábola cómo debemos perdonar a nuestros enemigos si deseamos ser perdonados por Él en el Día del Juicio:

"El Reino de los Cielos -dijo- es semejante a un rey que quiere dar cuenta de sus siervos.

"Y cuando empezó a pedir cuentas, le trajeron a uno que le debía diez mil talentos. Y como no tenía con qué pagarlo, mandó su señor que lo vendiesen, con su mujer y sus hijos y todo lo que tenía, y que se hiciese el pago.

"Pero aquel siervo, postrándose, le rogó, diciendo: "Ten paciencia conmigo, y te lo pagaré todo".

"Y el señor de aquel siervo, compadecido, le dejó ir, y le perdonó la deuda.

"Pero cuando aquel siervo hubo salido, encontró a uno de sus consiervos que le debía cien peniques; y, echándole mano, le estranguló, diciendo: "Paga lo que debes." "Y su consiervo, cayendo de rodillas, le rogó, diciendo: 'Ten paciencia conmigo, y te lo pagaré todo'."

"Pero él no quiso, sino que fue y lo echó en la cárcel hasta que pagara la deuda."

"Y sus consiervos, viendo lo que se había hecho, se entristecieron mucho, y vinieron y contaron a su señor todo lo que se había hecho."

"Y llamándole su señor, le dijo: 'Siervo malvado, yo te perdoné toda la deuda, porque me lo suplicaste: ¿no deberías, pues, compadecerte también de tu consiervo, como yo me compadecí de ti?'"

"Y su señor, enojado, lo entregó a los suplicios hasta que pagara toda la deuda".

"'Lo mismo hará con vosotros mi Padre celestial, si no perdonáis de corazón a cada uno su hermano'".

San Mateo xviii. 23 y ss.

Capítulo 54: DEBEMOS REZAR POR LOS QUE NOS HAN PERDONADO.

No sólo debes perdonar a tus enemigos y hacer el bien a los que te injurian, sino que también debes orar por ellos. Esto te traerá las mayores bendiciones de Dios.

LA RESPUESTA DEL SEÑOR A SANTA ELIZABETH.

Santa Isabel de Hungría fue tratada de la manera más cruel, no sólo por sus enemigos, sino incluso por sus amigos más cercanos y queridos.

Un día, la Santa rogaba a Dios que concediera grandes gracias a todos los que de alguna manera la habían herido, y que concediera las mayores gracias a los que más la habían herido. Después de haber rezado esta oración, Nuestro Señor se le apareció y le dijo: "Hija mía, nunca en toda tu vida has hecho una oración que Me haya agradado tanto como la que acabas de hacer por tus enemigos. A causa de esta oración, te perdono, no sólo todos tus pecados, sino incluso el castigo temporal debido a ellos."

Vida de Santa Isabel.

Capítulo 55: El ejemplo de Jesucristo facilita el perdón

Jesucristo perdonó en la cruz a los que le crucificaban. Si te parece difícil perdonar a los que te han herido, piensa en esto, y entonces te resultará fácil.

LA CONVERSIÓN DE JUAN GUALBERTO.

Juan Gualberto pertenecía a una familia rica y noble. En su niñez fue educado en la piedad, pero cuando creció, las atracciones del mundo lo engañaron, y se sumergió de cabeza en la vida de placeres que éste le ofrecía. Incluso empezó a pensar que la disipación y la vida de placer eran privilegios propios de la posición en la vida en la que había nacido.

Sucedió que su hermano mayor, Hugh, había muerto en una disputa con un caballero de aquel país. Juan tomó la resolución de vengar su muerte quitándole la vida al hombre que lo había matado.

Un Viernes Santo, cuando venía del campo a Florencia, se encontró con el asesino de su hermano en un estrecho desfiladero, del que no había posibilidad de escapar.

En un instante tuvo la espada en la mano y, lleno de ira y deseo de venganza, se precipitó hacia delante para clavársela en el pecho a su enemigo. Pero éste, sin intentar escapar, se arrojó a sus pies y, extendiendo los brazos en cruz, gritó: "Te conjuro por la pasión y muerte de Jesucristo, que en la cruz perdonó a sus asesinos y oró por ellos, que no me mates".

Juan, recordando que aquel mismo día era el aniversario de la muerte de Nuestro Salvador, retrocedió al instante. Arrojó la espada y, tendiendo la mano a su enemigo, le dijo con tono de dulzura: "No te negaré lo que me has pedido en nombre de Jesucristo, mi Salvador. No sólo te concedo la vida, sino también mi amistad. Rogad a Dios que me perdone".

Los dos caballeros, que ya no eran enemigos sino amigos, se abrazaron en señal de reconciliación y se separaron.

Juan continuó su viaje y, al llegar a Florencia, entró en una de las iglesias de aquella ciudad. Se arrodilló ante el gran crucifijo y comenzó a rezar con extraordinario fervor. Mientras contemplaba la figura de Jesucristo en la cruz, vio que la cabeza de Jesús se movía y se inclinaba hacia él, como para darle las gracias por haber perdonado a su enemigo por su causa. Al mismo tiempo sintió una voz secreta en su corazón, que le decía que renunciara por completo al mundo y se entregara por entero a Dios.

"Sí, Dios mío, te obedeceré; pues si recompensas con tan grande milagro esta pequeña acción que he hecho por amor a Ti, ¡cuán grande será la recompensa que pueda esperar en lo sucesivo, si te sirvo fielmente hasta el fin de mi vida!".

Juan Gualberto fue inmediatamente al monasterio de San Minato y suplicó ser admitido. Pasó el resto de su vida en obras de piedad y religión, se convirtió en el fundador de una Orden religiosa, y ahora es un gran Santo en el Cielo.

Vida de San Juan Gualberto, 12 de julio.

EL CRUCIFIJO EN MANOS DE SAN FELIPE NERI.

Un penitente de San Felipe Neri se negó en cierta ocasión a perdonar a un hombre que le había herido.

El santo varón, viendo que sus palabras no hacían mella en su endurecido corazón, tomó en sus manos un crucifijo, y poniéndolo ante los ojos del impenitente pecador, le dijo: "Mirad y considerad bien el ejemplo que nos ha dado nuestro querido Señor y Maestro. No sólo perdonó Él mismo incluso a los que lo crucificaron, sino que, colgado en agonía en la cruz, rogó a su Padre Celestial que también los perdonara. Rezad también vosotros diariamente el Padre Nuestro. Al hacerlo -continuó el Santo-, no pides perdón a Dios por lo que has hecho contra Él, sino tu propia condena eterna. Arrodíllate ante esta imagen de tu Divino Maestro muriendo por tus pecados, y dile: 'Oh Señor Jesús, no bastó que murieras una vez en medio de los más horribles tormentos por mi salvación; debes morir de nuevo si quieres obtener de mí que perdone a mi enemigo'".

El Santo dijo estas palabras con voz tan conmovedora, que el joven enmudeció de asombro y empezó a temblar de pies a cabeza.

Cuando recobró el habla, rompió a llorar y, entre sollozos, exclamó: "Oh Padre mío, yo perdono, sí, perdono de corazón al que me ha ofendido, y haré por él todo lo que tengas a bien pedirme, para mostrar la plenitud de mi perdón."

Anécdotas de San Felipe.

"JESUCRISTO MURIÓ POR TI Y POR ÉL".

Cierto hombre perteneciente a una noble familia, que se llamaba Antonio Martín, juró vengarse del asesinato de su hermano, que había sido asesinado por otro noble llamado don Velasco.

Para ejecutar su designio se dirigió a Granada, donde moraba su enemigo. Enterado Velasco de su intención, trató por todos los medios de apaciguarle y obtener su perdón, pero sin éxito.

Apenas se enteró San Juan de Dios, que por entonces se hallaba en Granada, salió al encuentro de Antonio, rogando a Dios que acudiese en su ayuda en la obra de la reconciliación. Lo vio cuando pasaba por la gran plaza de la ciudad, y, corriendo hacia él, se arrojó humildemente a sus pies; luego, tomando en la mano un crucifijo que llevaba oculto en la manga de su prenda superior, lo levantó ante el rostro del iracundo hombre, diciendo: "Hermano Antonio, Dios te perdonará los pecados que hayas cometido contra Él, si tú perdonas a tu enemigo. Pero tened presente esto: si os negáis a perdonarle, Dios no os perdonará jamás. Si Velasco ha derramado la sangre de tu hermano, recuerda que Jesucristo murió por ti y por él, y que su preciosísima sangre clama misericordia con más fuerza que la de tu hermano clama venganza." Antonio, al oír estas palabras, se estremeció como si un rayo hubiera caído sobre él. La gracia de Dios entró al mismo tiempo en su corazón, impulsándole al perdón. Al instante cayó de rodillas ante el Santo, suplicándole que obtuviera de Dios para sí el perdón que ahora, de corazón, concedía a su enemigo. San Juan, levantándose, se dirigió con él al lugar donde moraba Velasco, y Antonio, en su presencia, abrazó al asesino de su hermano en señal de su perdón.

Rep. du Catech., iii. 358.

Capítulo 56: Debemos perdonar si queremos ser perdonados

Dios nos ha dicho que si no perdonamos a nuestros enemigos, no nos perdonará a nosotros. El siguiente es un ejemplo terrible, que debería hacer temer a aquellos que guardan en su corazón cualquier ira contra su prójimo.

SAN NICÉFORO Y SAPRICIO.

San Nicéforo vivía en la ciudad de Antioquía y llevaba una vida de sólida virtud cristiana. Surgió entre él y otro cristiano llamado Sapricio una íntima amistad; se amaban como hermanos y se asistían mutuamente con tierna solicitud.

Pero el enemigo, que nunca duerme, envidioso de la gloria dada a Dios por una amistad tan virtuosa, no descansó hasta haber sembrado la semilla de la discordia entre ellos. Entonces se rompieron los lazos de la amistad, y el odio sucedió al amor hasta tal punto que, cuando se veían por la calle, apartaban la cabeza para no encontrarse cara a cara. Esta conducta fue mantenida durante mucho tiempo por estos antiguos modelos de verdadera amistad.

Por fin Nicéforo, sintiendo remordimientos de conciencia, vio la grandeza de su falta, y resolvió intentar por todos los medios a su alcance reconciliarse con su enemigo.

Le envió a algunos amigos muy queridos por ambos para tratar de obtener su perdón, asegurándole la sinceridad de su arrepentimiento y su resolución de darle todas las satisfacciones a su alcance. Pero todo fue en vano; Sapricio no quería ni oír mencionar el nombre de su enemigo.

Lo intentó una y otra vez, pero no tuvo éxito. Por fin acudió a él en persona y, arrojándose a sus pies, le suplicó por el amor de Jesucristo que le perdonara. Este heroico acto de humildad no tuvo mejor efecto que la intervención de sus amigos; Sapricio estaba tan endurecido como siempre, y no sólo cerró sus oídos a todos los gritos de reconciliación, sino que incluso se volvió sordo a la voz de Dios que clamaba en su corazón: "Perdona y serás perdonado".

Entretanto estalló en Antioquía una terrible persecución contra los cristianos. Como Sapricio era uno de los cristianos más conocidos en aquella ciudad, fue uno de los primeros en caer en manos de los perseguidores.

Cuando el prisionero fue llevado ante el gobernador, le preguntaron su nombre.

"Me llamo Sapricio", respondió.

"¿Y cuál es tu profesión?", le preguntó el gobernador.

"Soy cristiano", respondió el prisionero. "Los cristianos adoramos a Jesús, el único Dios verdadero, como soberano Señor del Cielo y de la Tierra, y odiamos vuestros dioses, porque son inventados por el Diablo para teneros cautivos".

El gobernador se enfadó mucho ante esta respuesta, y ordenó que Sapricio fuera sometido al suplicio.

El confesor de la fe no se inmutó por esto, sino que lo sufrió con gran constancia, diciendo al juez en medio de sus tormentos: "Tenéis mi cuerpo en vuestro poder, atormentadlo como queráis; pero no podéis tocar mi alma; sólo está sujeta a Jesucristo, el único que puede arrojar tanto el alma como el cuerpo al fuego eterno del infierno."

Cuando el tirano vio que no podía hacer que Sapricio renegara de su fe, y que ni las promesas ni las amenazas surtían efecto en alguien que consideraba una gloria sufrir por Jesús, dictó la siguiente sentencia contra él: "Que Sapricio, un cristiano obstinado en su loca religión, y que cree que un día resucitará, sea entregado al verdugo, quien le cortará la cabeza en castigo por su desprecio al edicto de los Emperadores."

Sapricio escuchó la sentencia con calma e incluso con gran alegría, deseoso de dar su vida por la gloria de Aquel que dio la suya por amor a nosotros en el madero sagrado de la cruz.

Se disponía a ir al lugar de la ejecución con la esperanza de llevar pronto la corona de mártir, cuando Nicéforo, enterado de lo ocurrido, corrió hacia él y se arrojó a sus pies, exclamando: "Oh mártir de Jesucristo, perdona la falta que he cometido contra ti".

Incluso en aquel momento, y aunque iba a morir por amor de Aquel cuyas primeras palabras en la cruz fueron una oración de perdón, el infeliz se negó siquiera a abrirle los labios.

Nicéforo se levantó de sus rodillas cuando el hombre pasó a su lado, pero no desesperó aún de conseguir su objetivo. Corrió a otra calle por la que tenía que pasar la procesión, y abriéndose paso entre la multitud, se echó de nuevo a sus pies, y llorando, le dijo: "Por Jesucristo, no me condenes a la desesperación; perdona la falta que cometí más por fragilidad que por malicia. Te suplico que, por la gloriosa confesión que has hecho de Nuestro Divino Redentor, me concedas el perdón".

Pero el corazón de Sapricio se endurecía cada vez más. Siguió caminando sin dignarse siquiera mirar a Nicéforo, que le seguía llorando. Los soldados también se cansaron pronto de él y, asombrados por su extraña conducta, le gritaron: "¿Qué locura es ésta? El hombre va a morir, y sin embargo tú le imploras perdón".

Incluso cuando llegaron al lugar de la ejecución, Nicéforo redobló sus súplicas y sus lágrimas para obtener el perdón; pero Sapricio permaneció obstinado en su dureza de corazón y en su venganza.

Pronto, sin embargo, experimentó la ira de Dios. El verdugo tenía la espada en alto y estaba a punto de asestar el último golpe, cuando Sapricio lo detuvo, diciendo: "¿Por qué vas a cortarme la cabeza?"

"Por tu desobediencia a las órdenes del Emperador y por negarte a ofrecer sacrificios a nuestros dioses". "Esperad un momento", dijo el infortunado; "traedme fuego e incienso, y sacrificaré a vuestros ídolos, pero no me matéis".

Nicéforo, que estaba presente, se llenó de consternación al oír esto, y le gritó: "En nombre de Dios, ¿qué haces? ¿Niegas así a Jesucristo? ¿Por un breve lapso de vida te condenas a la muerte eterna?".

Pero estas sentidas palabras no hicieron ninguna impresión en el corazón de Sapricio, que ahora era esclavo de Satanás.

Entonces Nicéforo, deseoso de reparar la gloria de Jesús, herido por la apostasía de un cristiano indigno, y lamentando amargamente tan terrible caída, gritó a los verdugos: "Soy cristiano. Adoro como a mi Dios a Jesucristo, de quien este desgraciado se ha hecho apóstata. Aquí estoy, dispuesto a sufrir mil muertes antes que renunciar a mi Jesús y adorar a vuestros dioses."

Esta inesperada exclamación puso fin a la alegría que los idólatras empezaban a sentir por la caída del cristiano apóstata.

Uno de los soldados corrió a contar al Gobernador lo sucedido. "Señor", dijo, "la obstinación de Sapricio se ha derrumbado, y promete sacrificar a los dioses; pero se ha presentado otro hombre que se proclama cristiano, y dice que nunca renegará de su Dios, ni adorará a nuestras divinidades, ni consentirá en obedecer las órdenes de nuestro augusto Emperador."

Cuando el Gobernador oyó este informe, pronunció sentencia contra Nicéforo, diciendo: "Si este hombre se niega a ofrecer incienso a los dioses, que le corten la cabeza en el lugar de Sapricio". Nicéforo fue fiel hasta el final e, inclinando la cabeza, recibió el golpe mortal. Los ángeles bajaron del Cielo para recibir aquella alma santa, coronarla con la diadema del martirio y llevarla al Cielo, al trono de gloria del que Sapricio era indigno, por su dureza de corazón y su negativa a perdonar las injurias.

Así se transfirieron las coronas del martirio. ¡Qué terrible lección para quienes guardan en su corazón sentimientos de odio y venganza contra sus hermanos!

Luz de los humildes, i., p. 27.

EL FALSO PERDÓN.

Había una vez dos hombres que durante mucho tiempo habían vivido juntos en los lazos de una amistad íntima que, uno pensaría, nada podría perturbar. Pero esta misma intimidad produjo con el tiempo una frialdad que acabó en odio mutuo. Esto pronto fue conocido por sus vecinos, y aunque muchos de ellos se esforzaron por lograr una reconciliación, no lo consiguieron.

Uno de ellos enfermó gravemente. Sus amigos, viéndole en esta condición, y sabiendo que a menos que perdonara a su vecino antes de morir no podría obtener el perdón de Dios, trataron de inducirle a perdonar al que le había ofendido. Y lo consiguieron. Aceptó y mandó llamar al sacerdote para que le confesara y le administrara los últimos sacramentos de la Iglesia.

Cuando el sacerdote llegó, le dijo al moribundo: "Sabes bien, hija mía, que lo primero que debes hacer en esta tu preparación para la muerte es perdonar de corazón a tu enemigo; debes enviar a buscar a aquel hacia quien has guardado durante tanto tiempo sentimientos de odio. Estoy seguro de que le agradará venir. Hablarás con él como un cristiano y un hijo de un Padre común deben hacer el uno con el otro, y entonces tu preparación para los Sacramentos se cumplirá fácilmente."

Así se hizo, y mientras el mensajero iba a llamarlo, él hizo su confesión. Cuando su enemigo entró en la habitación, le recibió con todo signo de sincera amistad, y volvieron a estar unidos como en otros tiempos; al menos, en apariencia.

Luego se marchó el que había visitado al moribundo. Cuando salía, dijo a alguien que estaba cerca de él: "¡Oh, qué cobarde es ese hombre! Quería esta reconciliación sólo porque tenía miedo de morir como había vivido".

Desgraciadamente, el moribundo oyó estas palabras y, presa de una gran cólera, gritó: "No, no tengo miedo, y para demostrarte que no tengo miedo, te digo que todavía te odio, y te odio más que nunca. Vete de aquí y que no te vuelva a ver".

La excitación producida por esta horrible escena provocó una súbita reacción, y así murió sin arrepentirse, terminando su vida pecaminosa con una muerte aún más miserable.

Dios quiera, hija mía, que tu muerte no sea como la suya.

Histoires Édifiantes, p. 102.

SAN JUAN JUAN EL LIMOSNERO Y UN GRAN SEÑOR.

Cierto gran señor de Alejandría había dejado reposar en su corazón un profundo odio contra uno de sus vecinos. El Santo se esforzaba con frecuencia por poner paz entre ellos, pero en vano. Viendo al noble tan decidido a seguir viviendo en este odio pecaminoso, le envió un mensajero, pidiéndole que viniera a verle, pues tenía algo muy importante que darle a conocer.

El gran hombre acudió con mucha pompa y ricamente ataviado. El Santo le dijo que estaba a punto de ofrecer el Santo Sacrificio en la Iglesia, y le pidió que estuviera presente. Él consintió. Después de la consagración, cuando el santo patriarca hubo entonado el "Padre Nuestro", los asistentes, según la costumbre de la época, lo rezaron en voz alta junto con él. Cuando llegó a la petición: "Perdona nuestras ofensas, como también nosotros perdonamos a los que nos ofenden", se detuvo de repente; lo mismo hicieron todos los demás, según un arreglo previo que había hecho, de modo que la única voz que se oyó pronunciando la petición fue la del propio noble señor.

El Santo se volvió entonces hacia él desde el altar, y le dijo: "Señor mío, ¿habéis pensado seriamente en las palabras que acabáis de pronunciar en presencia de Dios y de todo el pueblo? Has pedido a Dios que te perdone, ciertamente, pero ¿de qué manera? Como nosotros perdonamos a los que nos ofenden". Tienes enemistad con tu hermano, y aún te niegas a perdonarlo, y le has pedido a Dios que te perdone igual que lo has perdonado a él. ¡Qué terrible oración has pronunciado contra ti mismo! Arrepiéntete, pues, de tu locura, y así como deseas ser perdonado por el gran Juez de vivos y muertos, perdona ahora de corazón a tu adversario que ha pecado contra ti."

Estas pocas palabras bastaron para conmover el corazón del noble, cuya fe seguía viva en su interior, y admiró en su corazón la ingeniosa caridad del santo patriarca.

Cuando terminó la Santa Misa no perdió un instante, sino que se apresuró en seguida hacia aquel a quien hasta entonces había considerado uno de sus mayores enemigos, y se reconcilió con él. Desde aquel día vivieron juntos unidos por los más estrechos lazos de la caridad fraterna.

LEONCIO: Vida de San Juan el Almirante.

EL NOBLE DUQUE DE GUISA Y SU ENEMIGO.

Cierto hombre hereje había concebido el designio de asesinar al duque de Guisa, uno de los más celosos defensores de la religión católica en sus días en el reino de Francia. Este designio fue oportunamente descubierto, y el Duque fue informado de ello.

Llamando al asesino a su presencia, le dijo, con aire de asombro: "¿Alguna vez te he hecho algún mal para que desees matarme?"

"No", respondió el otro, "nunca me has hecho ningún daño".

"¿Por qué, entonces, resolviste darme muerte?". "Porque quería defender mi religión", replicó su enemigo.

El duque le dio esta hermosa respuesta: "Si vuestra religión os manda asesinar a vuestro enemigo, la mía me manda perdonar; yo os perdono libremente".

¡Qué sentimientos tan heroicos! Que entren en tu corazón, hija mía, y se queden siempre grabados en él.

Catéch. de Rodez, ii. 423

Capítulo 57: Cuanto mayor es la injuria perdonada, más cierto es el perdón de Dios

Cuanto mayor sea la injuria que se te haya hecho, hija mía, mayor será tu mérito ante Dios al perdonarla.

LA NOBLE VENGANZA DE UN CRISTIANO.

Un valiente conde húngaro, llamado Pedro Szapary, fue hecho prisionero por los turcos, llevado a la ciudad de Ofen y arrastrado ante Hamsa-Bey.

El cruel turco se alegró de ver por fin a su temido enemigo en su poder; lo cargó de insultos, lo condenó a recibir cien golpes en las plantas de los pies, luego a ser encadenado de pies y manos, y a ser arrojado a prisión.

Era una mazmorra oscura y repugnante. La cama del prisionero no era más que paja mohosa; su comida era tan miserable que pronto estuvo a punto de morir.

Pero el cruel pachá no quería que muriera. Lo único que deseaba era torturar a su prisionero y luego cobrar por él un cuantioso rescate. Ordenó que cuidaran al prisionero hasta que recuperara la salud, y que luego lo enviaran a trabajar en la cocina.

Un día Hamsa-Bey le preguntó burlonamente cómo se sentía. Szapary no le respondió ni una palabra, sino que soportó el insulto sin dar muestras de enfado. Esto enfureció tanto al pachá que ordenó que enjaezaran al valiente noble a un arado y que labrara un campo vecino con otro infeliz cristiano, expuesto a los golpes del látigo y a las burlas del populacho.

Finalmente, tras tres largos años de cruel martirio, Szapary fue entregado a cambio de un rico turco, que había sido hecho prisionero por los húngaros.

Szapary regresó a casa en un estado lamentable; estaba agotado y apenas podía tenerse en pie. Pasó mucho tiempo antes de que recuperara completamente la salud.

Algunos años después de esto, sucedió que la ciudad de Ofen fue capturada por los cristianos, y el cruel Hamsa-Bey hecho prisionero. El duque de Lorena lo entregó en manos de Szapary, para que hiciera con él lo que considerara oportuno.

Un criado de Szapary se apresuró a ir a ver al turco para anunciarle el hecho. Poco después Szapary fue en persona a la prisión a visitar a su cruel enemigo.

"¿Me conoces?", le preguntó. "Soy Szapary".

"Lo sé", respondió hoscamente el turco; "ahora es tu momento de vengarte".

"Muy bien", respondió Szapary; "me vengaré, pero será la venganza de un cristiano. Ahora te devuelvo la libertad incondicionalmente y sin rescate". El turco sonrió con desprecio; no creía posible una conducta tan noble.

"Soy cristiano", continuó Szapary; "mi religión me ordena perdonar a mis enemigos y devolver bien por mal".

Entonces ordenó que le quitaran las cadenas a su enemigo y le devolvieran la libertad, por amor a Aquel que había sido clavado en la cruz.

El endurecido turco fue completamente vencido por tal generosidad. Cayó en agonía a los pies de Szapary. "Tu bondad llega demasiado tarde", gritó. "He tomado veneno para escapar de las torturas que esperaba. Ahora me maldigo a mí mismo y a mi crueldad hacia ti, y te pido perdón. Deseo al menos morir como un cristiano, ya que la religión cristiana enseña una virtud tan sublime."

Rápidamente llamaron a hábiles médicos, pero ya era demasiado tarde. Hamsa-Bey agonizaba; pero antes de morir fue bautizado, y Szapary fue su padrino.

Hungría.

EL SACERDOTE Y EL SOLDADO.

Hace unos cien años, cuando estalló en Francia la terrible Revolución, cierto sacerdote llamado padre Aurain dio un hermoso ejemplo de hacer el bien a quien le odiaba.

Un día estaba en la iglesia rezando sus oraciones. De repente, alguien corrió a decirle que los soldados republicanos se acercaban a la iglesia para hacerle prisionero.

El sacerdote se encomendó inmediatamente a la protección de Dios y trató de escapar por la sacristía al jardín que había detrás de la iglesia.

Allí le salieron al encuentro dos soldados, que intentaron apresarle, pero él, saltando el muro, corrió a toda prisa hacia el río, a una milla de distancia. Los dos soldados también corrieron tras él.

Cuando el sacerdote llegó a la orilla del río, miró a su alrededor y vio que sus enemigos seguían persiguiéndole. Sin demora, saltó al agua y nadó con seguridad hasta la otra orilla. Uno de los soldados intentó seguirle. El sacerdote, al verlo, echó a correr de nuevo y pronto estuvo fuera de peligro.

Pero cuando se detuvo a descansar un poco en la cima de una colina, creyó oír gritos de socorro procedentes del río. Miró a su alrededor, y una sola mirada se lo dijo todo. El soldado que se había lanzado al río en su persecución era incapaz de nadar y estaba siendo arrastrado por la corriente.

En un instante, el buen sacerdote volvió sobre sus pasos, se zambulló de nuevo en el río y pronto estuvo junto al hombre que se ahogaba. Lo agarró por el pelo mientras se hundía y lo arrastró a tierra.

Pasó algún tiempo antes de que el soldado recobrara el conocimiento, pero cuando al fin abrió los ojos y vio quién era el que le había salvado, se llenó de asombro.

"¿Quién eres?", gritó, pensando que tal vez sus sentidos le engañaban.

"Soy el padre Aurain, el cura de Figeac", fue la respuesta.

"¿Es posible?", exclamó el soldado. "Había jurado quitarte la vida, porque te odiaba".
"Hija mía", replicó el sacerdote, "nunca te he hecho ningún daño; ¿por qué me odiabas?".

"Porque me dijeron que nos odiabas y que intentabas hacernos todo el mal que estaba en tu mano".

El sacerdote respondió: "Hija mía, has sido engañada. Lo que ahora te he hecho te demostrará que lo que te digo es verdad. Estuviste a punto de perecer cuando intentabas quitarme la vida, y te he salvado de la muerte. Doy gracias a Dios, que me ha dado esta oportunidad de hacer bien por mal".

Aquel soldado se convirtió después en el mejor amigo del sacerdote.

SAN JUAN EL LIMOSNERO Y EL DIÁCONO.

Sucedió que en cierta ocasión el patriarca San Juan el limosnero estaba ofreciendo el Santísimo Sacrificio en su iglesia de Alejandría; y cuando llegó al Padre Nuestro, recordó de repente que la noche anterior le habían dicho que uno de los diáconos de su iglesia había concebido una gran mala voluntad hacia él a causa de alguna injuria que imaginaba que le había hecho.

Entonces le vinieron a la mente aquellas palabras de Nuestro Señor a la multitud en su Sermón de la Montaña: "Si, pues, ofreces tu ofrenda en el altar, y allí te acuerdas de que tu hermano tiene algo contra ti, deja allí tu ofrenda delante del altar, y ve primero a reconciliarte con tu hermano; y entonces, viniendo, ofrecerás tu ofrenda" (San Mateo, v. 23). Inmediatamente interrumpió la Santa Misa, y, dejando el altar, fue en busca de aquel que le tenía enemistad; y, aunque había muchas personas presentes, se arrojó a sus pies, y le rogó que le perdonase, si había sido él la causa de haberle causado alguna molestia.

El diácono quedó tan conmovido por la gran humildad del prelado, que en un instante desapareció de su corazón todo pensamiento de animosidad. Se postró a los pies del prelado y gritó: "¿Qué estáis haciendo, venerable Pontífice? Soy yo, y sólo yo, quien debe arrodillarse para implorar vuestro perdón, y para pedir a Dios que me perdone".

El Santo se negó a levantarse de sus rodillas hasta que el diácono lo hubiera hecho primero, y entonces dijo: "¡Que Dios, hijo mío, nos perdone a los dos por lo que hemos hecho contra Él!". Luego, habiéndole abrazado con paternal afecto, volvió a la iglesia, y continuó el Santo Sacrificio desde el lugar donde lo había interrumpido hasta el final.

¡Con qué alegría podía ahora aquel santo prelado decir las palabras de la santa oración: "Perdona nuestras ofensas", y con qué confianza podía ahora él mismo esperar ser perdonado por su Padre Celestial y su Juez!

Leoncio: Vida de San Juan el Almirante.

Capítulo 58: Perdonar a los demás es a menudo la causa de las bendiciones temporales.

Soportar pacientemente las injurias que otros te hacen sufrir es una de esas buenas obras que serán especialmente recompensadas por Dios en el Cielo, y aun en esta vida te traerán mucha felicidad temporal.

LA ESTATUA QUE NO SE ENFADABA

Un joven fue un día a ver al Superior de una de las casas religiosas de Oriente, y le pidió que le tomara por discípulo suyo.

El anciano, deseoso de saber de qué espíritu estaba lleno el postulante, y ansioso al mismo tiempo de darle una lección, le dijo: "¿Ves esa estatua que está allí, cerca de la puerta de esa celda?".

"Sí, Padre", respondió.

"Pues ve, hijo mío, y golpéala con todas tus fuerzas con ese bastón que tienes en la mano".

El joven así lo hizo, y regresó junto al Superior.

"¿Se enfadó la estatua cuando la golpeaste, o se quejó de los duros golpes que le diste?".

"No, padre.

"Ve de nuevo y golpéala como lo hiciste antes".

El joven fue una segunda y una tercera vez, pero seguía sin quejarse; la estatua permanecía inmóvil y no mostraba signo alguno de ira o mala voluntad contra el que la había golpeado.

Entonces el anciano dijo: "Hija mía, si crees que puedes sufrir las injurias y el duro trato de los demás sin quejarte ni tener en tu corazón ningún pensamiento de ira, y ser tan paciente como esa estatua inerte, entonces eres un sujeto apto para este monasterio. Pero si guardas en tu corazón algún rencor contra quienes te hayan podido herir, o algún deseo de venganza, no eres apto para nuestro género de vida."

Un buen cristiano debe ser tan paciente ante las injurias como la estatua ante los golpes que le han propinado.

SURUS: Vit. Sanct.

Capítulo 59: Dios perdona fácilmente al pecador penitente

Dice la Sagrada Escritura que la misericordia de Dios está por encima de todas sus obras. Y cuando Jesucristo estuvo en la tierra, mostró en todas partes su compasión por los pobres pecadores, y estuvo siempre dispuesto a perdonarlos cuando se lo pedían.

SANTA MARÍA MAGDALÉN.

"Entró un día Jesús en una ciudad llamada Naim, e iban con Él sus discípulos y una gran multitud. Y cuando llegó cerca de la puerta de la ciudad, he aquí que sacaban a un muerto, hijo único de su madre, la cual era viuda; y estaba con ella una gran multitud de la ciudad. El Señor la vio y, compadeciéndose de ella, le dijo: "No llores".

"Y acercándose, tocó el féretro, y los que lo llevaban se detuvieron. Y dijo: 'Joven, a ti te digo: Levántate'. Y el que estaba muerto se incorporó y comenzó a hablar. Y lo entregó a su madre. Y sobrevino a todos un gran temor; y glorificaron a Dios, diciendo: 'Un gran Profeta ha resucitado entre nosotros; y Dios ha visitado a su pueblo'".

La resurrección del hijo de la viuda es una figura del poder de Dios para resucitar al pecador de la muerte del pecado a una vida de gracia.

Después de contar la resurrección del hijo de la viuda a una vida temporal, San Lucas relata la conversión de Santa María Magdalena, a quien Jesucristo resucitó de la muerte a una vida espiritual.

"Uno de los fariseos le invitó a comer con él. Entró en casa del fariseo y se sentó a comer:

"Y he aquí una mujer pecadora que estaba en la ciudad, cuando supo que Él estaba sentado a la mesa en casa del fariseo, compró un vaso de alabastro con ungüento; y poniéndose detrás, a sus pies, comenzó a lavarle los pies con lágrimas, y se los enjugaba con los cabellos de la cabeza, y besándole los pies, se los ungía con el ungüento.

"Y el fariseo que le había convidado, viéndolo, habló dentro de sí, diciendo: 'Este Hombre, si fuera profeta, sabría ciertamente quién y qué clase de mujer es ésta que le toca, que es pecadora'.

"Respondiendo Jesús, le dijo: 'Simón, tengo algo que decirte'. Y él dijo: 'Maestro, dilo'.

"Cierto acreedor tenía dos deudores: uno debía quinientos peniques, y el otro cincuenta. Y como no tenían con qué pagar, perdonó a ambos. ¿Cuál de los dos le quiere más?

"Respondiendo Simón, dijo: 'Supongo que aquel a quien perdonó más'.

"Y Él le dijo: 'Has juzgado bien'.

"Y volviéndose a la mujer, dijo a Simón: '¿Ves a esta mujer? Entré en tu casa, y no me diste agua para los pies; pero ella con lágrimas me lavó los pies, y con sus cabellos me los enjugó. No me diste beso; mas ella, desde que entró, no ha cesado de besar mis pies. No ungiste mi cabeza con aceite; pero ella con ungüento ha ungido mis pies. Por eso te digo: Muchos pecados le son perdonados, porque ha amado mucho. Pero al que menos se le perdona, menos ama'.

"Y Él le dijo: 'Tus pecados te son perdonados'.

"Y los que estaban sentados a la mesa con Él comenzaron a decir dentro de sí: '¿Quién es éste que también perdona pecados?'

"Y dijo a la mujer: 'Tu fe te ha salvado; vete en paz'".

Después de haber obtenido así el perdón de sus muchos pecados, siguió a Nuestro Señor adondequiera que Él iba, acompañando a las santas mujeres que estaban con Él. Fue testigo de sus muchos milagros, escuchó sus discursos a la gente y se esforzó con piadosa solicitud por atender las necesidades de Nuestro Señor y de sus discípulos.

Fue una de las devotas que subieron a la colina del Calvario, estuvo al pie de la cruz y vio morir a Nuestro Bendito Señor. Le siguió hasta el sepulcro y fue la última en abandonarlo en aquel doloroso día. Y cuando terminó el reposo del sábado, volvió a estar entre los que acudían de madrugada a visitar el sepulcro.

¡Cuán grande debió ser su angustia al no encontrar el cuerpo de Nuestro Señor que había venido a buscar! "Mujer, ¿por qué lloras?", le dijeron los ángeles mientras contemplaba el sepulcro vacío.

"Ella les respondió Porque se han llevado a mi Señor, y no sé dónde lo han puesto.

"Dicho esto, se volvió y vio a Jesús de pie; pero no sabía que era Jesús.

"Jesús le dijo: 'Mujer, ¿por qué lloras? ¿A quién buscas?"

"Ella, pensando que era el hortelano, le dice: 'Señor, si tú le has llevado, dime dónde le has puesto, y yo le llevaré'.

Jesús le dice: "María".

"Ella, volviéndose, le dice: 'Rabboni' (que quiere decir 'Maestro').

"Jesús le dice: 'No me toques, porque todavía no he subido a Mi Padre; pero ve a Mis hermanos y diles: 'Subo a Mi Padre y a vuestro Padre, a Mi Dios y a vuestro Dios'.

"María Magdalena vino y dijo a los discípulos: 'He visto al Señor, y estas cosas me ha dicho'".

Tenemos todas las razones para creer, con seguridad, que la primera a quien Nuestro Señor se apareció después de Su resurrección fue a Su Santísima Madre -a quien Él amó tanto, a quien en Su pasión había sufrido tanto con Él. Pero la persona de quien el Evangelista nos dice que vio a Nuestro Señor antes que el resto de sus discípulos fue Santa María Magdalena, aquella que había sido tan gran pecadora, aquella que lo amó tanto, aquella de quien Él había dicho: "Os aseguro que dondequiera que se predique este Evangelio en el mundo entero, se contará también lo que ella ha hecho para memoria suya".

Y mientras el recuerdo de los grandes de este mundo es olvidado, el de la pecadora penitente es honrado en todo el universo. Incluso en este mundo, Dios le concedió algunos de sus favores más selectos. Porque durante los treinta años que vivió en la tierra después de la Ascensión de Nuestro Señor, durante los cuales practicó por amor a su Divino Maestro inauditas austeridades, siete veces al día fue llevada por los ángeles a la cumbre de una montaña vecina, donde los oyó cantar sus cánticos celestiales a las notas de la música más dulce, y donde conversó con Jesús, como en los días de antaño, sobre la "mejor parte que ella había elegido, y que nunca le sería quitada".

Vida de Santa María Magdalena

Evangelios de San Lucas y San Juan.

EL JEFE DE LOS BANDIDOS.

Bajo el reinado del emperador Mauricio vivía un jefe bandolero que, con sus crueles secuaces, sembraba el terror por todo el país y hacía inseguras las carreteras para los viajeros. Sucedió que, por la gracia de Dios, este hombre se convirtió de repente, como por milagro, y de ser un lobo feroz pasó a ser un manso cordero.

Poco después de su conversión se presentó ante el Emperador, y con lágrimas genuinas confesó sus muchos crímenes, ofreciéndose al mismo tiempo a sufrir cualquier castigo que pudiera decretarse contra él. Pero Mauricio, edificado al ver tanto dolor no afectado y de corazón en alguien que había sido tan malvado, le concedió el perdón completo, y, después de amonestarle con gran seriedad para que continuara caminando perseverantemente en el camino que ahora había elegido, le permitió partir.

No muchas semanas después, este mismo hombre enfermó gravemente y fue llevado al hospital. Él mismo preveía que su fin estaba próximo; y durante una noche tormentosa -era en la estación otoñal- pensó que no viviría para ver la luz de la mañana siguiente. Por lo tanto, envió inmediatamente a buscar al sacerdote, se confesó de nuevo con lágrimas de sincera contrición brotando de sus ojos, y recibió devotamente los últimos consuelos de la religión.

Cuando los ritos solemnes terminaron, levantando sus ojos moribundos al cielo, oró así a Dios: "Oh mi Divino Salvador, no voy a pedirte ningún nuevo favor; sólo deseo que me concedas lo que ya has concedido a tantos, y es que me muestres misericordia y me perdones, como perdonaste al buen ladrón en la cruz cuando agonizaba. Ten a bien recibirme como el padre de familia recibió a los obreros que llegaron a la hora undécima: ciertamente ellos no tuvieron tiempo de hacer mucho trabajo en la viña, ni a mí me queda mucho tiempo para trabajar por Ti. Ten a bien, te lo ruego, perdonarme los pecados que he cometido contra Ti, y no me eches de tu presencia, por miserable pecador que sea."

Durante mucho tiempo continuó orando y llorando, enjugándose de vez en cuando con la sábana que cubría su lecho las lágrimas que caían abundantemente de sus ojos.

Sucedió que uno de los enfermeros que estaba en la habitación contigua oyó estas palabras del moribundo, pero, vencido por el cansancio, pronto se durmió. Mientras dormía, hacia medianoche, tuvo una visión. Vio, por así decirlo, un par de balanzas, con placas de oro, que bajaban del Cielo y quedaban suspendidas en el aire sobre el lecho en que yacía el moribundo. Alrededor del lecho había un gran número de hombres, negros y horribles a la vista; estaban ocupados en arrojar a los platillos de la balanza trozos de papel, en los que estaban escritas todas las fechorías de su vida. Entonces vio aparecer dos ángeles, vestidos de un blanco deslumbrante, que se colocaron cerca del otro platillo. Parecían muy apenados al ver el primer plato tan cargado con la pesada carga del registro de los pecados del hombre, que los espíritus malignos estaban arrojando en él.

Entonces uno de los ángeles dijo a su compañero: "¿Debe, pues, perecer para siempre el alma de este infeliz?".

El otro ángel, con un profundo suspiro, respondió: "¿Dónde encontraremos algo que contrarreste este enorme peso? Hace sólo unas semanas que se arrepintió de sus crímenes, y ¿cómo podría, en tan poco tiempo, haber hecho penitencia suficiente para borrar tantos pecados?".

Los malos espíritus imaginaban ahora que el alma del ladrón moribundo era ciertamente su presa, y empezaban a exultar en su perverso triunfo, cuando uno de los espíritus celestiales, viendo que la sábana que cubría su lecho estaba mojada, y sabiendo que eran las lágrimas del pecador arrepentido las que la habían hecho así, dijo a su compañero: "Pongamos esta sábana, regada con las lágrimas del pecador arrepentido, en la otra jofaina. Tal vez tenga peso suficiente para inclinar la balanza a su favor, viendo cuán misericordioso es Nuestro Dios con los pecadores que le piden misericordia."

Apenas pusieron en el otro platillo de la balanza el pliego, mojado con las lágrimas de dolor, descendió de repente, superando en peso al otro, que se levantó tan rápidamente, como si sólo contuviera un poco de paja.

"¡Gloria y alabanza eternas sean dadas a la majestad de Dios!" gritaron los ángeles. "El alma de este bandido arrepentido ha encontrado misericordia en Dios y se ha salvado, y nuestras plegarias han sido concedidas".

Entonces condujeron con ellos el alma del difunto al Cielo, mientras los espíritus negros y horribles descendían al Infierno profiriendo gritos de desesperación.

El enfermero se despertó asustado por la visión que había tenido. Se acercó a la cama del ladrón y vio que acababa de morir. Contempló también la sábana que había visto en sueños, mojada por las lágrimas que había derramado, y supo por los que yacían cerca de él que no había cesado, mientras pudo pronunciar una palabra, de implorar la misericordia de Dios y de mostrar su sincero arrepentimiento por los pecados de su vida.

El enfermero guardaba piadosamente aquella sábana, mojada por las lágrimas que el dolor había hecho brotar, y a menudo la mostraba a otros, que a la vista de sus muchos y graves pecados se sentían tentados a desesperar cuando llegaba su última hora. Además, les relataba su maravilloso sueño, y, así consolados y animados, eran llevados a morir una muerte feliz en la confianza de obtener un juicio favorable de Aquel que dijo: "Al que a Mí viene, de ningún modo lo echaré fuera".

Rep. du Cat., iii. 353.

Parte 9: "NO NOS GUÍES A LA TENTACIÓN"

Capítulo 60: El sentido de esta petición

Hija mía, cuando dices: "No nos dejes caer en la tentación", no pides a Dios que aleje de ti la tentación, sino sólo que te conceda la gracia de no ceder a la tentación.

EL ABAD Y EL JOVEN MONJE.

Un joven monje fue un día a visitar a un venerable Abad. Mientras hablaban de cosas espirituales, el monje dijo: "Padre mío, hubo un tiempo en que me atormentaban mucho las tentaciones, pero, gracias a Dios, ahora nunca me atormentan".

El Abad le preguntó cómo había podido librarse de ellas.

"Le pedí a Dios que no me permitiera nunca más ser tentado, y Él se ha complacido en escuchar mi oración".

El Abad respondió: "Hijo mío, has hecho una gran insensatez. Vuelve pronto, y ruega a Dios de nuevo que te envíe tentaciones, pero que junto con ellas te dé la gracia necesaria para vencerlas. Si no tienes tentaciones contra las que luchar, es fácil que te descuides en la práctica de la virtud y caigas así en el pecado de la pereza."

El joven monje hizo lo que el Abad le había aconsejado, y continuó viviendo santamente.

Ejemplos de Lohner.

San Pablo nos dice que debemos mortificar nuestros miembros que están sobre la tierra. Esta mortificación significa que debemos luchar todos los días de nuestra vida contra nuestras pasiones y malas inclinaciones, y que sólo en el Cielo hemos de buscar el descanso y la paz

EL ABAD TEODORO Y EL NOVICIO.

Cierto novicio se quejó un día al abad Teodoro de que llevaba ocho años tratando de vencer sus malas inclinaciones, y que aún no lo había conseguido, sino que seguían molestándole.

"Hermano mío -respondió el abad-, tú te quejas de esta lucha de ocho años, y yo he pasado setenta años en soledad, y durante todo ese tiempo no he estado ni un solo día libre de tentaciones; y cada día durante todos estos años he tenido que luchar con mis malas inclinaciones, para poder mantenerlas en sujeción. Sólo cuando termine esta vida acabará nuestra lucha contra la tentación."

Capítulo 61: "Bienaventurado el hombre que soporta la tentación".

El Apóstol Santiago dice en su Epístola: "Bienaventurado el hombre que soporta la tentación, porque después de haber sido probado, recibirá la corona de vida que Dios ha preparado para los que le aman" (St. Jas. i. 12).

UNA VOZ EN EL DESIERTO.

Un anciano, que había elegido a San Juan Bautista como patrono, trató también de imitar su ejemplo. Abandonó su casa y a sus amigos, para vivir en un desierto solitario en el ejercicio de la oración y la penitencia.

Cuando había pasado allí unos diez años, el demonio trató de llenar su mente con pensamientos de desesperación, y de hacerle pensar que con toda seguridad se perdería para siempre.

Cuando esta terrible tentación estaba en su apogeo, tomó la resolución de abandonar el desierto, donde había vivido tanto tiempo, y volver a casa.

"¿De qué me sirve permanecer aquí más tiempo, si estoy tan seguro de que me perderé para siempre?".

Cuando estaba a punto de partir, oyó una voz que le decía: "¿Qué vas a hacer?".

El anciano, al oír la voz en aquel lugar solitario, se asustó; miró a su alrededor, pero no veía a nadie. Respondió con estas palabras a la pregunta que le habían hecho:

"Voy a volver a mi casa en el mundo, ya que aquí no puedo salvar mi pobre alma".

La misma voz respondió: "Esa es una tentación del más perverso. Permanece aquí en tu celda. Durante los diez años que has pasado en este lugar has tenido que luchar contra muchas tentaciones, y las has vencido todas. Por cada una de ellas te espera en el Cielo una brillante corona de gloria. En los tiempos venideros estas tentaciones de desesperación ya no te molestarán".

Estas palabras consolaron al anciano. Vivió muchos años después, sirviendo a Dios en oración y penitencia como antes. Al fin llegó el fin, y ahora está en el Cielo, gozando de la recompensa que había merecido por haber vencido tantas tentaciones.

RUFFIN: Vies des Pères, liv. 3.

SIETE CORONAS GANADAS.

Hace mucho, mucho tiempo, en el desierto de Tebaida, vivía un ermitaño muy entrado en años.

Este hombre santo tenía un discípulo a quien amaba con un afecto paternal. Todas las noches tenía la costumbre de dar a este joven una breve instrucción, y después de haber pasado un rato juntos en oración, el anciano le daba su bendición, y luego ambos se retiraban a descansar.

Sucedió una noche que el ermitaño, muy cansado, se quedó dormido en medio de su instrucción. El joven esperó largo rato a su lado, con la esperanza de que se despertara pronto, y entonces, como de costumbre, rezarían juntos sus oraciones nocturnas antes de irse a descansar por la noche.

Pero el anciano seguía durmiendo. Llegó la medianoche y el discípulo empezó a sentirse muy cansado. Surgió en su mente la tentación de dejar a su maestro y retirarse a descansar, pero rechazó la tentación y permaneció con él.

Poco después volvió la tentación, pero él la ahuyentó de nuevo. Siete veces fue tentado de este modo, y siete veces ahuyentó la tentación; porque estaba resuelto a no dejar solo al anciano, y a no acostarse hasta haber obtenido antes su bendición.

Al fin despertó el ermitaño. Encontrando al joven todavía a su lado, le dijo: "Hijo mío, ¿por qué no te retiraste a descansar a la hora acostumbrada?"

"Porque, padre mío, no me dijiste que me fuera".

"¿Y por qué no me despertaste?".

"No quise molestarte, padre mío, pues vi que estabas muy cansado".

Las lágrimas acudieron a los ojos del buen anciano al ver tanta virtud en alguien tan joven, y dio gracias a Dios por las gracias que ya había concedido a su joven discípulo.

Luego se arrodillaron y rezaron sus oraciones; y el joven, habiendo recibido su bendición, se acostó a dormir.

El ermitaño también se durmió. Durante el sueño tuvo una visión. Le pareció ver un hermoso palacio, y en él un magnífico trono, sobre el cual había siete coronas de gloria que brillaban como el sol.

A su lado estaba un ángel, que parecía haber sido enviado para mostrarle todas estas cosas. Él dijo al ángel: "¿Para quién es ese trono y para quién son esas coronas de gloria que veo suspendidas sobre él?".

El ángel respondió: "El trono es para tu discípulo, que es tan virtuoso y obediente, y estas siete coronas las ha merecido esta misma noche."

Al llegar la mañana, llamó a su discípulo y le preguntó qué buenas obras había hecho durante la noche.

"No he hecho nada que pueda recordar". Pero el ermitaño insistió en que le contara todo lo que había pasado, hasta sus mismos pensamientos.

"Padre mío -respondió-, no he hecho nada que pueda ser meritorio a los ojos de Dios. Es verdad que, cuando dormías, siete veces tuve la tentación de dejarte y retirarme a la cama, y siete veces rechacé la tentación. Eso es todo lo que he hecho durante la noche".

El anciano supo entonces cómo había ganado las siete coronas, y vio con ello que toda victoria que se obtiene sobre las tentaciones, por pequeña que sea, adquiere mucho mérito ante Dios.

Vidas de los Padres del Desierto.

UNA RESPUESTA NOBLE.

Cuando el malvado juez Rictiovarus ordenó a Santa Macra que negara a Jesucristo, ella le respondió: "Jamás seré culpable de tal crimen, pues soy cristiana e hija de Dios".

El Juez dijo: "Sacrifica a los dioses, o serás sometida a las más terribles torturas".

El mártir respondió: "¡Sabed, oh tirano cruelísimo, que vuestras amenazas jamás podrán arrancar de mi corazón la fe y el amor a mi divino Maestro! Jesucristo es mi Dios y mi todo. Él es mi tesoro, mi vida, mi felicidad; y nada me separará jamás de Él".

Esta debe ser también tu respuesta a Satanás, hijo mío, cuando te tiente a ofender a Dios.

LA GENEROSA RESPUESTA DE BENIGNE DE FREMIOT.

Benigno de Fremiot, padre de Santa Juana Francisca, fue puesto a cargo de la fortaleza de Samur durante la guerra de los hugonotes en Francia. Sucedió que durante una de las escaramuzas que tuvieron lugar, el hijo de Benigne cayó en manos del enemigo.

Imaginaron que ahora tenían una oportunidad favorable de obtener el castillo de Samur, que durante mucho tiempo habían intentado capturar, pero sin éxito. Así que se dirigieron a la puerta del castillo, llevando consigo al hijo del gobernador; y después de pedirle que se acercara a la puerta, le dijeron que si no les entregaba el castillo, matarían inmediatamente a su hijo ante sus ojos.

Estas palabras atravesaron el corazón del padre como si una flecha lo hubiera atravesado; pero, recordando su deber para con su Rey, respondió inmediatamente sin vacilar: "Benigne de Fremiot puede, en efecto, perder a su hijo, pero nunca será infiel a su Rey".

EULOGIO Y EL LEPROSO.

En tiempos antiguos, vivía en Oriente un hombre erudito, que encontraba su mayor deleite en el estudio de la ciencia humana, y sólo en segundo lugar pensaba en la ciencia de los Santos.

Un día, estando solo, se dijo: "¿De qué me servirán todos estos conocimientos y la adquisición de toda la sabiduría humana, si ignoro la única gran ciencia que debe ocupar la mente del hombre: el conocimiento de Dios y de las cosas que conducen a Dios?".

Entonces tomó la gran resolución de consagrar el resto de su vida al servicio de Dios y a la realización de las cosas que conducen a Dios. Comenzó distribuyendo entre los pobres todos los bienes terrenales que poseía, y luego suplicó fervientemente a Dios que le diera a conocer el tipo de vida que deseaba que abrazara.

Dios se complació en escuchar y conceder su oración. Un día, en la plaza pública de la ciudad, se encontró con un leproso que, a causa de la terrible enfermedad que le había sobrevenido, había quedado privado del uso de manos y pies.

Lleno de compasión por su terrible estado, tomó la resolución ante Dios de cuidar de él mientras viviera, y de proporcionarle todo lo necesario para su sustento, esperando así ganar para sí la misericordia de Dios aquí y el Reino de los Cielos en el más allá.

Llevó, pues, al enfermo a su casa, y durante quince años cuidó de él como si fuera su propio hijo.

Al cabo de ese tiempo, el hombre, que hasta entonces había mostrado una gran gratitud hacia su benefactor, se volvió repentinamente muy desagradecido. Bajo una gran tentación del maligno, que se enfurecía al ver que Eulogio ganaba tantos méritos a los ojos de Dios, el leproso se quejaba constantemente de que no le cuidaban lo suficiente. "Debes de haber sido culpable de un gran número de crímenes", le dijo un día, "ya que has sido condenado a hacer tanta penitencia. No quiero seguir en tu malvada compañía. Llévame al lugar donde me encontraste. La generosidad de los ricos, que me verán pasar, bastará para procurarme lo necesario para vivir. Además, podré ver y conversar con mis semejantes, cosa que no puedo hacer en este lugar". Estas palabras apenaron el corazón del compasivo Eulogio, pero lejos de enojarse con él, sólo redobló su atención hacia él, y no cesó de suplicar a Nuestro Señor que cambiara el corazón del pobre hombre, que le era tan querido. Un avaro no podía temer la pérdida de sus tesoros tanto como él temía verse obligado a renunciar al cuidado de su querido leproso.

No sabiendo qué más podía hacer para apaciguarlo y evitar que lo abandonara, pensó que lo llevaría al lugar donde moraba el gran San Antonio.

Cuando llegaron a su celda en el desierto, el Santo hizo ver al pobre hombre a quien la Providencia había provisto tan abundantemente, y que sin embargo no parecía reconocerlo, cuán pecaminosa había sido su conducta, y le mostró que todo era una tentación de la más perversa.

Concluyó prediciéndole a él y a su bienhechor que en cuarenta días ambos morirían. "Os queda ahora poco tiempo para ejercitar la gran virtud de la paciencia el uno por el otro, pues dentro de cuarenta días moriréis los dos, y sería verdaderamente triste pensar que separándoos el uno del otro durante ese corto tiempo perdierais tanto de la gloria que os espera."

En aquel momento el leproso fue liberado de la tentación que le había atormentado, y Eulogio regresó a su casa consolado. Vivieron juntos en mutua felicidad en el lugar donde ya habían pasado tantos años, bendiciendo y alabando a Dios.

El cuadragésimo día, como San Antonio había predicho, ambos se durmieron en el Señor, muriendo primero Eulogio. ¡Cuán grande debe ser ahora su recompensa por haber servido a Dios tan fielmente en medio de tantas pruebas!

L'Année des Saints, p. 316.

LA VISIÓN DE MOISÉS EL ANACORETA.

Vivía en el desierto de Escete un solitario que se llamaba Moisés. Este santo hombre, habiendo sido durante mucho tiempo tentado de muchas maneras por Satanás y los espíritus de las tinieblas, resolvió visitar a San Isidoro Abad, gran siervo de Dios, para obtener consuelo en sus pruebas y su consejo sobre cómo perseverar.

El santo Abad le recibió con gran amabilidad, y se esforzó por impartir a su alma afligida todo el consuelo que estaba en su poder, utilizando para ello las consoladoras palabras de las Sagradas Escrituras.

Luego lo condujo al exterior de su celda, y le dijo: "Hijo mío, mira hacia el oeste y dime lo que ves".

Moisés así lo hizo, y respondió: "Veo una multitud grande y feroz que se prepara para atacarme".

"Ahora", dijo Isidoro, "vuelve hacia el este. ¿Qué ves allí?"

Moisés respondió: "Contemplo una hueste innumerable de ángeles de pie en medio de una luz brillante dispuestos a venir en mi ayuda para defenderme."

"He aquí, pues", dijo el Abad, "una imagen del conflicto en el que ahora estás empeñado. El número de tus adversarios es ciertamente grande, pero ¿quién puede contar la multitud de los que Dios ha enviado en tu ayuda?". Esta visión y las inspiradas palabras del abad infundieron nuevo valor al anacoreta, que regresó reconfortado a su celda.

Vidas de los Padres del Desierto.

Capítulo 62: No debemos exponernos a la tentación

Hija mía, no debes exponerte voluntariamente a la tentación, sino más bien huir de ella; porque el Espíritu Santo dice: "El que ama el peligro perecerá en él" (Eccl. iii. 27).

LA BUENA MUCHACHA DE MILÁN.

Cerca de la ciudad de Milán, en el camino que conduce a Innspruck, una joven de unos diecisiete años cuidaba del rebaño de su madre, que apacentaba en el valle. Se llamaba María. No tenía muchas riquezas terrenales, pero era rica en méritos para el Cielo y especialmente devota de la Santísima Madre de Dios.

Un día, mientras cantaba un piadoso himno en honor de Nuestra Señora, pasó por allí el director del gran teatro de Milán. Al oírla cantar tan dulcemente, se detuvo a escuchar, pues pocas veces había oído una voz tan potente y melodiosa.

"Si pudiera conseguir esa voz para mi teatro", se dijo, "pronto haría fortuna".

Acercándose a ella, le pidió que le dijera su nombre y dónde vivían sus padres.

"Mi padre ha muerto -respondió ella-, y vivo con mi madre en aquella casita que ves junto al bosque".

"Acompáñame y llévame con tu madre. Quiero hablar con ella".

"Pero no tengo a nadie que cuide de mis ovejas", dijo ella.

"No debes temerlas", respondió él, "pues si alguna se extravía antes de tu regreso, te pagaré diez veces su valor".

"Pero dígame, señor, ¿por qué desea ver a mi pobre madre?".

"Voy a hacerla rica, y a ti también. Tu voz es tan bella que te convertirá en la primera cantante del gran teatro de Milán."

"Pero si fuera contigo a ese lugar no podría salvar mi alma".

"¿Por qué no?", preguntó.

"Porque aprendí en mi Catecismo que los que van a esos lugares no sólo pierden su propia alma, sino que hacen que los demás pierdan también la suya".

"Todo eso son tonterías", dijo el director. "Además, ¿qué importa?".

"¿Qué es lo que dice, señor?", respondió ella, indignada. "¿Cree usted que voy a poner en peligro mi salvación eterna, aunque sea por la riqueza del mundo entero? Jamás. Así que puede marcharse, porque nunca conseguirá que vaya con usted".

Al ver que no lograba persuadir a la joven, el administrador la dejó y fue a tratar de obtener el consentimiento de su madre. La madre se alegró mucho de la oferta y aceptó de inmediato que su hija fuera con él a Milán.

Cuando María volvió a casa por la noche con su rebaño, su madre le contó lo sucedido y le dijo que debía prepararse para ir a Milán al día siguiente con el administrador, que había tenido la amabilidad de aceptar llevarla.

Pero María declaró a su madre que no iría, porque eso sería caer voluntariamente en la tentación. Todos los motivos que tanto el administrador como su madre pudieron esgrimir para inducirla a cambiar de opinión fueron inútiles; la joven no quiso ir.

Al final, viendo que no hacían más que gastar palabras con ella, le dijeron que le darían hasta la mañana siguiente para pensar en la propuesta.

Cuando María quedó sola, la asaltó una terrible tentación. Pensó en la pobreza de su madre y en las muchas horas de trabajo y de soledad que había pasado en el campo sin ganar más que lo suficiente para no morirse de hambre. Su madre sería ahora rica y podría pasar su vejez con tranquilidad y comodidad.

Pero, por otra parte, vio que si aceptaba la oferta que se le hacía, rompería las solemnes promesas de su bautismo y pondría en peligro la salvación de su alma.

En su perplejidad suplicó a la Santísima Madre de Dios y a su ángel custodio que la orientasen, y oyó en su propio corazón la respuesta a su oración: "No vayas; no debes dar la espalda a Jesús para ir a servir a Satanás".

Cuando llegó la mañana, anunció a su madre que había decidido no ir.

Su madre rompió a llorar, la regañó e incluso amenazó con castigarla, pero todo fue en vano. El administrador le dijo también que si no se iba con él de buena gana, como su madre deseaba, se la llevaría por la fuerza.

"Oh, madre mía", dijo la joven, rompiendo a llorar, "pídeme que haga el sacrificio que quieras, pero, por Dios, no me pidas que vaya adonde corra tanto peligro de perder mi pobre alma".

Pero su madre no cedió, y le dijo que fuera inmediatamente a hacer sus preparativos, y que estuviera lista para partir junto con el encargado en el espacio de una hora.

María entró en su habitación, y allí, ayudada por la gracia de Dios, puso en práctica la resolución que había tomado la noche anterior. A menudo había oído decir que la pérdida de algunos dientes cambia por completo la voz y le quita no sólo su fuerza, sino también su dulzura. Así que se asomó a la ventana y se rompió dos dientes en el ángulo de una piedra saliente.

Después volvió junto a su madre. Su rostro daba más señales de placer que de dolor, de modo que su madre pensó que por fin se había decidido a marcharse. Pero en cuanto empezó a hablar, el director detectó un extraño cambio en su voz. La miró un momento y vio lo que había hecho.

Lleno de admiración por tan heroico valor, expresó su pesar por su conducta, y volviéndose hacia su madre, le rogó que no se enfadara más con una hija que se había mostrado tan digna de su afecto y estima.

SCHUPPE: Instruct. Relig., iii. 532.

EL NIÑO QUE CAYÓ AL POZO.

Un caballero que pasaba un día por una aldea vio a un niño llamado Pedro que, inclinado sobre el borde de un profundo pozo, se divertía arrojando piedrecitas y escuchando el ruido que hacían al caer al agua.

"Hijo mío", le dijo el señor, "aléjate del borde del pozo, no sea que te desequilibres y caigas dentro".

El niño no pareció hacer caso de la advertencia, sino que siguió jugando como antes al borde del profundo pozo.

El caballero no se había alejado mucho cuando oyó un grito. Al mirar a su alrededor, vio que Pedro había desaparecido, y la gente gritó que se había caído al pozo. Todos corrieron hacia el lugar. El caballero también corrió hacia atrás. Algunos traían escaleras, otros cuerdas. Uno estaba a punto de bajar una escalera.

"No", dijo el caballero, "puedes aplastarlo con ella. Baja una cuerda. Puede agarrarla, y entonces le sacaremos".

Así lo hicieron. Bajaron la cuerda y Pedro se agarró a ella. Se agarró fuertemente a ella y, gracias a ella, salió del pozo y se salvó.

"Hijo mío -dijo el caballero-, guarda con mucho cuidado esta cuerda, pues, de no ser por ella, ahora estarías muerto en el fondo del pozo. Esto también te servirá de lección para no exponerte al peligro. Si hubieras seguido mi consejo, no habrías caído al pozo". El muchacho tuvo cuidado de no volver a exponerse a ningún peligro, sino que huyó en cuanto se vio expuesto a él.

EL LEÓN EN LA CASA DE FIERAS.

En una de las ciudades de provincia de Escocia, una serie de animales salvajes estaban siendo expuestos en sus jaulas de hierro a una gran multitud de personas que habían entrado en la casa de fieras para verlos. Entre estos animales había un león joven que parecía llamar especialmente la atención.

El cuidador, deseando entrar en la jaula, abrió la puerta, y antes de que tuviera tiempo de cerrarla de nuevo, el joven león saltó de repente fuera de la jaula en medio de la multitud.

En un instante se precipitó hacia la puerta de la tienda. Todos, viejos y jóvenes, corrían ansiosos, temiendo ser devorados y gritando: "¡Socorro! ¡Socorro!".

Pronto capturaron al león y lo volvieron a meter en su jaula, pero la gente no regresó. Volvieron a sus casas, y en el camino tomaron la resolución de no exponerse nunca más a un peligro semejante.

Hija mía, ¡cuán diferente actúa mucha gente ante un peligro aún más importante: el peligro de perder el alma! En vez de huir de la tentación, permanecen en ella y, en su mayor parte, ceden al pecado y se pierden. Aprende de este ejemplo a huir inmediatamente de la tentación, gritando: "¡Oh Dios mío, ayúdame!", y ciertamente perseverarás.

ALIPIO EN LOS ESPECTÁCULOS ROMANOS.

A veces es muy difícil vencer las tentaciones que se nos presentan en el camino; pero es mucho más difícil, es casi imposible, vencer aquellas a las que voluntariamente nos exponemos sin causa.

Nuestro Señor ha prometido ayudarnos cuando se lo pidamos, si no es por culpa nuestra que estamos en peligro; pero si es por culpa nuestra, no ha prometido ayudarnos; al contrario, nos ha dicho que pereceremos si vamos voluntariamente a la tentación: "El que ama el peligro perecerá en él".

San Agustín nos cuenta una triste desgracia de este género que le sucedió a un amigo suyo llamado Alipio.

Este joven había ido a Roma para proseguir allí sus estudios. En aquellos días había en aquella ciudad muchos espectáculos públicos y teatros, y los jóvenes de Roma solían acudir a estos lugares, con lo que muchos de ellos se arruinaban tanto en el alma como en el cuerpo.

Sucedió que algunos de los jóvenes que estudiaban en la misma escuela que Alipio fueron a esos lugares, y la consecuencia fue que cayeron en el mal. Alipio fue advertido antes de ir a Roma de los peligros que allí encontraría, y muy pronto vio por sí mismo el mal que estos espectáculos hacían a sus compañeros. Así que, desde el principio, tomó la firme resolución de no poner nunca el pie en ninguno de esos lugares, no fuera a ser que se desviara del camino de la virtud y cayera en el pecado.

Un día se iba a celebrar una gran exhibición en el anfiteatro, y los jóvenes, sus camaradas, iban todos en masa para estar presentes. Le pidieron a Alipio que fuera.

"No", respondió, "nunca iré allí".

"Pero debes venir con nosotros, sólo por esta vez. Nunca volverás a tener una oportunidad así; ven".

"No hace falta que me preguntéis", respondió, "porque ya os he dado mi respuesta definitiva: no iré".

Uno de ellos dijo: "Si no consientes en ir, te llevaremos a la fuerza".

"Podéis hacerlo si queréis", respondió; "pero si lo hacéis, mantendré los ojos cerrados todo el tiempo; no podéis obligarme a tenerlos abiertos".

Desgraciadamente, después de mucha persuasión y palabras amistosas por parte de los que pretendían arrastrarle a la ruina, él, como muchos otros han hecho desde entonces, consintió en ir con ellos. "Pero", dijo, "mantendré los ojos cerrados todo el tiempo, pues estoy completamente decidido a no mirar nada".

Alipio se dirigió al anfiteatro. Allí se sentó en medio de sus compañeros con los ojos cerrados mientras se desarrollaba la representación. Hubiera sido mejor para él tener los oídos cerrados al igual que los ojos, pues el pecado puede entrar en el alma tanto por el oído como por la vista.

Hacia la mitad de la representación, cuando algunos de los actores habían interpretado su papel con gran destreza, el pueblo comenzó a vitorear y a mostrar con sus aplausos lo encantado que estaba. Alipio olvidó por un momento su resolución. Abrió los ojos, y en cuanto los abrió se sintió tan atraído por la escena que tenía ante sí que decidió mantenerlos abiertos hasta que terminara la obra. Así que cedió a la tentación porque se expuso voluntariamente al peligro.

Noche tras noche vio a Alipio en el anfiteatro. Ya no podía pensar en otra cosa. Olvidaba su trabajo y sus oraciones, el cuidado de su alma y todo lo demás, y al final se encontraba entre los peores de todos sus compañeros.

No nos dice San Agustín cuánto tiempo continuó así, pero al final, sin duda por las oraciones de aquel gran Santo, abandonó sus malos caminos y volvió a la senda del deber; pero a todos nosotros nos ha dejado un triste ejemplo de lo peligroso que es caer voluntariamente en la tentación.

Confesiones de San Agustín.

LA QUEJA DE SATANÁS.

San Antonio nos cuenta el siguiente ejemplo:

"Un día alguien llamó muy fuerte a la puerta del monasterio.

"Yo mismo fui a ver quién estaba allí.

"Cuando abrí la puerta me asusté mucho, porque vi ante mí a un hombre de gran estatura. Le pregunté quién era.

"'Soy Satanás', respondió.

"'¿Y qué quieres aquí?', le dije.

"'Quiero saber por qué no sólo vosotros, los monjes, sino también todos los cristianos, siempre me estáis maldiciendo. Porque a la primera desgracia que les sobreviene siempre dicen: '¡Maldito sea el diablo!'".

"Respondí: 'Tienen gran razón para maldecirte, oh espíritu maligno, pues siempre los estás tentando, y tendiéndoles trampas para arrastrarlos al pecado'.'

"Satanás respondió: 'A menudo no tengo tanta culpa como tú crees, pues las personas son a menudo la causa de su propia ruina al buscar las ocasiones del pecado, esperando no caer, aunque saben cuán frágiles son. En cuanto a mí, desde que Dios se hizo hombre he perdido mi poder sobre ellos, pues tienen armas tan fuertes para vencerme. Yo nunca podría vencerlos, si sólo usaran las armas que Dios ha puesto en sus manos. Así que no necesitan culparme, ni maldecirme tanto, ya que es enteramente su propia culpa que estén perdidos.'

"Dije entonces: 'Señor mío Jesucristo, te doy gracias porque has vencido al Diablo, y socorres a tus siervos en el momento de necesidad'.'

"En cuanto Satanás oyó pronunciar el nombre de Jesús, desapareció de repente y no se le vio más".

Vida de San Antonio.

Hija mía, los santos llaman a los ojos "las ventanas del alma". Por los ojos vemos los objetos buenos y malos. Bienaventurado seas, pues, si, cerrándolos siempre a todo lo malo, los mantienes abiertos sólo para ver lo bueno, y lo que te lleva a Dios.

"MANTENDRÉ LOS OJOS CERRADOS".

El pequeño Enrique había estado muy enfermo. Cuando se estaba recuperando poco a poco, y apenas era capaz de levantarse de la cama y andar un poco, se quedó solo un rato en la habitación, cuando entró su hermana comiendo un trozo de pastel dulce.

La madre de Henry le había dicho que no debía comer nada más que lo que ella le diera, y que sería peligroso que comiera lo mismo que los demás niños hasta que estuviera más fuerte.

A Henry se le estaba abriendo el apetito y la tarta que su hermana le tendía en la mano le resultaba muy tentadora. Tenía muchas ganas de darle un mordisco, y su amable hermana se lo habría dado de buena gana.

"Jeannie", le dijo, "tienes que salir corriendo de la habitación y llevarte ese dulce pastel. Mantendré los ojos cerrados hasta que salgas por la puerta, para no caer en la tentación de cogerlo".

¡Qué hermoso ejemplo de un niño tan pequeño! Si no sólo los niños, sino también las personas adultas, cerraran los ojos cuando están en tentación, escaparían fácilmente de muchos pecados y problemas.

Capítulo 63:
Hay que resistir inmediatamente a la tentación

Cuando seas tentado a hacer lo que está mal, aleja la tentación de inmediato; porque si eres descuidado en alejarla al principio, al final puede matar tu alma.

EL NIDO DE VÍBORAS.

Un campesino caminaba un día por un bosque. A un lado del camino vio de repente un nido lleno de víboras. En cuanto las vio, retrocedió asustado, pero al final se armó de valor y fue a ver el nido. Encontró siete víboras, todas muy jóvenes.

Cuando vio que eran tan jóvenes, cogió el nido y se lo llevó a casa. Durante varias semanas los alimentó con pan y leche, y se los enseñó a todos los que venían a verle.

Unas tres semanas después de llevarlos a casa, uno de los que venían a verlos le dijo "Amigo mío, te aconsejo que mates de una vez a estas víboras mientras son jóvenes, porque si sigues teniéndolas y alimentándolas como lo estás haciendo ahora, puedes estar seguro de que un día te atacarán con sus colmillos venenosos y te matarán."

"Oh, no tengas miedo", respondió él; "son muy jóvenes todavía, y no pueden hacerme ningún daño. Tendré mucho cuidado de que, cuando empiecen a ser peligrosos, me deshaga pronto de ellos".

"Yo te aconsejaría que los mataras en seguida", dijo el otro, "de lo contrario, algún día te darás cuenta de que te han cogido por sorpresa".

Este consejo no fue atendido. El visitante se marchó y el hombre siguió con las víboras.

No muchos días después volvió el mismo visitante. Cuál no sería su sorpresa al ver a su pobre amigo sufriendo terribles torturas. Las víboras le habían atacado, como le habían advertido. Su amigo fue inmediatamente a buscar ayuda, pero ya era demasiado tarde. El veneno había penetrado en su sangre, y el desdichado hombre expiró poco después.

Sra. Herbert.

Capítulo 64: Las tentaciones nos acompañan a lo largo de la vida

Mientras estés en este mundo, hija mía, tendrás tentaciones; pero no temas, porque no pueden hacerte ningún daño sin tu propio consentimiento.

PELIGROS POR TODAS PARTES.

Uno de los santos solitarios que vivía en los desiertos de Oriente fue conducido un día por el Espíritu de Dios a una gran ciudad, y se le mostró cómo la gente era tentada por los espíritus malignos.

Era tan grande el número de estos malvados que los cielos parecían oscurecerse con ellos. Iban de un lado a otro con la mayor actividad, poniendo tentaciones ante las mentes de todos los que encontraban.

Rodeaban a los mercaderes en sus tiendas, tentándoles para que engañaran a los que les compraban. Estaban cerca de los ociosos y los tentaban a hablar mal de sus vecinos. Veía a otros caminando junto a los jóvenes, sugiriéndoles malos pensamientos; y a otros los veía llenar la mente de las mujeres con pensamientos de vanidad, e inspirarles una elevada idea de sus propios atractivos.

Pero sus tentaciones no terminaban aquí. Vio una inmensa multitud de estos espíritus malignos entrar en la iglesia junto con los que entraban a rezar sus oraciones; y tan pronto como se arrodillaban, inmediatamente ponían pensamientos distractores ante sus mentes, para impedirles rezar bien.

Vio también que a menudo tenían que huir, porque aquellos a quienes tentaban recurrían a Dios en busca de ayuda, pero sólo para volver al poco tiempo con mayor fuerza aún; y siempre que lograban que alguien cediera al pecado, se llenaban de una alegría diabólica, y cuanto mayor era el mal que se había hecho, mayor era su alegría.

Cuando el hombre santo vio todo esto, gritó: "¡Oh Dios mío, aleja de mí la tentación!". Y cuando volvía a su casa del desierto, no cesaba de exhortar a los religiosos con quienes se encontraba a decir una y otra vez con el mayor fervor aquella petición del Padrenuestro: "No nos dejes caer en la tentación"; "porque -les decía- esos espíritus malignos se encuentran no sólo en las grandes ciudades, sino dondequiera que haya un ser humano sobre la faz de la tierra."

HAUTERIVE: Catch. de Persu.

EL PESCADOR Y EL PECECILLO

Un pescador estaba de pie a la orilla del río con una caña de pescar en la mano intentando atrapar los peces que nadaban en el agua.

En el extremo de su sedal había un anzuelo, que el pescador había cubierto con un cebo que lo ocultaba a los ojos de los peces. Un pececillo, atraído por el agradable aspecto del alimento, se acercó a él y, pensando que sería tan agradable al gusto como a la vista, abrió la boca y se lo tragó.

Pero en un momento descubrió el error que había cometido, pues la afilada punta del anzuelo se le clavó en el costado y empezó a retorcerse de dolor. Entonces el pescador, viendo por el movimiento del pez que se había tragado el cebo, sacó rápidamente el sedal, y el pez yacía agonizante en la orilla del río. El pescador, orgulloso de su captura, tomó el pez en sus manos y lo mató.

Así es como Satanás trata de capturar tu alma, hija mía. Te pone delante algo que es agradable a los sentidos, pero te oculta cuidadosamente el remordimiento que hay debajo. Si cedes a la tentación y cometes el pecado, entonces estás en poder de Satanás, que sólo espera el momento de tu muerte para arrastrarte al infierno. ¡Oh, cuán cuidadoso debes ser, entonces, para resistir la tentación tan pronto como la percibas!

CÓMO TIENTA SATANÁS A LOS JUSTOS EN EL MOMENTO DE LA MUERTE.

San Odilo, de Cluny, había pasado más de cincuenta años sirviendo a Dios cuando empezó a sentir que su fin se acercaba. En vez de disminuir sus penitencias, las aumentó, porque vio que en poco tiempo ya no podría ganar méritos para el Cielo. Satanás, que tantas veces había sido vencido por sus santas oraciones, unió todas sus fuerzas para un último asalto mientras el santo hombre yacía en su agonía. Se le apareció en forma espantosa para atemorizarlo y tentarlo a la desesperación; pero, como el Santo había estado acostumbrado a resistirle durante toda su vida, ahora también pudo ahuyentarlo.

Con santa confianza, y con palabras de desdén, le dijo: "¡Vete, bestia detestable y malvada, enemigo jurado del honor de Dios! ¿Qué te ha traído aquí? ¿Qué tienes contra mí? Dímelo. En nombre del Dios vivo, tu juez y el mío, te ordeno que te marches". Al decir estas palabras, hizo la señal de la cruz, y Satanás, confundido, desapareció de repente de su vista.

Capítulo 65: Las malas compañías, causa principal de la tentación

Hija mía, la razón por la que tantas personas caen en el pecado es porque se ponen voluntariamente en ocasión de pecar yendo con malas compañías

EL JARDINERO Y SU HIJO

Había una vez un jardinero que tenía un hijo, a quien educó en el temor de Dios. Era un muchacho amable, y la alegría del corazón de sus padres, porque era muy modesto, obediente y piadoso.

Pero cuando fue a la escuela, se encontró con algunos compañeros que habían sido educados de manera muy diferente. Su conducta y las palabras que pronunciaban mostraban que ya habían envejecido en el mal. Pronto los conoció, y él mismo empezó a disfrutar de su compañía.

Pero su padre, que sabía muy bien cómo cumplir con su deber, observaba con ojo atento la clase de niños que su hijo había elegido como compañeros de juego, y pronto se dio cuenta de que eran malos.

"Ven conmigo, hijo mío", le dijo un día. "Quiero enseñarte algo".

Diciendo estas palabras, entraron los dos juntos en el jardín, y el padre, cogiendo un cesto, puso en él siete manzanas. Seis de ellas eran las más hermosas que pudo encontrar, pero la séptima estaba podrida y llena de gusanos.

"Estas son para ti, hijo mío. Puedes hacer con ellas lo que quieras".

El niño cogió la cesta con gran alegría, pero cuando vio la manzana podrida le preguntó a su padre si podía tirarla.

"¿Por qué ibas a tirarla?", preguntó el padre.

"Porque estropearía todas las demás".

"Al contrario", dijo el padre, "¿no crees que las seis buenas curarán la podredumbre de la mala y la dejarán sana de nuevo? Ya lo verás. Dejémoslas todas juntas en el cesto durante ocho días".

El hijo no parecía creer que fuera a ser así; pero el padre cogió la cesta con la fruta y la puso a buen recaudo bajo llave.

Tres días después fueron a verla. Tres de las manzanas ya estaban estropeadas. "¿No te dije", dijo el muchacho, "que si dejabas esa manzana podrida entre ellas, pronto se estropearían todas?".

El padre no respondió, pero volvió a cerrar la puerta. Cinco días después volvieron al lugar, pero nada más abrir la puerta sintieron un olor muy desagradable, y cuando miraron se dieron cuenta de que todas las manzanas estaban podridas. Al ver la fruta podrida, el niño se echó a llorar.

"No llores, hijo mío -dijo su padre-; te daré otras manzanas. Con lo que he hecho sólo quería darte una lección. ¿No te vi hace unos días en compañía de muchachos que no eran buenos? Esos muchachos estaban, ante Dios, podridos como esa manzana del cesto. Yendo con ellos, tú también te volverías pronto como ellos, pues corromperían tu alma inocente y hermosa haciéndote ofender a Dios. Basta un niño malo para echar a perder muchos buenos, como esta manzana mala echó a perder las otras seis que estaban cerca de ella. Fácilmente puedo darte otras manzanas tan hermosas como las que han sido destruidas, pero cuando tu alma ha perdido una vez su inocencia, ¿qué podrá restaurar jamás su belleza perdida?".

El niño comprendió la lección, y en el futuro siempre tuvo cuidado de mantenerse alejado de la tentación.

SCHOPPE: Instruir. Religiosas.

EL NIÑO DE PORTUGAL.

Un niño de apenas ocho años estaba sentado una tarde al lado de su padre y de su madre, en su confortable casa de Monte Mayor, una pequeña aldea de Portugal. Corría el año 1503. El niño se llamaba Juan.

Alguien llamó a la puerta y pidió hospitalidad para pasar la noche. Los padres de Juan lo recibieron amablemente, y él, en agradecimiento a su generosidad, les contó las bellezas de las ciudades de su país, España, y la magnificencia de los palacios e iglesias de la capital española.

Juan escuchó con la mayor impaciencia el relato que le hizo, y durante toda aquella noche no pudo dormir, sino que pasaba las horas imaginando en su mente la grandeza de lo que había oído describir al forastero. ¡Oh, qué no daría por poder verlas! Se le ocurrió una idea. "Mañana iré con el forastero", dijo. Y, sin que sus padres lo supieran, abandonó su feliz hogar y lo siguió, teniéndolo siempre a la vista, pero sin acercarse a él, por miedo a que lo devolviera.

Pero después de pasar muchos días así, pronto se dio cuenta de que se había dejado engañar. No tenía nada que comer, excepto algunas migajas de pan que recibía en caridad por el camino, y por la noche tenía que dormir a menudo bajo los setos o los árboles. Pensaba ahora en lo diferente que era todo aquello de las comodidades de su casa y de la abundancia de buena comida que siempre le daban sus padres. Le daba vergüenza volver y confesar que había hecho mal, así que continuó siguiendo los pasos de su guía, cada uno de los cuales le alejaba cada vez más de sus padres y de su hogar.

Por fin llegó a Castilla. No pudo ir más lejos. Se desplomó cansado sobre una piedra, con el corazón casi destrozado por el dolor. "Oh, si nunca hubiera escuchado las palabras de aquel hombre! -dijo-. En este momento estaría cómodo en casa de mis padres, donde tengo tanto de todo lo que puedo desear. ¡Qué tonto fui al dejarme engañar! Y ahora debo morir aquí, pues no puedo dar un paso más". Y el niño enterró la cabeza entre las manos y comenzó a sollozar en voz alta.

Mientras lloraba así, lo despertó la áspera voz de un pastor que cuidaba su rebaño en la vecindad; le preguntó qué hacía allí.

El muchacho le contó su triste historia, y el bondadoso hombre lo llevó a su casa y le dio cobijo hasta que pudiera devolverlo a sus padres.

Pero nunca volvió a verlos, pues su madre murió de pena y su padre abandonó el lugar donde había perdido lo único que había amado en la tierra: su mujer y su hijo.

Esta lección fue, para el niño, la base de una vida de santidad; más tarde se convirtió en un gran Santo de la Iglesia de Dios. Su nombre es San Juan de Dios, y la Iglesia celebra su fiesta el octavo día de marzo.

Así pues, hija mía, cuando Satanás te tiente para que desobedezcas a Dios, dile al tentador: "No, nunca le daré la espalda a mi bondadoso Padre del Cielo, que es tan bueno conmigo, y a mi querida Madre María, que ha velado por mí desde mi infancia. Sé que si cedo a tu tentación, mi vida futura, en lugar de estar llena de placeres, como tú me dices, será de miseria, de dolor y de remordimientos. Vete, Satanás".

Capítulo 66: En la tentación debemos velar y orar

Hija mía, no hay nada que el Diablo odie tanto como la oración cuando estamos en tentación, porque sabe que si oramos, nunca podrá obtener una victoria sobre nosotros, ya que la oración es la salvaguardia del cristiano en todos sus peligros. Por eso siempre trata de impedir que oremos cuando estamos en tentación.

"VELAD Y ORAD".

Un joven, deseoso de agradar a Dios y salvar su alma, pidió un día a su madre que le dijera cómo podía vencer más fácilmente las tentaciones. "Porque", dijo él, "tengo muchas tentaciones de hacer el mal". Su madre fue a buscar una caja a su habitación y, abriéndola, sacó un anillo. "Toma este anillo, hijo mío, y llévalo siempre en tu dedo".

El joven miró, y vio grabadas en el anillo estas palabras: "Vigila y reza".

"Ahora, hijo mío", le dijo ella, "cada mañana y cada noche, y cuantas veces sientas la tentación de ofender a Dios, mira ese anillo, y recuerda las palabras que ves grabadas en él, y entonces desterrarás fácilmente la tentación". Es el consejo que el mismo Jesús dio a sus discípulos".

El joven se puso el anillo en el dedo, y tuvo cuidado de seguir el consejo de su madre. A partir de entonces, nunca encontró ninguna dificultad para desterrar las tentaciones.

Atrapa. en Ejemplos.

POR QUÉ FALLÓ.

San Macario de Egipto caminaba un día por un camino a cierta distancia de su monasterio, pensando en cosas celestiales. De repente se le apareció el espíritu maligno.

Estaba vestido con un traje de lino, que parecía lleno de agujeros, y en cada uno de los agujeros había una pequeña ampolla.

El Santo le preguntó adónde iba y qué significaban todas esas ampollitas que llevaba consigo.

"Voy al monasterio, dijo, para tentar a los monjes que están allí, y estas pequeñas ampollas representan las diferentes maneras en que los voy a tentar. Los tentaré primero con una tentación, y si no tengo éxito con ella, probaré con otra; y si ésta también falla, probaré con alguna de las otras; y estoy seguro de que antes de que haya probado toda clase de tentaciones contra ellos, alguno de ellos cederá."

Diciendo esto, desapareció de su vista; pero San Macario permaneció en el mismo lugar, pensando en los muchos peligros que corremos cada día por las tentaciones del Diablo.

Hacia el atardecer se le apareció de nuevo Satanás, como si volviera del monasterio, pero parecía muy enojado y decepcionado.

El Santo le dijo: "Te ordeno en nombre de Dios que me digas cómo has tenido éxito en tus tentaciones contra los monjes".

Satanás respondió: "Todos tus monjes son invencibles; intenté tentación tras tentación, pero todo fue en vano. En cuanto les ponía una tentación, en seguida se ponían a rezar, y, por supuesto, fracasaba; pues en cuanto comenzaban su oración, Dios acudía en su ayuda. Había algunos de ellos que parecían cansados y fatigados; al principio pensé que tendría éxito fácilmente con ellos: pero ellos también estaban atentos, y en cuanto vieron que se trataba de una tentación, también se pusieron a rezar, y tuve que huir de ellos."

"¿Y no conseguiste hacer ceder a algunos de ellos?", preguntó el Santo.

Satanás respondió: "Sí, hubo uno a quien hice ceder un poco".

"¿Cuál de ellos fue?"

"Theopemptus es su nombre", respondió el espíritu maligno, y luego desapareció.

Cuando el Santo regresó al monasterio por la noche, fue inmediatamente a la celda de Teopénfito.

"Bien, hermano mío", dijo el Santo, "¿cómo estás?".

"Gracias a tus santas oraciones, Padre, estoy muy bien".

Después de un poco de conversación, San Macario le dijo: "Voy a hacerte una pregunta; debes responderme y decirme la verdad. Cuando rezabas hoy tus oraciones, ¿no tenías en tu mente algunos pensamientos muy distractores?".

Teopénito, no queriendo reconocer su falta, le añadió otra engañándole. "No, padre", respondió, "no tenía ninguno".

"Pues eso sí que es extraño", replicó el Santo, "pues yo me siento tentado muy a menudo con toda clase de pensamientos en mis oraciones, aunque llevo muchos más años en el desierto que tú."

El monje, viendo su gran humildad, dijo al fin: "Oh Padre mío, perdóname; hoy he estado muy tentado por pensamientos distractores en mis oraciones. Primero me ha asaltado un pensamiento, luego otro y otro. Traté de alejarlos durante mucho tiempo, hasta que al fin, debo confesar, cedí un poco, y permití que por un corto tiempo permanecieran en mi mente."

"Oh hermano mío," respondió San Macario, "debes prometerme que resistirás toda tentación por el tiempo venidero; y si estas tentaciones son difíciles de alejar, eleva inmediatamente tu mente al Cielo, y pídele a Dios que te dé fuerzas, y siempre saldrás victorioso."

Algún tiempo después de esto Satanás volvió a aparecerse al Santo, como antes, y el Santo le preguntó: "¿Qué éxito tuviste esta vez en el monasterio?". "Ninguno en absoluto", respondió enojado; "cada uno de ellos sigue velando y rezando, y mientras hagan eso, no tengo la menor posibilidad de éxito en hacerlos ceder. Pero lo que más me enoja esta vez es que aquel a quien logré hacer ceder un poco a la tentación la última vez es ahora más firme y vigilante que todos los demás."

De este ejemplo aprendemos dos cosas: (1) Que el Diablo intenta constantemente hacernos ceder a la tentación. (2) Que el modo de vencer sus tentaciones es, como nos ha dicho Jesucristo, velar y orar.

Vidas de los Padres del Desierto.

HERMANA GRACIA DE VALENCIA.

Sor Gracia de Valencia tenía ciento doce años cuando murió. Durante su larga vida Satanás no cesó de tentarla; pero, sabiendo que no tenía fuerzas por sí misma para vencerlo, se dirigió siempre a Jesús en busca de ayuda, y siempre salió victoriosa.

"Vete, espíritu maligno -decía a veces-, vete, no te tengo miedo; todos tus esfuerzos no separarán nunca a Sor Gracia de su Dios. Viviré siempre unida a Jesucristo, mi amado Esposo, y vuestro formidable Juez. A pesar de todas tus tentaciones, soy más fuerte que tú y que todos los espíritus del Infierno juntos; por eso te desafío. Vuelve, pues, al Infierno, de donde saliste, y déjame en paz".

Otras veces decía: "¿Qué quieres de mí? ¿Por qué sigues atormentando a una pobre vieja como yo? Demuestras lo débil que eres cuando vienes de esta manera a atacar a una mujer a la que le pesan los años. Te ordeno, en nombre de Jesucristo, que te vayas y me dejes".

De nuevo, a veces ponía en fuga al espíritu maligno pronunciando los santos nombres de Jesús y de María. Pero, aunque el demonio era siempre vencido, siempre volvía a tentarla, porque esperaba que un día lograría hacerla ofender a Dios, y esto sería para él un gran triunfo, y una recompensa suficiente por todos sus dolores; pero en esto fracasó. La gracia triunfó siempre de él, porque siempre confió en Dios y no en sí misma.

Que tu oración en la tentación sea siempre: "Nuestra ayuda está en el nombre del Señor". "Jesús mío, ayúdame". Y, por la comunión frecuente y ferviente, mantén a Jesús en tu alma, y Satanás nunca podrá tocarte.

Capítulo 67: Oración a Nuestra Señora Poderosa en la Tentación

U no de los medios más seguros para vencer las tentaciones es recurrir a la santísima Madre de Dios, llamada "Auxilio de los cristianos."

"VEN CONMIGO AL CIELO".

Cuenta San Alfonso que había cierto joven a quien el Diablo tentaba con pensamientos de desesperación. Trajo a su mente todos los pecados que había cometido, y le mostró cuán enormes eran, y llenó su mente con el pensamiento de que eran demasiado grandes para ser perdonados.

Sucedió que este hombre, desde su infancia, tenía una tierna devoción a Nuestra Señora, y particularmente a sus siete Dolores. En medio de sus tentaciones, siempre recurría a Ella, y con su ayuda consiguió desterrar de su mente los pensamientos de desesperación.

Cuando se acercó la hora de su muerte, Satanás redobló sus ataques, para poder en ese momento final ganar su alma. Pensamientos de tristeza llenaban la mente del moribundo, porque empezaba a pensar que, después de todo, sus pecados lo mantendrían fuera del Reino de los Cielos.

Pero la Santísima Madre de Dios, viendo a su amado hijo presa de estos terribles pensamientos, se le apareció y le dijo: "Hijo mío, ¿por qué tienes miedo y qué te entristece tanto, tú que tantas veces meditabas en mis penas y sentías tanta compasión por mí en mis sufrimientos? Ven, ánimo; mi Hijo Jesús me ha enviado para consolarte. Ven, pues, alegremente conmigo al Paraíso".

Cuando ella hubo dicho estas palabras, el joven expiró y entregó su alma a Dios, lleno de alegría y consuelo.

San Alfonso: Virtudes de María.

LA MADRE HEROICA.

María Leczinska, esposa de Luis XV de Francia, tuvo un hijo al que también educó en el temor de Dios desde su infancia.

Cuando creció y se convirtió en un joven, tuvo que abandonar la casa de su madre y vivir durante un tiempo entre extraños.

Durante su ausencia, su madre se enteró de que tenía que pasar parte de su tiempo entre aquellos que se complacían en corromper su joven corazón. En cuanto fue informada de ello, se arrodilló a los pies de un crucifijo y encomendó a su amado hijo a la protección de su Padre Celestial.

"Oh, Dios mío", suplicó, "lleva a mi querido niño contigo, antes que permitir que te ofenda con el pecado, o que pierda el tesoro de su inocencia". Dios escuchó la oración de aquella buena madre, y le libró del mal que le amenazaba.

Cuando volvió a casa, la primera pregunta que le hizo su madre fue si tenía mucho que soportar de los compañeros con los que tenía que mezclarse.

"Sí, madre mía", respondió, "grandes fueron en verdad los peligros que pusieron a mi alrededor para arruinarme; pero, gracias a Dios, y a tus oraciones, he conservado aún mi alma pura e inoxidable."

No mucho tiempo después, el joven Príncipe cayó repentinamente muy enfermo, y murió en sentimientos de gran piedad.

Al anochecer del día de su muerte, su madre mandó llamar a sus otros hijos y, con lágrimas en los ojos, les dijo: "Vuestro hermano ha muerto; soy yo, vuestra madre, quien ha pedido a Dios que se lo lleve. Hace algún tiempo oí que estaba en peligro de cometer pecado. Me puse de rodillas y rogué fervientemente a Dios que lo sacara de este mundo antes que permitir que perdiera su inocencia. Dios me ha escuchado, y le doy gracias por su bondad para conmigo. Aún así, lloro por él, porque le quería tanto como cualquier madre podría querer a su hijo."

El abate Fliche

EL NIÑO Y LA SERPIENTE

Cierto hombre estaba un día en su jardín en compañía de su hijito. Mientras él labraba la tierra, el niño se entretenía correteando por los senderos y recogiendo flores.

De repente, lanzó un grito desgarrador, que llevó a su alarmado padre al lugar donde se encontraba. Al llegar, vio una serpiente detrás de uno de los árboles; era ésta la que había asustado al niño y le había hecho gritar. El hombre no tardó en conseguir destruir al reptil odioso.

"Hijo mío", le dijo, "ya ves lo fea que es la serpiente que he matado, y no me sorprende que te asustaras cuando la viste; sin embargo, era inofensiva y se llenó de miedo cuando te vio. Un golpe de mi bastón bastó para dejarla muerta a tus pies. Pero hay otra clase de serpiente cuya mordedura es mortal, y que te persigue continuamente, y te acecha noche y día para hacerte daño. Esa serpiente peligrosa es el pecado. Sólo puede ser vencido por la gracia de Dios. No olvides, pues, hija mía, recurrir a Dios cuando te veas en peligro de ser atacada por él. Pídele encarecidamente que "te libre del mal", que puede amenazar tu vida temporal. Esta es una oración muy agradable a Él; pero ¿cuánto más fervientemente deberías decir estas mismas palabras cuando Satanás con sus tentaciones te impulsa a cometer pecado?"

Schmidt: Instruct. Religiosa.

LAS TENTACIONES DE UN SANTO ERMITAÑO.

San Gregorio de Tours, en su libro titulado "Vidas de los Santos", cuenta que cierto santo ermitaño, cuyo nombre era Caluppa, había estado durante mucho tiempo atormentado por remordimientos de conciencia por los pecados de su vida anterior. Satanás le tentaba también con pensamientos de desesperación, apareciéndosele frecuentemente bajo las formas más espantosas, para acosarle en su soledad.

El santo hombre recurrió a muchos medios para librarse de estas terribles torturas mentales, pero todo fue en vano.

Un día, mientras recitaba devotamente el Padrenuestro y había llegado a la última petición, se detuvo de repente y lo repitió una y otra vez con toda la devoción de que era capaz: "Líbranos del mal". Cuanto más repetía estas palabras, mayor era la calma que sentía en su corazón, y los espíritus malignos que le habían estado atormentando huían, gritando: "Esa oración es para nosotros una terrible tortura".

Capítulo 68: Cuán grande debe ser nuestra confianza al decir esta petición

Cuando pidas ser "librado del mal", debes hacerlo con la firme confianza de que tu Padre Celestial escuchará tu oración, y vendrá en tu ayuda, porque Él es tan poderoso y tan bueno.

LA PROMESA DEL PADRE.

Annie Young vivía en el campo. La escuela a la que iba estaba a más de una milla de su casa, y como los caminos eran malos, era demasiado lejos para que ella caminara en la estación de invierno. Así que su padre siempre la enviaba a la escuela por la mañana en trineo o carruaje, y la traía a casa por la noche de la misma manera.

Una tarde se detuvo en la escuela y le dijo a Annie que iba a recorrer varios kilómetros y que no regresaría hasta que terminaran las clases. "Pero espérame hasta que llegue", le dijo, "estaré aquí antes de que anochezca". Cuando terminó la escuela, los niños se envolvieron en sus capas, abrigos y chales, y partieron para casa.

"¿No te vas?", preguntó una de las últimas que salieron del aula, al ver que Annie tomaba asiento junto a la estufa.

"Papá me dijo que lo esperara", respondió Annie.

"¿Pero no tienes miedo de quedarte aquí sola?".

"¿De qué hay que tener miedo? Aquí se está bien y hace calor".

"Me daría miedo quedarme aquí sola", dijo la muchacha, "pronto oscurecerá".

"Papá dijo que llegaría antes del anochecer", fue la respuesta de Annie.

"¿Qué harás si no viene?".

"No hay nada que hacer", respondió Annie. "Papá vendrá a buscarme; dijo que lo haría".

Annie se quedó sola. El tiempo parecía transcurrir muy lentamente; el sol se ponía y la habitación empezaba a estar sombría. Se acercó a la puerta y buscó a su padre. No estaba a la vista, aunque desde la puerta de la escuela se podía ver casi un kilómetro y medio de camino.

Cuando estaba en la puerta, llegó un hombre con una yunta de bueyes y un trineo. Era un vecino suyo.

"¿Qué haces aquí?", le preguntó a Annie.

"Esperando a papá", fue su respuesta.

"Pronto oscurecerá", dijo él, "será mejor que subas a mi trineo y vayas hasta mi casa. No sería muy agradable para ti quedarte aquí toda la noche". "Papá vendrá a buscarme", dijo Annie, "me dijo que lo esperara hasta que llegara".

Era casi de noche, pero no del todo, cuando el Sr. Young condujo hasta la puerta. Había conducido deprisa para llegar hasta allí. Se había demorado más de lo que esperaba y había dejado sus asuntos sin terminar para cumplir su promesa y volver con su hija antes de que oscureciera.

"¿No temías que no viniera, Annie?", le preguntó mientras la envolvía en una cálida alfombra.

"No, padre", fue la respuesta de la niña; "dijiste que vendrías y yo sabía que lo harías".

¡Qué hermoso es esto! Si pudiéramos tener la misma confianza en nuestro Padre Celestial, en los peligros de esta vida, que Annie Young tenía en su padre terrenal, ¡cuán felices seríamos! Y, sin embargo, el padre de Annie no tenía ni la centésima parte del amor que vuestro Padre Celestial tiene por vosotros.

Obispo Gilmour.

LAS PALABRAS QUE DIJO EL REY DAVID.

"Madre", dijo un día una niña, "¿qué quiso decir David cuando dijo: 'Presérvame, oh Dios, porque en Ti pongo mi confianza'?".

Su madre respondió: "¿Te acuerdas de la niña que vimos ayer paseando con su padre por el bosque?".

"Sí, madre. ¿No era preciosa?"

"Sí, era una niña dulce y cariñosa, y su padre era muy amable con ella. ¿Recuerdas lo que dijo cuando llegó al estrecho puente sobre el arroyo?".

"No me gusta pensar en ese puente", respondió la niña, "porque es muy peligroso: sólo dos tablones sueltos y sin barandilla. Si se hubiera puesto a un lado o al otro, habría caído al agua".

"¿Recuerdas lo que dijo?", repitió la madre.

Sí, mamá; se detuvo un momento, como si tuviera miedo de pasar, y luego miró a su padre a la cara y, pidiéndole que la cogiera de la mano, dijo: "Me cogerás, querido padre; no tengo miedo cuando me coges de la mano". Y su padre la miró con tanto cariño, y la agarró fuertemente, como si fuera muy preciosa para él."

"Bueno, hija mía", dijo la madre, "creo que David se sentía igual que esa niña cuando escribió estas palabras por las que me acabas de preguntar. Ya sabes que esta vida está llena de peligros; los encontramos a cada paso. Pero Dios, nuestro Padre celestial, está siempre cerca de nosotros para protegernos. Cuando David pronunció estas palabras, fue como si dijera: "Por favor, cuida de mí, mi bondadoso Padre celestial; no siento miedo cuando Tú estás conmigo y me tomas de la mano".

"También tú, hijo mío -continuó la madre-, debes hablar a tu Padre Celestial cuando te encuentres en cualquier peligro, ya sea para el alma o para el cuerpo, y pedirle, con la misma confianza, que te proteja, y Él lo hará con toda seguridad."

Las campanadas.

"MI PADRE ES EL CAPITÁN".

No hace mucho tiempo, un sacerdote, lleno de celo por la salvación de las almas, fue enviado por sus superiores a las Indias Occidentales para predicar el Evangelio y trabajar por la conversión de los paganos que allí habitaban.

El barco en el que se embarcó era muy grande, y había a bordo un gran número de personas, viejos y jóvenes, que iban a aquellos lejanos países a buscar fortuna o a buscarse un nuevo hogar.

Al salir del puerto todo parecía prometerles un próspero viaje. El mar estaba en calma, el tiempo era agradable y cálido. Durante unos días, el buen barco fue arrastrado por vientos favorables, y los pasajeros se divertían sin temor. Algunos incluso contaban los días que faltaban para llegar a su nuevo hogar en el Lejano Oeste y planeaban lo que harían al final del viaje.

Pero a menudo, cuando nos creemos libres de todo peligro, el peligro está muy cerca de nosotros. Así les ocurrió a ellos. Cuando llevaban una semana en el mar, el tiempo cambió de repente. Unas nubes oscuras ocultaron el sol, y sobrevino una calma total, señal inequívoca de que se avecinaba una tormenta.

Muy pronto el barco empezó a ser zarandeado de un lado a otro; grandes olas rompían sobre él, y el viento comenzó a aullar con un ruido terrible que asustó a todos. Incluso el capitán y los marineros, que habían visto muchas tormentas, tuvieron miedo y se les oyó decirse unos a otros: "¡Esto va a ser un vendaval tremendo! Debemos prepararnos para lo peor".

Cuando los pasajeros les oyeron decir estas palabras, sus temores se hicieron mayores que nunca, y un profundo silencio sustituyó a la alegría de los últimos días.

Mientras tanto, la tormenta arreciaba y pronto se vio que las palabras de los marineros eran demasiado ciertas. El gran barco, que tan orgullosamente había cabalgado sobre el seno del mar en calma, se hallaba ahora en medio de una terrible tempestad. Todos a bordo se daban por perdidos, y fuertes gritos de desesperación se oían en medio del ruido de la tempestad. Los hombres fuertes, así como las mujeres y los niños, cayeron abatidos, e incluso los marineros se dieron por perdidos.

En medio de esta confusión había uno a bordo de aquel barco que estaba tranquilo y feliz. Era un niño de seis o siete años. Mientras la tempestad arreciaba, y el barco se balanceaba de un lado a otro, y la gente se lamentaba y lloraba, él estaba sentado solo, jugando tranquilamente como de costumbre, como si todos estuvieran perfectamente a salvo.

Sucedió que el sacerdote estaba cerca del niño, preparándose tranquilamente para comparecer ante Dios, pues, como los demás, pensaba que el fin estaba cerca. Sus ojos se posaron en el niño, y durante unos instantes lo observó.

"Mi querido niño", le dijo, "no pareces tener ningún miedo. ¿No sabes que está cayendo una tormenta espantosa y que todos corremos peligro de ahogarnos? ¿Cómo puedes divertirte como lo haces, y cantar tan alegremente, cuando todos los demás lloran y lloran desesperados?".

Pero el niño respondió: "¿Por qué debería tener miedo? ¿No sabes que mi padre es el capitán de este barco? Sabe guiarlo tanto en tempestad como en calma. Me quiere y sabe que estoy en el barco; ¿crees entonces que dejaría que me ahogara? Por eso no tengo miedo". La tormenta continuó durante muchos días y noches, pero al fin llegó a su fin. Los pasajeros, que habían escapado de una muerte que poco antes parecía tan segura, alabaron con una sola voz al capitán, a cuya pericia y vigilancia, bajo Dios, debían su seguridad.

Entonces el sacerdote aprovechó la ocasión para contarles lo tranquilo que había estado el hijo del capitán, incluso cuando la tormenta estaba en su apogeo, y también la razón por la que no había tenido miedo.

"Es verdad", dijo, "que el pobre niño esperaba demasiado del poder de su padre, porque, por muy hábil que haya demostrado ser, podría, después de todo, haber estado más allá de su poder salvar el barco. Sin embargo, la conducta del niño nos da una hermosa lección. Porque si este niño indefenso, en medio de un peligro tan grande, tenía tanta confianza en su querido padre, cuyo poder es tan limitado, que no temió nada, cuando todos los demás estaban desesperados, ¡cuánto mayor debería ser la confianza que debemos poner en nuestro Padre Celestial, cuyo poder es infinito, y que vela por cada uno de nosotros, Sus hijos, con amor paternal! Así pues, siempre que estemos en peligro, pidámosle con una confianza infantil que cuide de nosotros, y, aunque el peligro sea muy grande, no tendremos nada que temer: Él estará con nosotros."

Rep. du Catéchiste.

JESÚS CAMINANDO SOBRE LAS AGUAS.

Leemos el siguiente relato en el Evangelio de San Mateo (cap. xiv.):

"En seguida Jesús obligó a sus discípulos a subir a la barca y a ir delante de Él sobre las aguas, hasta que despidiera a la multitud.

"Y habiendo despedido a la multitud, subió solo a un monte a orar. Al atardecer estaba solo. Pero la barca, en medio del mar, era zarandeada por las olas, pues el viento era contrario.

"A la cuarta vigilia de la noche vino a ellos caminando sobre el mar. Y ellos, viéndole caminar sobre el mar, se turbaron, diciendo: 'Es una aparición'; y gritaban de miedo. En seguida Jesús les habló, diciendo: 'Tened buen corazón; soy yo; no temáis'.

"Pedro, respondiendo, dijo: 'Señor, si eres Tú, manda que vaya a Ti sobre las aguas'. Y Él dijo: 'Ven'. Y Pedro, bajando a la barca, caminó sobre las aguas para venir a Jesús. Pero viendo que el viento soplaba con fuerza, tuvo miedo, y cuando empezaba a hundirse, gritó diciendo: 'Señor, sálvame'. En seguida Jesús, extendiendo la mano, le asió y le dijo: 'Oh hombre de poca fe, ¿por qué dudaste?

"Y cuando subieron a la barca, cesó el viento. Y los que estaban en la barca se acercaron y le adoraron, diciendo: 'Verdaderamente eres Hijo de Dios'".

Hija mía, es el mismo Jesús que ahora viene a ti sobre las aguas tempestuosas de esta vida. No temas, pues, porque Él es tu Padre. Sal a su encuentro con fe, confianza y amor, como hizo San Pedro, y Él no permitirá que te hundas bajo las olas de la tentación, sino que Él mismo te sostendrá.

Capítulo 69: Debemos orar para ser librados de las asechanzas de Satanás

Hija mía, nuestro gran enemigo Satanás está siempre al acecho para destruirnos, y en todas partes tiende trampas para arrastrarnos al pecado. Roguemos, pues, encarecidamente a Dios, al decir esta petición, que nos libre de estas asechanzas, y no permita que perdamos jamás su santa gracia.

SANTA LA VISIÓN DE SANTA PERPETUA.

Santa Perpetua nos da el siguiente relato de una visión que tuvo durante el tiempo que estuvo en prisión por la Fe antes de su martirio:

"Me pareció ver una larga escalera de oro que iba de la tierra al cielo, pero tan estrecha que sólo podía subir a ella una persona a la vez. Los dos lados de la escalera estaban cubiertos de espadas afiladas y jabalinas, y guadañas y puñales, y toda clase de instrumentos cortantes, de modo que se requería el mayor cuidado al subir a la escalera para no ser herido por ellos, pues si el que subía lo hacía con negligencia, y no mantenía la vista fija hacia arriba, directamente hacia la cima, con toda seguridad habría sido gravemente cortado y herido.

"Al pie de la escalera había un terrible dragón, que estaba allí sentado dispuesto a saltar sobre cualquiera que se acercara para subir. (Mi hermano Saturnus pensó que podría intentarlo. Se acercó al pie de la escalera y consiguió pasar junto a la bestia; luego, manteniendo los ojos fijos en la cima, pudo ascender sin sufrir daño alguno.

Cuando llegó a lo alto de la escalera, se volvió hacia mí y me dijo: "Perpetua, te estoy esperando; pero ten cuidado con la bestia que está al pie de la escalera, no sea que te haga daño". Le respondí: "No tengo miedo. En nombre de Nuestro Señor Jesucristo, que no me haga daño'.

"Entonces el dragón, al oír aquel santo nombre, pareció asustarse terriblemente, y apartó la cabeza. Entonces puse mi pie sobre su cabeza, como si hubiera sido el primer peldaño de la escalera, y subí sin mucha dificultad hasta la cima.

"Cuando llegué a la cima me encontré en un jardín muy hermoso, en medio del cual vi a un hombre de bellísimo semblante, muy alto, vestido con ropas de pastor y con el pelo blanco como la nieve. A su alrededor había una innumerable multitud de personas vestidas de blanco inmaculado. En cuanto me vio, me llamó por mi nombre y me dijo: "Perpetua, hija mía, bienvenida". Luego me dio a comer una comida riquísima y, mientras la comía, junté las manos en éxtasis, y toda la multitud vestida de blanco respondió: "Amén". Entonces me desperté, y vi que no era más que un sueño; pero se lo conté a mi hermano, y desde entonces tomamos la resolución de apartar nuestros pensamientos de todas las cosas terrenas y fijarlos en el Cielo."

Esta visión que tuvo santa Perpetua es una imagen fiel de nuestra estancia en este mundo camino del Cielo. Como la escalera, el camino del Cielo es estrecho, y por todos lados hay tentaciones, que nos ponen en gran peligro de herir nuestra alma. En el primer peldaño del camino del Cielo, Satanás sale a nuestro encuentro para tratar de impedirnos que vayamos allí, y para matar nuestra alma induciéndonos a cometer pecado mortal. Algunos se ponen el buen propósito de caminar por la senda que lleva al Cielo, pero, al ver las dificultades del camino, se asustan y vuelven atrás. Sólo hay un modo de poder pasar y vencer al terrible dragón que es Satanás. Debemos hacer como en la visión de santa Perpetua; debemos mantener la mirada fija en lo alto de la escalera, en el Cielo, y entonces estaremos seguros. Jesús, que está allí, saldrá a nuestro encuentro y nos llevará a su hermoso campo del Cielo, donde veremos a sus santos ángeles y a sus santos, vestidos con hermosas vestiduras blancas, y nos llamará por nuestros nombres y nos dirá: "Bienvenidos a mi Reino"; y nos dará deliciosos manjares y nos colmará de felicidad para siempre.

Vidas de los Santos.

Capítulo 70: Reza para ser librado de una muerte repentina y sin provisiones

Así como la mayor felicidad en el mundo venidero es gozar de Dios en el Cielo, el mayor mal es separarse de Él para siempre. Por tanto, hija mía, tu oración constante debe ser que seas librada sobre todas las cosas del mal de una muerte repentina e imprevista.

LA DOBLE VISIÓN DE SAN. FRANCISCO.

San Francisco de Asís fue un día a las montañas de Alverno, para pasar algún tiempo en soledad y meditar sobre las verdades eternas de la otra vida. Mientras hacía esta meditación, desaparecieron de su vista las rocas y los árboles que le rodeaban, y vio abrirse de repente los cielos sobre él. Allí vio a Dios sentado en su gran trono, rodeado de una innumerable multitud de santos ángeles y santos.

"¡Oh Dios mío -exclamó San Francisco-, veo el Cielo! ¡Oh, qué magnífica es la belleza de tu casa, Señor! En verdad, no es más que un pequeño sacrificio renunciar a todos los bienes de este mundo, y soportar con paciencia todos los males de la vida, ya que esto nos permite asegurarnos una morada tan gloriosa."

Mientras se decía a sí mismo estas palabras, esta hermosa visión desapareció repentinamente, y fue seguida por otra muy diferente. Bajo sus pies le pareció ver un inmenso abismo. Parecía un océano de llamas sin fondo, en el que estaban sumergidas innumerables multitudes de malvados, que vomitaban gritos de desesperación, maldiciones y blasfemias.

Esta visión llenó de miedo al Santo, y gritó: "¡Oh, qué lugar tan espantoso! ¡Esto debe de ser el mismo infierno! Oh Dios mío, ten la bondad de apartar de mis ojos la visión de este espantoso lugar. Oh, si la gente viera este horrible abismo, y los tormentos que tienen que sufrir los que están en él, nunca cometerían pecado, para no ser jamás condenados a él".

Desapareció también esta segunda visión, y Francisco, vuelto en sí, no vio a su alrededor más que las rocas y los bosques del monte Alverno.

"Estoy, pues, colocado -se dijo- entre el Cielo y el Infierno. Esto es lo que Dios ha querido mostrarme con esta visión. Uno u otro debe ser con toda seguridad mi morada para siempre. Oh Dios mío, concédeme la gracia, mientras haya tiempo, de conseguir el Cielo, y líbrame del mayor de todos los males: perderte en el Infierno."

Vida de San Francisco.

Que tu oración, hija mía, sea la misma: "De la muerte eterna, líbrame, Señor".

SAN BERNARDO EN PELIGRO.

Cuando San Bernardo tenía diecinueve años fue tentado por muchas y grandes tentaciones, que le pusieron en peligro de perder su alma. Estaba dotado de una gran belleza natural, que atraía hacia él las miradas de todos los que se encontraban con él. Por otra parte, era rico, y el mundo le sonreía y le prometía muchos placeres.

"Eres joven y aún te queda mucho tiempo de vida", susurró el espíritu maligno. "¿Por qué, entonces, desperdicias estos años de tu juventud? Disfruta por ahora, y cuando seas viejo, será tiempo suficiente para pensar en convertirte en Santo. Y aunque ahora cedas a veces a la tentación, puedes fácilmente arrepentirte después, porque Dios es bueno y misericordioso, y sabe cuán frágil eres, y te perdonará, puesto que su Hijo Jesús murió por ti en la cruz."

También muchos de sus compañeros, que ya habían comenzado a andar por el camino ancho que lleva a la perdición, intentaban, tanto con la palabra como con el ejemplo, que hiciera lo mismo que ellos.

Pero Bernardo, en medio de estas terribles tentaciones, alzaba los ojos al Cielo y se imaginaba ver a su amada madre que lo miraba. "Me parecía que lloraba -decía después-, y que me recordaba con tristeza que no me había educado con tanto esmero para las vanidades del mundo, sino que esperaba verme aspirar a algo más grande que los placeres de esta vida: las alegrías del Cielo, que no tendrían fin".

Un día, durante una visita a sus hermanos, mientras cabalgaba y su mente se llenaba de pensamientos melancólicos, llegó a una pequeña iglesia junto al camino; estaba dedicada a la Santísima Madre de Dios. Se detuvo a la puerta y, desmontando del caballo, entró en la iglesia. Se acercó al altar de Nuestra Señora, se postró en tierra ante ella y, con muchas lágrimas, le rogó que le librase de aquellas peligrosas tentaciones.

Mientras rezaba, una gran calma se apoderó de su alma. Dios llenó en aquel momento su corazón de su santo amor, y él, en el acto, tomó la generosa resolución de renunciar para siempre a los vanos placeres que el mundo le ofrecía, y de consagrarse para siempre a Dios. "Dios mío", exclamó, mientras las lágrimas brotaban de sus ojos, "sólo Tú serás mi porción para siempre".

Apenas hubo tomado esta resolución, se esforzó por hacer que otros siguieran su ejemplo. Fue a ver a sus hermanos y les habló con tanta seriedad y celo que ellos también decidieron hacer lo mismo que él.

UN SANTO SIEMPRE TEMBLOROSO

San Isidoro fue siempre un hombre santo. Había comenzado a servir a Dios desde su infancia, y le había servido fielmente durante toda su vida; sin embargo, nunca se le veía sonreír, y siempre estaba temblando.

Uno de sus discípulos le dijo una vez: "Padre Isidoro, ¿por qué estás siempre tan triste y por qué tiemblas tanto? Siempre pareces estar lleno de miedo, como si algún terrible mal estuviera a punto de caer sobre ti".

"Hija mía", respondió, "temo no perseverar hasta el fin y perder mi alma".

"Pero tú siempre has procurado servir a Dios", dijo su discípulo; "¿por qué, pues, has de tener tanto miedo, ya que Dios ha prometido el Cielo a los que le sirven fielmente?".

Respondió el Santo: "Cuando un pobre espera recibir una rica herencia o una gran fortuna, y teme que surja algo que le prive de ella, ¿cómo puede tener la mente tranquila? Sólo cuando recibe el dinero puede estar libre de ansiedad. Lo mismo me ocurre a mí. Todavía no he recibido la corona de gloria, y mientras esté en este mundo corro peligro de perderla. ¿No tengo, pues, motivos para temblar?".

"Hija mía, te encuentras en este momento, espero, en gracia de Dios, y si murieras ahora en ese feliz estado irías con toda seguridad al Cielo. Pero el tiempo de tu prueba aún no ha terminado, y todavía puedes caer en pecado. Muchos que una vez fueron tan santos y buenos como tú ahora han caído en el pecado, y, muriendo en sus pecados, están ahora en el infierno. Oh, ora para que seas librado del peligro de perder a Dios por el pecado.

Capítulo 71: Cómo debemos orar en nuestros sufrimientos y pruebas

Los sufrimientos y pruebas de esta vida, que tan a menudo se llaman males, son algunos de los dones más escogidos de Dios, porque son fuente de muchos méritos para la eternidad. Podemos, ciertamente, rogar a Dios que nos los quite "si es su santa voluntad", pero más bien debemos rogarle que nos envíe gracia más abundante para soportarlos pacientemente.

MÁS FELICES EN LA TIERRA QUE EN EL CIELO.

El venerable Alain de la Roche, que vivió hace cuatrocientos años, nos habla de una santa monja que murió después de una larga enfermedad de diez años. Durante todo ese tiempo sus sufrimientos habían sido terribles de contemplar, pero nunca se la había oído quejarse, tan grande era su resignación a la santa voluntad de Dios.

Después de su muerte se apareció a una de las Hermanas de su Orden. Estaba rodeada de una luz deslumbrante y parecía llena de una alegría indecible.

"¡Oh, querida hermana!", le dijo, "¡qué feliz eres de estar todavía en la tierra! Oh, si pudieras comprender lo feliz que es estar en tu lugar!".

"Oh alma santa", respondió la otra, "¿cómo puedes llamarme feliz, viendo que estoy todavía en este valle de lágrimas, y en tanto peligro de perder mi alma? Ah, sois vos quien sois verdaderamente feliz, vos que estáis en la presencia de Dios en el Cielo, y libre de todos los males de esta vida."

"Dices que eres infeliz porque todavía sufres las penas y aflicciones de esta vida", replicó el Santo. "Precisamente por eso te llamo feliz. Mientras estés en el mundo, posees un tesoro que nosotros en el Cielo no podemos obtener."

"¿Y cuál puede ser ese tesoro?".

"El poder de ganar méritos para el Cielo. Ahora que estoy en el Cielo, sé y veo la recompensa que Dios concede por la menor obra buena hecha por Su causa, o el menor sufrimiento soportado por amor a Él. De buena gana soportaría de nuevo todos los dolores y sufrimientos que me visteis soportar durante los diez años de mi vida mortal, para poder obtener la gloria que ahora podéis ganar diciendo aunque sólo sea un "Padre nuestro"."

SCHOUPPE: Instruct. Religieuses, iii. 656.

No es, pues, de esta clase de males de los que debemos pedir ser librados, pues a la luz de la eternidad son perlas de infinito precio.

LOS ÁNGELES EN LA CIMA DE LA CASA.

Un día, san Antonino, arzobispo de Florencia, pasaba por las calles de aquella ciudad. Al pasar por delante de una casa de campo, que tenía todas las señales de la mayor pobreza, vio varios ángeles en el tejado. Parecían vigilar a las personas que habitaban en ella.

Lleno de asombro ante esta hermosa visión, entró en la casa para ver quiénes eran las personas que la habitaban, y encontró a una viuda con sus tres hijas. Eran extremadamente pobres y, mientras él entraba, estaban ocupadas tratando de ganarse, con su trabajo conjunto, la comida suficiente para no morir de hambre.

El corazón compasivo del Obispo se conmovió ante su triste situación. Vio también su gran piedad y su entera resignación a la santa voluntad de Dios. Sabía también que Dios debía estar especialmente complacido con ellos, puesto que había enviado a sus ángeles a velar por ellos.

"Mis queridos hijos", les dijo, "veo que estáis muy necesitados de ayuda, y os ruego que aceptéis lo que ahora os ofrezco".

Al decir estas palabras, abrió su bolsa y les dio lo suficiente para cubrir todas sus necesidades actuales. Prometió también darles tanto como les permitiera vivir cómodamente el resto de sus vidas, ya que eran tan merecedores de ello.

La familia agradeció a su generoso benefactor con lágrimas en los ojos por haber acudido en su ayuda en su gran necesidad; y el Obispo se fue a casa contento de corazón por haber sido el medio de liberar a una familia tan merecedora del mal de la pobreza.

Poco después, el obispo pasaba cerca de la misma casa. Miró hacia el lugar donde antes había visto a los ángeles. Pero éstos habían desaparecido, y en su lugar vio varios espíritus malignos.

Esto le sorprendió sobremanera. Preguntó a una persona que vivía cerca si había habido algún cambio en la casa desde su última visita.

Le contestó que se había producido un cambio muy grande; que los internos se habían vuelto orgullosos y altaneros, y se habían servido de las limosnas del Obispo para procurarse los lujos de la vida; y que en lugar de ser modelos de piedad y resignación, como habían sido antes, se habían convertido ahora en motivo de escándalo para quienes los conocían.

El buen Obispo entró en la casa y les reprendió suavemente por su conducta. Les habló de la visión que había tenido y les exhortó a contentarse con la humilde posición en la que Dios les había colocado, y a no aspirar a una condición en la que Dios nunca quiso colocarlos.

El mismo Obispo vio en esto una prueba visible del valor de la pobreza, y que en lugar de ser un mal que debía evitarse, era, en los designios de Dios, una de sus mayores bendiciones, ya que traía paz y felicidad en esta vida, y sería la causa de tantos méritos en el Cielo.

Cap. en Ejemplos.

Capítulo 72: Cómo Dios nos libra a veces de los males temporales

Dios tiene un cuidado especial de cada uno de nosotros. Nada puede suceder sin su beneplácito o permiso, y a menudo se sirve de los medios más ordinarios para salvarnos de los mayores peligros. Esto debería inspirarte, hijo mío, una amorosa confianza en Él, cuando dices "Líbranos del mal".

CÓMO SALVÓ DIOS DE LA MUERTE A UN NIÑO.

Francisco, un niño que vivía en una gran ciudad, fue un buen día al campo para divertirse en el bosque. Pasó el día recogiendo frambuesas y otros frutos silvestres que crecían junto al camino.

Hacia el atardecer, el cielo comenzó a cubrirse de espesas nubes, y un terrible silencio, precursor de una tormenta, hizo que el muchacho deseara estar más cerca de casa.

De pronto, los relámpagos, seguidos de fuertes truenos, hicieron temblar de miedo al muchacho. La lluvia también empezó a caer a cántaros, y el muchacho, al ver un roble hueco junto al camino, corrió hacia él en busca de refugio.

Apenas se había acercado a él y estaba de pie al abrigo que le proporcionaba, cuando oyó una voz que gritaba: "¡Francisco, Francisco! ¡Ven, ven! ¡Rápido!"

Asombrado al oír que alguien le llamaba por su nombre, salió de su escondite para ver de quién se trataba. En el momento en que se apartó del árbol, éste fue alcanzado por un rayo y se partió en dos.

Cuando vio lo que había ocurrido, se dijo a sí mismo: "¡Ah! esa voz venía del Cielo; Tú, oh mi amado Padre del Cielo, me has salvado". Y cayó de rodillas para dar gracias a Dios por su bondad.

En aquel momento oyó la misma voz que antes: "¡Francisco, Francisco!"

Miró en la dirección de donde procedía el sonido, y vio, no lejos de él, a una campesina. Había salido a buscar a su hijo, que también se llamaba Francisco, y era su voz la que había oído la primera vez.

Francisco se acercó a ella y le contó que se había refugiado bajo el roble y que, al oírla llamar a su hijo, pensó que era una voz del Cielo que le pedía que se alejara del árbol, pues apenas lo hizo, éste fue alcanzado por el rayo.

"Da gracias a Dios, hijo mío, de que te haya librado de este peligro, pues en verdad fue Él quien te salvó. Él dispuso que yo te llamara por tu nombre, sin saber nada de ti, para que te libraras del peligro de muerte al que estabas expuesto bajo el árbol."

Catequesis en Ejemplos.

Capítulo 73: "De la muerte eterna, líbranos, Señor".

La mayor de todas las calamidades es la de ser separado de Dios en la eternidad. Sólo el pecado mortal puede acarrearnos este terrible mal. Oh, cuán fervientemente debemos orar, entonces, para ser librados de este mal, el mayor de todos los males.

EL SOLDADO PIADOSO EN EL CAMPO DE BATALLA.

Había, hace algún tiempo, un joven soldado perteneciente al ejército francés que se llamaba Beauséjour. Fiel a las lecciones que había recibido de sus virtuosos padres, continuaba siendo siempre fiel a sus oraciones, aun en medio de las burlas y rabietas de sus compañeros de regimiento. Había prometido, antes de dejar a su padre y a su madre, no dejar nunca de recitar de rodillas siete "Padrenuestros" y siete "Avemarías" todos los días de su vida, para asegurarse la protección de Dios y de su santísima Madre durante toda la jornada, tanto para el alma como para el cuerpo.

A veces, ciertamente, olvidaba esta santa práctica en medio del constante empleo de su vocación, pero si incluso allí recordaba la omisión, se levantaba de su cama por la noche y, arrodillándose, las recitaba.

Estalló la guerra y Beauséjour se encontró en primera línea en el campo de batalla. Cuando se dio la orden de detenerse y prepararse para atacar al enemigo, recordó de repente que aquel día no había rezado los padrenuestros y avemarías que había prometido. Inmediatamente cayó de rodillas, se persignó y los rezó. Sus camaradas, al ver esto, se deshicieron en expresiones sarcásticas. "Beauséjour tiene miedo; mira, está rezando sus oraciones. Beauséjour es un cobarde, ¡un tonto devoto!". El soldado oyó las palabras, pero no les hizo caso; permaneció arrodillado hasta que hubo terminado su oración. Luego se levantó tranquilo e incluso alegre, dispuesto a entrar en acción.

No tuvo que esperar mucho, pues pronto el horrible rugido del cañón y los agudos y rápidos informes de los cañones al enviar a sus mensajeros de la muerte mostraron que la batalla había comenzado. Las balas se sucedieron rápidamente, matando o hiriendo a innumerables soldados de ambos ejércitos. Aquellos que luchaban codo con codo con el piadoso Beauséjour, y que pocos minutos antes le habían lanzado reproches por su devoción a Dios, fueron uno tras otro muertos o incapacitados, y yacían en el suelo cubiertos de sangre y heridas. Sólo uno de la primera línea permaneció en pie: era Beauséjour, quien, cuando terminó la batalla, fue encontrado sin la más mínima herida.

Cuando regresó al campamento, su primer acto fue dar gracias a Dios, su Padre Celestial, por su liberación; y cuando en años posteriores sus hijos y nietos se reunían a su alrededor, les relataba una y otra vez este incidente, y les exhortaba a ser siempre fieles a sus oraciones diarias, y a rezar especialmente con devoción el "Padre Nuestro" y el "Ave María", por ser el arma más poderosa de la que podían hacer uso en todo peligro para el alma y el cuerpo.

Schouppe: Instruct. Religieuses, ii. 195.

SAN ABRAHAM Y SU SOBRINA.

Cuando San Abraham se fue a vivir a la soledad del desierto para vivir sólo para Dios, dejó en el mundo a un hermano casado, que tenía una hija única, a la que educó en la sencillez y la inocencia; se llamaba María.

Cuando ella era aún muy pequeña, murió él, dejándola sola en el mundo, pues su madre ya había muerto. Fue llevada a casa de su tío, en el desierto, por ser el único pariente que tenía. Éste la recibió con amabilidad y la colocó en una celda que construyó cerca de la que él mismo habitaba.

A través de la ventana de su propia celda conversaba a menudo con ella, y le daba lecciones de aprendizaje mundano, pero, sobre todo, de la ciencia de los Santos, y le enseñaba cómo vivir sólo para Dios. La joven se hacía cada día más ferviente y crecía en virtudes, de modo que era la alegría de su anciano tío, que no cesaba de rezar para que siguiera siendo la hija amada de Dios y no le ofendiera nunca con ningún pecado.

Pero Satanás, enojado al ver tanta perfección en una persona tan joven, la sometió a terribles tentaciones. Encendió en su alma el amor a las cosas del mundo y el deseo de vivir como aquellos que se entretenían en los placeres de la vida. Temiendo que su tío se enterase de estos nuevos sentimientos que llenaban su corazón, y considerándose totalmente indigna de vivir en compañía de un hombre tan santo, abandonó en secreto su celda y se dirigió a la ciudad de Esús, situada a unos dos días de camino de su hogar en el desierto. Allí se puso el vestido alegre de los que vivían allí, y se entregó a una carrera de moda y pecaminosa.

La Santa fue amonestada en sueños de que había surgido algún mal. Vio acercarse a su celda, desde lo más recóndito del desierto, un enorme dragón que, apoderándose de una paloma blanca que allí reposaba, huía con ella a toda prisa hacia el desierto de donde había venido.

Cuando despertó, se puso a pensar en el significado de aquella visión. Al principio pensó, con tristeza y ansiedad, que alguna nueva desgracia había caído sobre la Iglesia de Dios, o que alguna nueva persecución había surgido para perturbar a los fieles, y rogó fervientemente a Dios que le diera a conocer lo que significaba.

Al tercer día volvió el dragón y puso a sus pies la paloma que antes le había quitado; entonces comprendió, por una voz interior de su corazón, que alguna alma había sido engañada por Satanás y había caído en pecado. Un terrible presentimiento se apoderó de él. Se acercó a la ventana y gritó: "María, ¿por qué estás ahora tan silenciosa en tus oraciones, y por qué no cantas como de costumbre tus himnos a Dios? ¿Y por qué no vienes a mí para aprender más de Dios y de su santa ley?".

Pero no hubo respuesta; el silencio de la tumba reinaba en su celda. Entonces el Santo supo que lo que temía había sucedido, y una profunda pena llenó su afectuoso corazón. Cayendo de rodillas y llorando amargamente, suplicó a Dios con la mayor seriedad que devolviera al redil el cordero que se había alejado de él por el pecado, la paloma que el dragón se había llevado.

Entretanto, alguien llegó apresuradamente y le dijo que su sobrina se había marchado y dónde podía encontrarla. Inmediatamente se levantó y, dejando a un lado el vestido que llevaba, se puso uno que hacía tiempo había dejado de lado, parecido a los que llevan los hombres en el mundo, y salió en busca de su querida niña perdida.

Al llegar a la posada a la que ella había ido a su llegada a la ciudad, preguntó al dueño de la casa qué clase de vida llevaba, y le informó de que desearía conversar con ella aparte. El posadero invitó a su huésped a que le siguiera al comedor, donde ella se encontraba en ese momento, y donde encontraría la oportunidad de hablar con ella. Cuando entró, la vio allí, espléndidamente ataviada, pero ella no lo reconoció bajo el disfraz que había asumido. Cuando los demás invitados se hubieron retirado, cerró cuidadosamente la puerta de la habitación y, quitándose el manto que le cubría la cabeza y el rostro, se presentó ante los ojos de la asombrada muchacha tal como ella estaba acostumbrada a verle en su desierta casa.

Luego, lanzando un profundo suspiro, dijo con acentos de tristeza: "María, ¿no me conoces, tu tío? Dime, hija mía, ¿qué te ha hecho huir de Dios? ¿Qué ha sido de tu antiguo amor por la virtud y la pureza? ¿Por qué has huido de mí? Oh, si me hubieras contado los conflictos que tuviste que soportar, te habría ayudado a vencer al enemigo, o, si hubieras caído, a levantarte de nuevo haciendo penitencia por ti. Te suplico, hija mía, por mis canas, y por la cruel agonía que me causó tu alejamiento de mí, y por mi dolor al verte abandonar a tu Padre Celestial, que vuelvas en seguida a Dios, y Él te perdonará. Dame esta alegría, dame este consuelo, y no dejes que mis canas desciendan en pena a la tumba".

María permaneció en silencio ante él, como clavada en el sitio, con los ojos fijos en el suelo y la mente llena de temor; pero seguía dudando.

"Mi querida niña -intervino su tío-, ¿por qué no me contestas? ¿No sabes que sólo por ti he dejado mi celda en el desierto para venir aquí en tu busca? ¿Y no sabes también que no hay herida tan grande que Dios, nuestro Médico Celestial, no pueda curar? Renuncia, pues, a tus malos caminos; yo mismo responderé de ti ante Nuestro Señor Jesús. Sólo ven conmigo; volvamos juntos a nuestra feliz soledad".

Entonces el pobre niño pecador dijo con voz tímida y apenas audible: "Oh venerable siervo de Dios, si la vergüenza me prohíbe incluso levantar hacia ti mis ojos pecadores, ¿cómo podré acercarme a Dios, cubierto como estoy de las úlceras del pecado?". "Tus iniquidades, hija mía, me encargaré de expiarlas; sólo volvamos a nuestro antiguo hogar feliz".

La joven penitente, con el corazón destrozado por el dolor, se arrojó a los pies de su tío, derramando amargas lágrimas.

Cuando se preparaba para seguirle, no sabía dónde esconder las ricas vestiduras que entonces llevaba. Por consejo del santo Abraham, se despojó de ellos y se puso los de una sencilla doncella campesina. Entonces ambos salieron en secreto de la posada. El anciano, ensillando su caballo, la colocó sobre él, y regresaron a las montañas y a sus celdas, cuyas entradas cerraron cuidadosamente.

Allí la pobre niña caída se entregó a una vida de rigurosa penitencia; oraciones, ayunos, lágrimas de dolor, nada se le pasó por alto que pudiera obtener el perdón de Dios. Y Dios mismo, para mostrar que aceptaba sus humildes obras de penitencia, se complació en obrar muchos milagros por medio de sus oraciones. Su santo tío dio gracias a Dios por haberse complacido en escuchar su oración y concederle Su perdón. A una edad muy avanzada, dejó este mundo para entrar en la asamblea de los santos, y cinco años después falleció también la pobre penitente, con el semblante revestido de serenidad, expresión de una firme esperanza, símbolo de la inocencia recobrada por la penitencia a través de la sangre del Cordero.

Vies des Saints illust., iii. 267.

CÓMO UN GRAN BARÓN SE HIZO TRAPENSE.

El barón de Geramb había hecho caer sobre su cabeza la cólera de la nación francesa a causa de sus desleales intrigas con la Casa de Austria. Como castigo, fue conducido a Vincennes, donde permaneció prisionero en un calabozo, hasta que las tropas aliadas, tras tomar posesión del castillo, lo liberaron.

Durante su cautiverio tuvo la oportunidad de reflexionar sobre la mutabilidad de todas las cosas de la tierra que sus partidarios tanto aprecian, y resolvió, si alguna vez era liberado, decir un adiós eterno al mundo, y consagrarse irrevocablemente a Dios en la severa Orden de los Trapenses.

"Me hice trapense", escribe en su gran obra titulada "Peregrinación a Jerusalén", "porque mi largo cautiverio en las mazmorras de Vincennes y las ventanas con barrotes de hierro que me mantuvieron en prisión me enseñaron, más forzosamente de lo que podría hacerlo el sermón más elocuente o el libro mejor escrito, que sólo tenemos un verdadero Amigo en este mundo, nuestro amado Salvador, que nunca nos abandonará. Me enseñaron que toda la prosperidad, las alegrías y los honores de esta tierra -en una palabra, todo lo que pasa con el tiempo- se desvanecen de nosotros como el humo.

"Me he hecho trapense para hacer penitencia por los muchos pecados que he cometido durante la agitación de los años de mi vida que han pasado. Dios no permita que nadie me mire bajo otra luz que la de un pecador penitente. Que todos los que me conozcan, u oigan hablar de mí, me consideren, por tanto, como un hombre que, habiendo reconocido que todas las cosas terrenas son vanidad y aflicción de espíritu, y que es un gran pecador a los ojos de Dios, ha entrado en la Orden de los Trapenses para trabajar, rezar, llorar y morir en un lecho de paja sobre cenizas."

EL HOMBRE HERIDO POR UN TIGRE.

El célebre poeta Sadi encontró un día en las selvas orientales a un pobre hombre herido de muerte por la mordedura de un tigre. Viendo que ninguna ayuda material podía ya servirle, se esforzó por darle todo el consuelo que las palabras amables podían impartirle.

En vez de responderle, el moribundo, haciendo acopio de las fuerzas que le quedaban, levantó los ojos y las manos al cielo y dijo: "Oh Dios de toda bondad, te doy gracias de todo corazón por haberme arrojado al suelo por los mordiscos despiadados de una bestia salvaje. Cuán diferente habría sido si me hubieran tumbado aquí para morir, aguijoneada mi alma por remordimientos de conciencia!".

HAUTRIEVE, xii. 633.

EL GRAN TERREMOTO DE CONSTANTINOPLA.

El 24 de enero de 447, domingo, a eso de las nueve de la mañana, los habitantes de Constantinopla se sorprendieron al oír un ruido extraño e inexplicable, seguido poco después por otro, que parecía el ruido de muchos carros que pasaban a toda prisa. Pensando que esto presagiaba alguna terrible visita a la ciudad, huyeron de ella al campo con la mayor prisa. Llevaban consigo en camas a los ancianos y débiles, y a los niños pequeños en sus cunas. En menos de una hora todo en la ciudad presentaba el aspecto de una completa desolación; iglesias, palacios, casas y las mismas calles estaban abandonadas.

En muy poco tiempo ocurrió lo que todos habían temido desde el principio. La primera sacudida del terremoto se produjo con una brusquedad espantosa, y los magníficos edificios de la ciudad cayeron al suelo con un estruendo terrible. A éste siguieron otros sin interrupción. La tierra misma bajo sus pies parecía moverse como las olas del mar en una tormenta, y un silencio, el silencio de la muerte, se apoderó de la multitud. Las viejas y nuevas murallas de Constantinopla, sus cincuenta y dos torres, sus numerosas iglesias y palacios, la mayoría de sus monumentos y estatuas, yacían desolados donde ayer se alzaban con magnificencia y grandeza.

Este terremoto se prolongó durante varios días. El Emperador, el Senado, la Corte, todo el pueblo, con el clero a la cabeza, yacían postrados en el suelo en oración, o levantaban sus manos al cielo en ferviente súplica y contrición de corazón, rogando a Dios que les mostrara misericordia. Todo el país alrededor de la ciudad en ruinas parecía transformado en un vasto templo, con los cielos encima como dosel; cada corazón parecía ser un altar del que surgía el incienso de la oración, implorando la misericordia de Dios en la terrible calamidad que les había sobrevenido.

Fue por este aparentemente gran mal que Dios realizó una de las mayores obras de su misericordia. Porque el pueblo de Constantinopla había empezado a olvidarle en medio de su prosperidad temporal, y había descuidado rezarle. Pero ahora se les recordó forzosamente su negligencia y, como los ninivitas de antaño, volvieron a Dios en el día de su visitación. Incluso aquellos que hasta entonces habían despreciado la oración y hablaban con palabras amargas y sarcásticas a los que habían permanecido fieles en practicarla, olvidaron ahora sus rabietas y se unieron fervientemente a ellos para pedir misericordia a Dios.

La historia cuenta que Dios, conmovido por su fervor y arrepentimiento, perdonó a los habitantes, pues no pereció ni uno solo de aquella inmensa multitud.

Historia de la Iglesia.

Parte 10: "SALVE MARIA" (PRIMERA PARTE)

Capítulo 74: "Ave María"-"¡Oh María, qué Dulce es Tu Nombre!"

Tengo que hablaros ahora de María, la santísima Madre de Dios y nuestra Madre celestial. Sé, hija mía, cuánto la amas, y cuán grande es tu alegría cuando oyes decir algo en su alabanza. Que este librito, pues, dé más gloria a Aquella a quien todos amamos tanto, y llene tu corazón de un amor aún mayor hacia Ella.

"Dios te salve, María, llena eres de gracia". El nombre de María es un nombre de dulzura, y llena de santa alegría a todos los que lo pronuncian devotamente.

LOS SANTOS Y EL SANTO NOMBRE DE MARÍA.

San Francisco de Paúl tenía tan a menudo en sus labios los santos nombres de Jesús y de María, que los religiosos pertenecientes a su Orden se llamaron en un tiempo "Los Religiosos de Jesús y de María."

El piadoso Padre Pedro Lefèvre, primer compañero de San Ignacio, nunca descuidaba decir el santo nombre de María al principio de cada una de las Horas Canónicas del Santo Oficio, para ofrecer su oración por medio de ella a su Divino Hijo Jesús.

Consta en la vida de la venerable sierva de Dios, Filipo, duquesa de Lorena, que murió en el año 1547, a los ciento seis años de su edad, que durante los últimos nueve días de su vida pronunció más de tres mil veces esta saludable invocación: "¡Jesús, María!"

Margarita, princesa de Hungría, tenía estos santos nombres constantemente en los labios, y solía añadir al nombre de María esta jaculatoria: "Madre de Dios y esperanza mía".

Tal vez no haya episodio más hermoso en la historia del Japón que el de cierta mujer que, siendo aún pagana, estaba tan llena de celo por el culto de los ídolos de su país, que solía pronunciar el nombre de la principal de estas divinidades ciento cuarenta mil veces al día. Tocada por la gracia de Dios, se hizo cristiana y fue bautizada a la edad de setenta y cuatro años. Para reparar en lo posible el culto supersticioso de las falsas divinidades de su país, tomó la resolución de pronunciar el mismo número de veces al día los nombres de Jesús y de María mientras viviera. Pero como en otros tiempos Satanás acostumbraba despertarla temprano por la mañana, para que tuviera tiempo suficiente de pagar su tributo diario a los ídolos que entonces adoraba, su ángel guardián ocupó ahora su lugar, y la despertó temprano, para que pudiera pronunciar, según su deseo, los sagrados nombres de Jesús y María.

EL NOMBRE DE MARÍA DESTIERRA TODA PENA.

Cuando san Bernardo era pequeño, se nos dice de él que sentía un gran amor por la santísima madre de Dios. Todo lo que se necesitaba para desterrar de él toda pena y llenarlo de alegría era pronunciar en su presencia el santísimo nombre de María, y para corregirle de cualquier falta bastaba con decirle: "No vuelvas a hacer eso, porque la Santísima Virgen no estará contenta contigo".

"AVE MARIA" EN LAS HOJAS DE LIRIO.

El Beato Francisco Patrizi tenía una gran devoción por Nuestra Señora, y encontraba su mayor deleite en saludarla con su oración favorita, "Ave María."

Como recompensa por este pequeño acto de homenaje, María se le apareció y le predijo la hora de su muerte.

Cuarenta años después, se vio brotar sobre su tumba un hermoso lirio blanco, en cuyas hojas estaban escritas en letras de oro las palabras "Ave María".

La Chaîne d'Or, i. 195.

LA GENEROSIDAD DE MARÍA

Es una verdad muy cierta", escribe un devoto cliente de María, "que la santa salutación 'Ave María' nunca asciende al trono de María en el Cielo sin obtener para el que la pronuncia algún nuevo favor o bendición, ya sea para el alma o para el cuerpo, porque nuestra amorosa Madre es tan generosa que no podría permitir que la saludáramos de esta manera tan cariñosa sin mostrarnos su gratitud por esta muestra de nuestro amor".

EL AMOR DE SAN EL AMOR DE SAN ALFONSIO AL NOMBRE DE MARÍA.

Aquel gran siervo de Nuestra Señora, San Alfonso, tenía por el nombre de María un amor sin límites.

Inclinaba reverentemente la cabeza cada vez que lo oía pronunciar, y besaba devotamente las páginas del libro en que lo veía escrito. Lo escribía siempre al principio de sus cartas y de todos sus escritos.

"¡Oh mi incomparable Reina!", exclamaba extasiado. "Oh mi dulcísima Madre, te amo, y porque te amo amo también amo tu nombre. Oh nombre de la Madre de mi Dios, tú eres para mí el más hermoso".

"¡SALVE, BERNARDO!"

Hacia mediados del siglo XII existía en los grandes bosques que separan Flandes de Brabante una famosa abadía perteneciente a la Orden Benedictina, llamada Abadía de Afflighem.

Cuando San Bernardo atravesaba Francia y Alemania, predicando la Segunda Cruzada contra los infieles, se detuvo en esta abadía unos días para descansar.

En un extremo del claustro había una hermosa imagen de la Santísima Virgen, que sostenía en brazos a su Divino Hijo. Ante ella, los monjes solían arrodillarse con gran devoción para ofrecer sus oraciones a Nuestra Señora, su Reina y su Madre, y eran incontables las gracias que recibían de sus manos por este sencillo acto de homenaje.

San Bernardo nunca pasaba junto a la santa imagen sin saludar a la Reina del Cielo con aquellas dos primeras palabras del saludo angélico: "¡Salve, María!"

Un día, estando arrodillado a los pies del pequeño altar sobre el que reposaba la estatua, y contemplando con ojos amorosos la imagen de aquella a quien tanto amaba, le dijo como de costumbre: "¡Salve, María!".

En el mismo instante, la imagen pareció cobrar vida, y él oyó, como si salieran de sus labios, las palabras: "¡Salve, Bernardo!"

Al oír este saludo de la Reina del Cielo, la mayor alegría y felicidad llenaron su alma. Nunca olvidó estas palabras mientras vivió; fueron un consuelo para él en todas sus penas, y le sostuvieron en todas sus pruebas.

En su vida.

LOS ÁNGELES Y EL NOMBRE DE NUESTRA SEÑORA.

La misma Santísima Virgen reveló a Santa Brígida que los Ángeles Custodios se acercan más a los confiados a sus cuidados cuando les oyen pronunciar su nombre siempre bendito, y que Satanás y sus malos ángeles huyen a distancia de los que, en sus tentaciones, lo pronuncian con confianza y amor.

SAN SAN ESTEBAN DE HUNGRÍA Y EL NOMBRE DE MARÍA.

San Esteban, rey de Hungría, tenía una veneración tan grande por el santo nombre de Nuestra Señora que ni siquiera lo pronunciaba. Siempre la llamaba "La Gran Señora". Todos sus súbditos la llamaban también por ese nombre, y si sucedía que el santo nombre de María era pronunciado en su presencia, todos caían de rodillas e inclinaban la cabeza, para testimoniar su veneración por ese augusto nombre.

EL SANTO NOMBRE DE MARÍA EN LOS SUFRIMIENTOS.

El beato Buenaventura sufría una dolorosísima inflamación en la rodilla. Su estado llegó a ser tan grave que los cirujanos declararon necesaria una operación para preservar su vida.

Durante la operación, que le causó intensos dolores, la única palabra que le oyeron pronunciar fue el santo nombre de María. Y cuando, llegados a cierto punto, los sufrimientos se habían vuelto tan espantosos, que incluso los que veían lo que le hacían no podían evitar estremecerse de horror, él se mostraba tranquilo e incluso alegre. "¡María, María, María!", repetía una y otra vez.

Cuando terminó la operación cayó en un dulce reposo, como si sólo hubiera ido a descansar después de su ordinario trabajo diario.

Petitis Bolland. 26 de octubre.

EN EL NOMBRE DE MARÍA.

Alfonso Rodríguez a la edad de cuatro años fijó amorosamente sus ojos en una imagen de María, y con sencillez infantil le dijo: "¡Oh Madre mía, si supieras cuánto te amo! No, tú nunca podrías amarme tanto como yo te amo a ti".

Apenas había pronunciado estas palabras, cuando se le apareció la Santísima Virgen y le dijo: "¿Qué dices, hija mía? El amor que te tengo es tan grande que nada podrá igualarlo".

Después, cuando se hizo religioso, no se cansaba de testimoniar a María el gran amor que le tenía. Acostumbraba a pedir todo a Dios en nombre de María, y siempre recomendaba esta práctica a los que vivían con él. "Si deseáis obtener algo de Dios", solía decirles, "pedidlo con confianza en nombre de la Santísima Virgen y estaréis seguros de obtenerlo".

CASI PERDIDO.

El bienaventurado Tomás de Kempis estuvo a punto de perderse por no haber perseverado en su primer fervor; y muy probablemente no estaría ahora en el Cielo si la Santísima Virgen no le hubiera mostrado de un modo especialísimo el peligro que corría.

Cuando era muy niño comenzó a llevar una vida muy estricta, y era particularmente devoto de la Santísima Virgen.

Todos los días rezaba un cierto número de oraciones en su honor, y a medida que crecía iba añadiendo más; y tan grande era su devoción que a menudo le corrían lágrimas de piedad por las mejillas.

Así continuó durante muchos años. Tomás era feliz, no sólo porque su conciencia no le reprochaba ningún pecado, sino también porque veía que cada día ganaba más y más méritos para el Cielo.

Pero aún no había llegado al Cielo. Nuestro Señor nos dice en el Evangelio que, una vez que empezamos a ser piadosos, no debemos mirar atrás, pues de lo contrario no somos aptos para el Reino de Dios. Tomás empezó a mirar hacia atrás, y al hacerlo estuvo a punto de perder su alma.

Al principio empezó a cansarse de sus oraciones. Un día omitió algunas; al día siguiente, omitió más. Luego comenzó a omitirlas durante algunos días seguidos, después durante una semana entera, y finalmente las abandonó por completo. Tomás se precipitaba hacia la destrucción a toda velocidad.

Pero la Santísima Virgen, a quien tanto había honrado y amado, no permitió que su hijo pereciera. Una noche tuvo una visión. Pensó que estaba en la escuela, junto con el resto de sus compañeros de clase, escuchando las palabras de su maestro mientras les explicaba las lecciones. De repente, la Santísima Virgen entró en el aula por el extremo más alejado de él, rodeada de rayos de gloria y de la belleza del Cielo. Todos se llenaron de alegría al verla, sobre todo porque su semblante era tan hermoso y sus palabras tan amables. Hablaba a cada uno de los eruditos a su paso, los abrazaba a todos tiernamente y los alababa porque eran tan fervorosos y tan buenos y servían tan bien a su Divino Hijo Jesús.

Tomás esperaba ansioso el momento de recibir su dulce abrazo. Se preguntaba qué tendría que decirle. Se decía a sí mismo "Sé que no soy digno de recibir ningún favor de Nuestra Señora; pero después de todo, he hecho mucho en su honor, y espero que Ella, que es tan bondadosa con todos los demás, también me diga algo dulce."

María, poco a poco, se fue acercando a donde él estaba; pronto le llegaría el turno. Por fin llegó. María se detuvo ante él, lo miró, pero no dijo nada, y pasó al que estaba a su lado.

"¡Oh Madre mía!", le dijo, en tono de amarga decepción, "¿no tienes nada que decirme?".

Entonces la Santísima Virgen, volviéndose hacia él con una mirada de gran disgusto en sus dulces ojos, le dijo: "No esperes de mí caricias, porque me has abandonado del todo y has comenzado a escuchar las sugestiones de Satanás, que es mi enemigo. Si tan sólo hubieras perseverado en aquellas devociones que solías ofrecerme con tanto fervor, te habría abrazado como a tus compañeros, y te habría hablado con cariño como a ellos. ¿Dónde están ahora aquellas hermosas oraciones que solías dirigirme, y el santo Rosario que solías rezar? Has renunciado a todo eso, ¡y sigues pensando que voy a tratarte como a mi hijo! No, no; aléjate de mí, que ya no eres digna de mi afecto".

Al decir esto desapareció, dejándolo abrumado por la angustia. Tomás despertó, y aunque vio que sólo era una visión y no una realidad, no dejó de sacar provecho de ella. Hizo examen de conciencia y vio su gran falta. Empezó de nuevo, y esta vez sí perseveró hasta el final, y ahora está en el Cielo, con la Virgen, alabando y bendiciendo a Dios.

Examinemos también nuestra conciencia; tal vez descubramos que ya no somos tan fervorosos como antes, porque tal vez, como Tomás de Kempis, nos hemos alejado de nuestro antiguo fervor. Si es así, comencemos de nuevo como él, perseveremos como él, y como él, estaremos ciertamente un día en el Cielo alabando y bendiciendo a Dios.

Vidas de los Siervos de Dios.

EL "AVE MARIA" DE SAN FRANCISCO DE SALES. FRANCISCO DE SALES.

"¡Salve, dulcísima María, Madre de Dios! Tú eres mi Madre, y te suplico humildemente que me aceptes por hijo y siervo tuyo, porque no deseo tener otra Madre que Tú. Te ruego, pues, mi buena, mi hermosa, mi dulcísima Madre, que te complazcas en consolarme en todas mis tribulaciones y angustias, tanto del alma como del cuerpo.

"Acuérdate y ten siempre presente, dulcísima Virgen, que tú eres mi Madre, y que yo soy tu hijo, y que tú eres todopoderosa, y que yo soy un pobre hombre, vil y débil. Te suplico, dulcísima Madre mía, que me guíes y me defiendas en todos mis caminos y en todas mis acciones.

"No digas, oh Virgen llena de gracia, que no puedes hacer esto, pues tu amadísimo Hijo te ha dado todo poder en el cielo y en la tierra. No digas que no es tu deber, pues eres la Madre de toda la humanidad y de mí en particular. Si te fuera imposible, te excusaría diciendo: "Es verdad que es mi Madre y me quiere como a un hijo; pero es pobre y no tiene poder ni medios para ayudarme". Y si tú no fueras mi Madre, entonces trataría de consolarme diciendo: "Ella es lo suficientemente capaz y rica para ayudarme, pero, al no ser mi Madre, no me ama". Por tanto, ya que, oh dulcísima Virgen, eres mi Madre y eres poderosísima, ¿cómo puedo excusarte si no me consuelas, me ayudas y me socorres?

"Contempla, pues, Madre mía, y ve que estás obligada a concederme cuanto te pido, y a escuchar todas mis súplicas. Oh, entonces, sé exaltada sobre los cielos y la tierra, gloriosísima Virgen, mi excelentísima Madre María. Y por el honor y la gloria de tu Hijo, acógeme por hijo tuyo, a pesar de mis miserias y mis pecados. Libra mi alma y mi cuerpo de todo mal, y concédeme todas las virtudes que te adornaron, especialmente la virtud de la humildad. Concédeme todos los dones, bienes y gracias que me hagan agradable a la Santísima Trinidad, Padre, Hijo y Espíritu Santo. Amén".

Capítulo 75: "Dios te salve, María" - El saludo angélico

PROMESA DE NUESTRA SEÑORA A SANTA GERTRUDE.

Nuestra Señora se apareció una vez a Santa Gertrudis, y le prometió que cuando llegara la hora de su muerte, le concedería tantas gracias como el número de veces que, durante su vida, la hubiera saludado con la Salutación Angélica, "Ave María".

UN "AVE MARIA" OBTIENE EL PERDÓN DE NUESTRAS FALTAS.

La Santísima Virgen dijo a Santa Brígida que dijera devotamente un "Ave María" para obtener de Dios el perdón de algunas faltas de impaciencia en que había caído.

EL HERMANO LEGO QUE SÓLO CONOCÍA EL "AVE MARÍA".

En uno de los conventos de la Orden de Citeaux vivía un hermano lego que no conocía otra oración que el Ave María; pero esta oración la rezaba a menudo, y siempre con la mayor devoción.

Después de su muerte brotó sobre el lugar donde fue enterrado un árbol, en cuyas hojas estaban escritas las primeras palabras de la Salutación Angélica: "Dios te salve, María, llena eres de gracia' Nuestro Señor es contigo."

La Chaîne d'Or, i. 195.

EL VENERABLE ARMILLA.

La Venerable Armilla, que desde su infancia había vivido en la pobreza, pudo soportar todas las penurias de su condición gracias a su devoción a Nuestra Señora. El Rosario estaba continuamente en sus manos, y la dulce oración, el "Ave María", siempre en sus labios; y así, viviendo siempre en compañía de su Madre celestial, se convirtió en un modelo de piedad.

Un día, alguien le preguntó por qué tenía tanta devoción a la Virgen y rezaba tantas veces el Ave María en su honor.

Ella respondió: "Si consigo el favor de la Madre, estoy segura de conseguir también el del Hijo".

EL AMOR DE UNA NIÑA POR MARÍA.

Cuando la Beata Juana María Bonomi era muy niña, tenía ya un gran amor por Nuestra Señora. A menudo hablaba de Ella a sus compañeritas, y les enseñaba a amarla y a rezarle.

Un día, paseando por la casa de sus padres, encontró en un rincón abandonado, bajo una escalera, una imagen de la Santísima Madre de Dios. La niña hizo de este lugar su santuario, y pasaba allí horas a solas honrando a su Madre celestial recitando con fervor infantil el "Ave María".

Vidas de los Santos, 1 de marzo.

EL AMOR DE SAN ALFONSO POR EL "AVE MARÍA".

San Alfonso siempre amó a la Santísima Virgen; siempre la llamó su "Dulce Madre". Cuando era pequeño, solía decirle: "Mi dulce Madre, no deseo que nadie te ame más que yo".

El Rosario era su oración preferida. De la mañana a la noche, las cuentas estaban siempre en sus manos. Un día, cuando fueron a llevarlo a cenar, lo encontraron, como de costumbre, recitando el Rosario. Le dijeron que era la hora de cenar y que podía omitir el resto de la oración.

"¿Qué es eso que decís?", exclamó. "¡Un 'Ave María' vale más que todas las cenas del mundo!".

En otra ocasión, cuando era la hora de retirarse a dormir, recordó que aquel día no había terminado su Rosario. El hermano que lo atendía le dijo que por una vez podía omitirlo sin ningún escrúpulo.

San Alfonso respondió: "¡Nunca, hermano mío! ¿No sabes que tal vez mi salvación dependa de esta devoción?". Y terminó su oración antes de retirarse a descansar.

MARÍA LIBERA A UN PECADOR DE LA ESCLAVITUD DE SATANÁS.

Vivía una vez un pobre hombre que había olvidado las lecciones de su piadosa madre y se había convertido en un gran pecador, tanto que se había vendido en cuerpo y alma a Satanás.

Sólo una cosa no había olvidado nunca: la última petición de su madre: que rezara cada día un "Ave María" en honor de la gran Madre de Dios, y cumplió escrupulosamente esta última petición.

María aceptó complacida este pequeño tributo de honor -el único punto luminoso en una larga vida de pecado- y le obtuvo la gracia del arrepentimiento antes de morir.

En efecto, estando muy enfermo y en el lecho de muerte, tuvo una visión en la que se le apareció la Santísima Virgen. No le dijo nada, sino que le miró con sus ojos compasivos, tan llenos de suave reproche, que él no pudo resistir su influjo.

Apenas despertó, mandó llamar inmediatamente a un sacerdote y se confesó, dando al mismo tiempo muestras de la sinceridad de su arrepentimiento con las lágrimas que derramaba.

"Padre", dijo a su confesor, "si Dios me perdona y me permite levantarme de nuevo de este lecho de enfermedad, me haré religioso". Pero Dios se complació en aceptar la voluntad por el hecho, y para que no perseverara, se lo llevó consigo al Paraíso, para que fuera un ejemplo eterno del poder de María, y de la alta estima que tiene por el más pequeño acto de homenaje que se le haga.

La Chaîne d'Or, i. 194.

EL HERMOSO MANTO DE NUESTRA SEÑORA

Las sombras del atardecer caían sobre las montañas, y la campana de plata acababa de emitir su sonido sagrado sobre los valles, llamando a todos los que la oían a saludar a la augusta Reina del Cielo con el "Ave María" vespertino antes de retirarse a descansar.

En una pequeña ermita, construida en la ladera de uno de los montes, moraba un santo ermitaño. Había terminado su oración vespertina, y acababa de levantarse de sus rodillas para retirarse a descansar por la noche.

Al acostarse en su humilde lecho de paja, su último pensamiento fue para Jesús y para María, su Madre, a cuya custodia encomendó su alma.

De repente, su celda se llenó de una gran luz. Nuestra Señora se le apareció, y fue su presencia la que iluminó su humilde morada. Llevaba un manto de magnífica textura, todo cubierto de estrellas doradas, en cada una de las cuales leyó las palabras: "Dios te salve, María".

El santo varón se llenó de arrobamiento al contemplar a la que es la alegría de los ángeles. Entonces María abrió los labios y le habló. "Hijo mío -le dijo-, admiras las ricas estrellas que enredan mi manto. Es obra tuya, hijo mío; tú las pusiste allí".

"Oh Señora mía", exclamó él, "¿cómo he podido yo, pobre pecador, adornar tu manto con estos brillantísimos ornamentos?".

Respondió la Santísima Virgen: "Cada vez que rezabas el Ángelus, tu ángel custodio colocaba una estrella sobre mi manto, e inscribía en ella el Ave María con que me alababas.

Como ves, la obra no está aún terminada; faltan todavía algunas estrellas por colocar. Pero cuando esto esté hecho, entonces vendré a buscarte y te llevaré al Paraíso, donde te daré una recompensa eterna por el honor que me has tributado al rezar con tanto fervor y frecuencia esa santa oración."

María desapareció, pero el santo varón cayó de rodillas y, levantando las manos al cielo, agradeció a su celestial bienhechora esta manifestación de su amor hacia él.

Catch. en Exemples, iii. 432.

LA VISITA A LA IGLESIA DE NUESTRA SEÑORA

No hace muchos años, un joven muy inteligente residía en una aldea rural de una de las provincias de Francia. Para hacerle progresar en sus estudios, se resolvió enviarle a París, donde estaría bajo la dirección de los mejores maestros.

Esto fue para él motivo de gran alegría, pues deseaba tanto ver la gran capital de su país y las muchas maravillas que contenía.

Antes de salir de casa fue a despedirse de sus amigos y les dijo que sería muy feliz si podía serles útil durante su estancia en París.

Entre las personas a las que ofreció sus servicios se encontraba una piadosa dama que le conocía desde su infancia. Le agradeció su amabilidad y le dijo: "Hay algo que desearía que hicieras por mí cuando vayas a la capital, pero no me gusta pedírtelo, porque podrías encontrar alguna dificultad en hacerlo".

Él le aseguró que se equivocaba y que estaría encantado y dispuesto a hacer todo lo que estuviera en su mano para complacer a quien había sido tan gran amigo suyo desde su infancia.

"Bien", le dijo, "lo que quiero que hagas por mí es que vayas a la Iglesia de Nuestra Señora de las Victorias en esa ciudad, y allí, ante el Altar del Inmaculado Corazón de María, reces un 'Ave María' por mí".

Sucedió que el joven era uno de aquellos que habían abandonado sus deberes religiosos, y había olvidado todas las oraciones piadosas que su madre le había enseñado una vez.

Cuando oyó la petición de la dama, al principio estuvo a punto de sonreír ante lo que le pareció una gran locura, pero, al ver que ella tenía los ojos fijos en los suyos y esperaba su respuesta, contestó con toda la calma que pudo que haría gustoso lo que ella le pedía.

A su llegada a París, comenzó a cumplir sus compromisos. Pero siempre dejaba para otro momento su visita a la iglesia de Nuestra Señora.

Llegó el momento de volver a casa, y aún no había hecho esa visita. Estuvo tentado de volver a casa sin ir; pero como sabía que la señora le preguntaría si había cumplido su promesa, y como no quería decir una falsedad, se armó de valor y fue a la iglesia.

Eligió un momento en que pensó que no habría nadie, y entró sin ser visto. Se arrodilló, pero torpemente, como alguien que no estaba acostumbrado a tal acción, y comenzó el prometido "Ave María".

Habían pasado muchos años desde la última vez que lo había rezado, y ahora tenía que buscar en su memoria las palabras de aquella santa oración. Como consecuencia de ello, las palabras salieron lentamente de sus labios.

Al pronunciarlas, el recuerdo de los años pasados -los años de su inocencia- acudió a su mente. Sintió también que estaba allí, en presencia de Dios, y comenzó a temblar. Las lágrimas caían también de sus ojos, y a veces se le escapaba un suspiro.

Uno de los sacerdotes de la iglesia estaba arrodillado a poca distancia y, al verlo en ese estado, fue hacia él. Cogiéndole suavemente de la mano, le dijo: "Mi querido amigo, estoy seguro de que eres uno de los hijos errantes de Nuestra Señora que nos envía de vez en cuando".

"¡Ay! reverendo padre, es demasiado cierto; en efecto, me he alejado mucho, mucho de ella".

El buen sacerdote tomó a su cargo al pecador ahora arrepentido, y en poco tiempo, purificado de todos los pecados de su vida pasada, se arrodilló entre los muchos hijos devotos de María para recibir a su Divino Hijo en el Sacramento de su amor.

Volvió a casa con sus amigos, pero su primera visita fue a la señora que le había pedido rezar el "Ave María" en la Iglesia de Nuestra Señora de las Victorias.

Catch. en Exemples.

LA CONFIANZA EN NUESTRA SEÑORA RECOMPENSADA.

Un día, una pobre mujer, madre de varios hijos, se presentó ante el superintendente de la Sociedad de la Sagrada Familia, y le habló con estas palabras: "Señor, no puedo pagar el alquiler, y dentro de tres días mi casero me echará de casa, y no tendré techo donde cobijarme ni a mí ni a mis pobres pequeñuelos, y he venido a pedirle ayuda." "Mi buena mujer", dijo él, "¿qué quieres que haga por ti?".

"Vengo a pedirte que me des tanto como para pagar el alquiler.

"¿Cuánto debes a tu casero?".

"Cinco libras", respondió ella.

"¡Cinco libras!", exclamó él. "¿De dónde crees que podría sacarte tanto dinero, y además en el espacio de tres días?".

"Entonces, si no puedes hacer esto por mí, yo y mis hijos tendremos que salir al frío mundo sin comida ni hogar. ¿No podrías intentar hacer algo por mí?", gritó en un tono de agonía que llegó al corazón del buen hombre.

Parecía haber tenido en aquel momento una inspiración, porque le dijo bruscamente: "Te diré lo que tienes que hacer. Mañana, al sonido de la campana del Ángelus, en cualquier lugar en que te encuentres, arrodíllate junto con tus hijos y reza tres veces el Ave María y la oración Memorare. Yo haré lo mismo, y veremos cuál será el resultado de nuestra oración".

Al día siguiente, el caballero, fiel a su palabra, se dirigía a la iglesia hacia la hora del "Ángelus" del mediodía, cuando se encontró por casualidad con un viejo amigo, que le preguntó a dónde iba.

"Voy a la iglesia a pedir a la Santísima Virgen que me dé cinco libras", respondió.

El otro le dijo: "¿Para quién quieres las cinco libras?"

"Las quiero para una pobre mujer y su familia; y si no las consigo, ella y sus hijos se quedarán sin casa y sin comida. Pero ya es mediodía, y debo apresurarme a ir a la iglesia".

"Sí", dijo el otro, "entra en la iglesia y da gracias a la Santísima Virgen; luego vuelve a mí, y te daré el dinero que quieres para la pobre mujer".

Todo esto sucedió a la entrada de la iglesia de San Sulpicio de París, entre el primer y el último toque de la campana del "Ángelus".

Devoción a María, i. 273.

MARÍA PROTEGE A SU HIJO EN PELIGRO.

El 2 de mayo de 1808 estalló en España una insurrección contra los franceses, que habían invadido el país. Las matanzas tuvieron lugar principalmente en Madrid. Los españoles, llenos de odio contra aquellos que habían venido a robarles sus hogares, masacraron sin piedad a todos los franceses que encontraron, y durante varias horas las calles de esa ciudad corrieron con sangre.

En el ejército francés había un médico llamado Claubry, devotísimo de Nuestra Señora y miembro de la Cofradía del Santo Rosario. Aquella mañana había comulgado en una iglesia dedicada a Nuestra Señora en Madrid, y regresaba a su cuartel, cuando fue atacado por una banda de españoles furiosos, que por su vestimenta sabían que pertenecía al ejército francés. Al verse en peligro de muerte, levantó las manos al cielo e invocó los santos nombres de Jesús y de María.

Los hombres levantaron sus espadas para matarle, llamándole al mismo tiempo blasfemo e infiel.

De pronto, como un relámpago, le vino a la mente un pensamiento. "No", dijo, "no soy un infiel ni un blasfemo. Si queréis una prueba de ello, mirad esto". Diciendo estas palabras, les mostró su Rosario, que en aquel momento llevaba en las manos.

Cuando los españoles vieron las cuentas, cesaron inmediatamente sus gritos y bajaron los brazos. "Este hombre no puede ser malvado como los demás", dijeron, "puesto que reza el Rosario". Sucedió en el mismo momento que el sacristán de la iglesia en la que había comulgado acudió al lugar, como enviado por la misma Virgen para defender a su hijo, y al verlos rodear al hombre, gritó: "No toquéis a ese hombre; ama a la Santísima Virgen: hoy le he visto comulgar en nuestra iglesia en su honor".

Al oír esto, la cólera de los hombres se transformó en veneración hacia él; besaron su Rosario y le mostraron todas las muestras de amistad; luego, cogiéndole de la mano, le condujeron a una casa donde estaría a salvo de todo peligro.

Terminada la insurrección, regresó a su patria y contó a todos la protección que la Virgen le había dispensado por su devoción y amor a Ella. Rezó el Rosario todos los días de su vida en su honor con la mayor devoción, y guardó con piadosa reverencia las cuentas que de manera tan maravillosa habían preservado su vida.

Huguet: Trésor des Inf. de Mar., 240.

EL ERROR DEL PIADOSO CABALLERO.

A finales del siglo XV, cuando el ermitaño Gregorio López edificaba al mundo con su santa vida, vivía un laico de gran piedad que era muy devoto de Nuestra Señora. Había llegado a tal grado de santidad por el ferviente rezo del Santo Rosario, que durante algunos años estuvo casi siempre en un estado de éxtasis continuo.

Cuando vio que estaba tan adelantado en la oración mental, se dirigió al santo ermitaño Gregorio, para preguntarle si creía que sería más provechoso para él dejar el Rosario, y dedicar todo su tiempo a la oración de meditación.

Gregorio, que era también un devoto siervo de María, sabiendo muy bien cuán grande ayuda es el Rosario para aquellos que desean alcanzar la perfección, y qué progresos les permite hacer en la vida espiritual, respondió inmediatamente "No", sin darle ninguna razón para hacer esta respuesta. Así que el buen hombre se marchó y, obedeciendo el consejo que había recibido, continuó tan fielmente como antes, durante otro año, su piadosa costumbre de rezar el Rosario.

Al cabo de ese tiempo, viendo que los favores que diariamente recibía de Dios aumentaban sin cesar, y que ahora estaba muy adelantado en el camino de la perfección, determinó, sin consultar esta vez a Gregorio, dejar la devoción del Rosario, y aplicarse enteramente a la meditación.

Así lo hizo, pero en muy poco tiempo le sobrevino un gran cambio. Apenas habían pasado dos o tres días, cuando se encontró rodeado de problemas, y sintió su alma reseca de sequedad espiritual, de modo que no podía rezar en absoluto. Este es el peligro al que se exponen los que piensan que pueden navegar prósperamente por el proceloso mar de la vida espiritual sin María, la Estrella del Mar, que los guíe.

En su aflicción, se dirigió una vez más a Gregorio, y le contó la pesada cruz con que Dios le había visitado: que toda la devoción que solía sentir en sus oraciones había desaparecido, y que Dios le había retirado todo el consuelo espiritual que acostumbraba a concederle. Al mismo tiempo, no mencionó al santo varón que desde hacía algún tiempo había dejado de rezar el Rosario, aunque en su fuero interno pensaba que ésa era la causa más probable del cambio que le había sobrevenido.

Gregorio le escuchó con paciencia hasta el final, y luego, mirándole a la cara, le dijo con una sonrisa: "Mi buen amigo, seguramente has estado descuidando el rezo de tu Rosario".

El otro respondió que desde hacía algún tiempo se aplicaba a la oración mental en lugar del Rosario, porque pensaba que le sería más provechoso.

Gregorio respondió: "Si hubieras seguido mi consejo y continuado usando tus cuentas, no estarías ahora en esta triste condición. Sigue mi consejo esta vez. Comienza de nuevo a rezar el Rosario, y te auguro que ya no sentirás esa sequedad espiritual de la que ahora te quejas."

El buen hombre se fue a su casa e hizo lo que Gregorio le aconsejaba, y pronto recobró su paz y fervor anteriores. Entonces redobló su devoción a la Santísima Virgen, y a menudo solía preguntarse cómo Gregorio, sin oír una palabra suya sobre el asunto, había puesto el dedo en seguida sobre la causa de su problema.

Vida de Gregorio López, p. 108.

UN OBRERO DEVOTO.

Había un buen anciano que murió en Namur no hace muchos años. Este hombre tenía una devoción tan grande por el Rosario que tenía sus cuentas casi siempre en la mano. Era enmarcador de cuadros, y acostumbraba a rezar el rosario mientras trabajaba, e incluso llevaba las cuentas en la mano siempre que el trabajo se lo permitía. Cuando le preguntaban cuánto tiempo le llevaría un trabajo, respondía: "Será cuestión de tres coronillas", o el número que fuera, queriendo decir que le llevaría el tiempo necesario para rezar ese número de coronillas. Así también, si le preguntaban la distancia de un lugar a otro, respondía que tardaría el tiempo necesario para rezar tantas coronillas.

En su lecho de muerte, no dejaba de lado ni un momento el rosario. "Quiero morir", decía, "con los brazos en la mano". Y murió recitando su Rosario.

Propagador del Rosario.

Capítulo 76: "SALVE MARÍA"-"LLENA DE GRACIA".

A los hijos de María les encanta invocarla con esa santa oración que la Iglesia pone tan a menudo en sus labios en su honor: "Oh María, sin pecado concebida, ruega por nosotros que recurrimos a ti." María estuvo llena de gracia desde el primer instante de su existencia, privilegio que sólo a ella pertenece; e innumerables son las gracias que ha concedido a sus clientes, que piadosamente la invocan bajo este su título privilegiado.

DEVUELTO A LA GRACIA

Hubo un joven que durante veintiún años fue modelo de piedad y edificación para todo el pueblo, y la alegría del corazón de su madre. Desde su infancia llevaba el escapulario de la Inmaculada Concepción, y decía cada mañana en sus oraciones: "Oh María, sin pecado concebida, ruega por los que recurren a ti".

Dos de sus compañeros, cuyas vidas eran un escándalo para todos los que los conocían, le apartaron poco a poco de su piedad temprana. No mucho tiempo después abandonó la casa de su madre, para que sus consejos y reproches maternos no le retuvieran más, y durante tres años se sumió en toda clase de males, que le produjeron una enfermedad mortal. En esta época residía en una pobre vivienda cerca de Ginebra. Su piadosa madre, al ser informada de lo que le había sucedido y del lugar donde lo encontraría, se apresuró a acudir al lugar y lo atendió como sólo las madres pueden hacerlo.

Aprovechó la primera ocasión para pedirle amablemente que volviera a su Padre Celestial, a quien había abandonado, y que se preparara para el juicio que tan pronto debía caer sobre él. Pero él respondió fríamente: "Madre, no me hables de eso; he hecho demasiado mal para obtener el perdón". El sacerdote fue dos veces a visitarle, pero no quiso escucharle: todo parecía perdido.

Su madre le habló de su antiguo amor a Nuestra Señora, y de cuántas veces había dicho con tanta devoción la invocación: "Oh María, sin pecado concebida, ruega por nosotros que recurrimos a ti". "Repítela conmigo, hija mía", le dijo. Él consintió, y repitió las palabras que antes le eran tan familiares.

En el mismo momento su madre vio sus ojos llenos de lágrimas, y supo que su corazón estaba movido al arrepentimiento; y en el silencio de su propio pecho dio gracias a Nuestra Señora por la victoria. Le pidió que mandara llamar al sacerdote que había despedido hacía poco, se confesó y recibió los últimos Sacramentos, tras lo cual expiró tranquilamente, mientras sus labios repetían por última vez: "Oh María, sin pecado concebida, ruega por nosotros que recurrimos a ti".

Guirlande à Marie, p. 46.

Capítulo 77: "Ave María"-"El Señor es contigo".

NUESTRA SEÑORA Y SANTA ELIZABETH DE HUNGRÍA.

Una noche, mientras Santa Isabel recitaba la Salutación Angélica, se le apareció aquella a quien va dirigida esta bella oración, y entre otras cosas dijo: "Te enseñaré todas las oraciones que rezaba cuando estaba en el Templo. Por encima de todo, solía suplicar a Dios que le amara y odiara a mi enemigo. No hay virtud sin este amor absoluto a Dios, por el que desciende al alma la plenitud de la gracia; pero después de entrar en ella, se escapa de nuevo, a menos que el alma odie a sus enemigos, es decir, al pecado y al vicio. Quien quiera, pues, conservar esta gracia, procure que este amor y este odio actúen en su corazón.

"Quisiera que aprendieras a hacer como yo. Me levantaba todas las noches y, postrado ante el altar, rogaba a Dios que me enseñara a observar todos sus mandamientos y me concediera las gracias que más le agradaban. Le suplicaba que me permitiera ver el tiempo en que debía vivir la santa Virgen que había de dar a luz a su Hijo, para consagrar todo mi ser a servirla y venerarla."

Isabel la interrumpió para decir: "Oh dulcísima Señora, ¿no estabais ya llena de gracia y virtud?".

Pero la santa Virgen replicó: "Estad segura de que me creía tan culpable y miserable como vos os creéis; por eso rogué a Dios que me concediera esa gracia". El Señor -añadió la bienaventurada Reina- hizo conmigo lo que el hábil músico hace con su arpa, disponiendo todas sus cuerdas de modo que produzcan el sonido más armonioso. Así se complació el Señor en adaptar a su beneplácito mi alma, mi corazón, mi mente y todos mis sentidos.

"Así gobernado por su sabiduría, a menudo era llevado por los ángeles a la presencia de Dios, y entonces experimentaba tanto gozo, y dulzura, y consuelo, que este mundo quedaba enteramente desterrado de mi memoria. Tan familiarizado estaba con Dios y sus ángeles, que parecía como si viviera siempre con su santa corte. Luego, cuando le plugo al Padre Todopoderoso, fui llevada de nuevo por los ángeles al lugar donde había estado orando.

"Cuando me encontré de nuevo en la tierra y recordé dónde había estado, el pensamiento inflamó de tal modo mi alma con tal amor a Dios, que abracé la tierra, las piedras, los árboles y todas las cosas creadas por afecto a su Creador.

"Deseaba ser la sierva de todas las santas mujeres que moraban en el Templo; deseaba estar sujeta a todas las criaturas por amor al Padre Supremo. Tú también deberías hacer esto, pero te preguntas siempre: '¿Por qué se me conceden tales favores a mí, que soy tan indigno de recibirlos?' y entonces caes en una especie de desesperación y desconfianza en la bondad de Dios. Procura no hablar más así, porque desagrada a Dios, que, como buen amo, puede conceder sus beneficios a quien quiere, y que, como padre sabio, sabe lo que conviene a cada hijo. En fin -dijo su celestial señora para concluir-, he venido a ti como un favor especial. Esta noche soy tuya. Pregunta lo que quieras: Yo responderé a todo".

Montalembert: Vida de Santa Isabel.

Capítulo 78: "Ave María"-"Bendita tú eres entre todas las mujeres".

CÓMO RECOMPENSA JESÚS A LOS QUE HONRAN A SU MADRE.

Sucedió no hace muchos años que cierto Padre misionero predicaba un retiro a señoras en la ciudad de Nancy, en Francia. En uno de sus sermones les dijo que nunca debían desesperar de la salvación de ningún alma, aunque, mirando los acontecimientos de un modo humano, pareciera no haber esperanza; y que las acciones que a los ojos de los hombres tienen poca o ninguna importancia son recompensadas por Dios, y de un modo especial, a la hora de la muerte.

Cuando regresó a la sacristía, le siguió una mujer vestida de luto.

"Padre mío -le dijo-, en su sermón de hoy ha recomendado usted la confianza y la esperanza: lo que me ha sucedido demuestra que sus palabras están llenas de verdad.

"Tuve un marido bueno y afectuoso, irreprochable ante el mundo en su vida privada y pública. Desgraciadamente, descuidaba la práctica de sus deberes religiosos. Mis oraciones y las pocas palabras de consejo que me atrevía a ofrecerle, eran igualmente inútiles.

"En el mes de mayo que precedió a su muerte, según mi costumbre, erigí en casa un altar a Nuestra Señora, que adorné con flores y velas. Todos los domingos mi marido solía ir al campo, y pasaba allí la mayor parte del día en vez de ir a asistir a la Santa Misa. Sin embargo, siempre, al volver a casa, traía consigo un hermoso ramo de flores, que recogía con sus propias manos, y yo las utilizaba para adornar mi pequeño altar. ¿Vio lo que hice con ellas, o no? No lo sé. ¿O lo hizo para complacerme, o tal vez por un secreto sentimiento de piedad hacia Nuestra Señora? Eso nunca lo sabré. Pero lo que sí sé es que nunca volvía a casa los domingos sin flores frescas, las mejores que encontraba.

"En los primeros días del siguiente mes de junio me fue arrebatado por una muerte repentina, sin tener tiempo de recibir los ritos de la Iglesia. Esto me afligió más de lo que puedo describir: mi salud se quebrantó, y mis amigos me aconsejaron que fuera al sur para cambiar de aire.

"Al pasar por Lyon, me asaltó el deseo de visitar Ars para ver al santo cura Vianney, que vivía entonces. Después de haber rezado un rato en la catedral de esta ciudad, le escribí solicitándole una entrevista y encomendando a sus oraciones a mi difunto esposo. No le di detalles de su vida ni de su muerte.

"Cuando llegué a Ars, me dirigí inmediatamente a la iglesia. Apenas había entrado en la sala donde acostumbraba a recibir a los visitantes como yo, cuando me dijo: 'Señora, está usted muy apenada; pero ¿ha olvidado ya los ramos de dulces flores que depositaba en el altar de Nuestra Señora todos los domingos?'.

"Me sería imposible describir mi asombro ante estas palabras del santo sacerdote, que tan vivamente me trajeron a la memoria una circunstancia que casi había olvidado, y de la que nunca había hablado a nadie, y que él no podía conocer sino por revelación.

Y añadió: "Dios se ha apiadado del alma de quien honró a su amada Madre hasta con la pequeña ofrenda de flores que hizo para adornar su altar". En el momento de su muerte, tan repentina como fue, recibió la gracia del arrepentimiento; su alma está ahora en el Purgatorio; pero nuestras oraciones y nuestras buenas obras pronto le aliviarán de sus sufrimientos, y entonces estará con Dios para siempre.'"

Confiance en la Miséricorde de Dieu, p. 157.

BEATO ANDRÉS DE CITEAUX RECOMPENSADO POR NUESTRA SEÑORA.

El Beato Andrés, religioso de la Orden de Citeaux, tenía un gran amor a María. Todos los días rezaba su Oficio con tanta atención, que a cada versículo, e incluso a cada palabra, tenía el pensamiento fijo en Nuestra Señora, y así continuaba hasta terminarlo.

María, por su parte, recompensó a su siervo con un favor que llenó su alma de alegría celestial. Llevaba diecisiete años edificando con la santidad de su vida a todos los religiosos del monasterio, cuando le vino a la mente la idea de recluirse aún más del mundo, encerrándose en su estrecha celda, y así poder pasar más tiempo en oración.

En una ocasión sucedió que otro religioso, que solía proporcionarle lo necesario para su sustento, le pidió que le dijera algo para su edificación.

Andrés respondió: "No me negaré a tu petición, hermano mío. Sabed, pues, que he recibido la visita de la Santísima Virgen, que me ha dicho que dentro de siete días moriré; y añadió: 'Puesto que siempre me habéis servido con tanta fidelidad, yo mismo he venido a recompensaros en persona'. Diciendo estas palabras, me sonrió dulcemente".

Desde aquel momento, este piadoso siervo de María comenzó a saborear las alegrías del Paraíso. La Virgen, en la visión que le había concedido, le había hecho saber que se fijaba más en el modo en que sus hijos le ofrecían sus oraciones que en las oraciones mismas.

Devoción a María, i. 217.

LA OFRENDA QUE MÁS AGRADA A MARÍA.

Vivía, hace mucho tiempo, un joven piadoso que se llamaba José y que amaba a la santísima Madre de Dios con una sencillez infantil. Su mayor deleite era adornar sus imágenes y decorar sus altares con las flores más fragantes que podía encontrar.

"Mi querida y buena Madre es muy difícil de complacer", se le oía decir a menudo en su sencillez. "He aquí que le traigo las flores más hermosas que florecen, y me dice: 'No las quiero'; y le traigo las cerezas más hermosas que puedo encontrar, y me dice que tampoco las quiere; y cuando le pregunto qué puedo traerle que la complazca, me dice: 'Hija mía, es tu corazón lo que quiero'."

Cuando hablaba así de María, o cuando se arrodillaba ante su imagen, o cantaba himnos en su honor, su semblante brillaba con esplendor celestial, como el de San Pablo cuando fue llevado al tercer cielo; su rostro, habitualmente pálido, brillaba entonces con resplandor, y asumía los frescos tintes de una salud perfecta.

Deseaba también que toda la creación se uniera a él para dar gloria a María, y pedía a los mismos animales que le acompañaran para honrarla. Un día pasaba cerca de un rebaño de ovejas que pastaban en un campo, y les gritó: "Venid conmigo y alabad a la gran Madre de mi Creador, porque Él es también vuestro". Las ovejas corrieron tras él, sin hacer caso de la voz de su pastor que las llamaba, y se pararon a su alrededor mientras él cantaba sus letanías. Luego las bendijo, y volvieron inmediatamente a sus pastos.

Les SS. Legendes.

MARÍA LIBERA A UN JOVEN DE LA CÁRCEL.

Una piadosa mujer tenía un hijo único que había sido hecho prisionero en una guerra contra los turcos, y fue arrojado a una inmunda mazmorra. Como su madre no tenía, en su pobreza, ningún medio para redimirlo de su cautiverio, recurrió a la Santísima Madre de Dios para que acudiera en su ayuda, conociendo el poder ilimitado que poseía para socorrer a todos los necesitados. Para asegurar la obtención de su petición, añadió a sus oraciones muchas otras buenas obras.

Un día se le apareció la Santísima Madre de Dios y le dijo: "¿Qué deseas de mí en esas oraciones que tan constantemente me rezas?". La Virgen preguntó esto para que la mujer pudiera invocarla con más confianza todavía.

"¡Ay, Señora mía!", respondió ella; "lo único que te pido es que tengas a bien librar a mi hijo de su cruel cautiverio, y devolvérmelo a mí, su desconsolada madre."

"Consuélate, hija mía", respondió la Virgen; "pronto te devolveré a tu hijo".

En muy poco tiempo se cumplió esta promesa, y la feliz madre pudo abrazar de nuevo a su hijo perdido hacía tanto tiempo.

Llegó a casa el día de San Bartolomé, 24 de agosto de 1323. Hacia el anochecer llegó a casa de su madre y llamó a la puerta. Es fácil comprender la alegría que sintió al verle de nuevo. Sus primeras palabras fueron para preguntarle cómo había podido escapar.

Él le respondió: "Nuestra santísima Señora entró en mi prisión en medio de la noche, rodeada de una luz brillantísima, y quitándome las pesadas cadenas que me ataban, me dijo que volviera a ti, indicándome al mismo tiempo todos los caminos por los que podría realizar el viaje".

En el curso de su feliz entretenimiento, tanto la madre como el hijo llegaron a persuadirse de que había sido liberado de su prisión durante la noche, y a la misma hora en que Nuestra Señora había prometido librarle.

E Calendario Mariano.

Capítulo 79: "Ave María"-"Bendito es el fruto de tu vientre, Jesús".

EL COMIENZO DEL EVANGELIO DE SAN JUAN

"En el principio era el Verbo, y el Verbo estaba con Dios, y el Verbo era Dios. Todas las cosas por Él fueron hechas, y sin Él nada de lo que ha sido hecho fue hecho; en Él estaba la vida, y la vida era la luz de los hombres; y la luz resplandece en las tinieblas, y las tinieblas no la comprendieron.

"Hubo un hombre enviado por Dios, que se llamaba Juan. Este vino como testigo, para dar testimonio de la luz, a fin de que todos creyesen por medio de él. Él no era la luz, sino que vino a dar testimonio de la luz. Él era la luz verdadera que ilumina a todo hombre que viene a este mundo.

"En el mundo estaba, y el mundo por él fue hecho, y el mundo no le conoció. A lo suyo vino, y los suyos no le recibieron. Pero a todos los que le recibieron, a los que creyeron en su nombre, les dio potestad de ser hechos hijos de Dios, los cuales no son engendrados de sangre, ni de voluntad de carne, ni de voluntad de varón, sino de Dios. Y el Verbo se hizo carne, y habitó entre nosotros, y vimos su gloria, como la gloria del Unigénito del Padre, lleno de gracia y de verdad."

"SU NOMBRE FUE LLAMADO JESÚS".

El santo Nombre de Jesús descendió del cielo. "Y transcurridos ocho días para que el Niño fuese circuncidado, se llamó su nombre Jesús, que fue llamado por el Ángel antes de ser concebido en el seno materno" (San Lucas ii. 21).

SAN PANTALEÓN HACE MILAGROS EN NOMBRE DE JESÚS.

Después de la conversión de San Pantaleón a la fe cristiana, y mientras conversaba con su hermano, que todavía era pagano, sobre el poder omnipotente de Jesucristo, unos hombres trajeron a su presencia a un ciego.

Su hermano le dijo: "Puesto que en todas partes se te tiene en gran estima por tu gran conocimiento del arte medicinal, veamos ahora si serás capaz de dar la vista a este ciego".

El Santo sin vacilar, y conociendo el poder del santo Nombre de Jesús, se acercó con confianza hacia el ciego. Con las manos le tocó los ojos, y con los labios pronunció el santo Nombre de Jesús, y el hombre recobró la vista.

Al ver este milagro, su hermano dejó de dudar y abrazó inmediatamente la religión cristiana.

De la Vida del Santo.

SAN HILARION Y LA MADRE DESCONSOLADA.

Elpidio, que más tarde fue Comandante en Jefe del ejército imperial, estaba de viaje en Siria, en Egipto, acompañado de su esposa y sus tres hijos.

En su viaje de regreso, a su paso por Gaza, los tres niños enfermaron gravemente. Todos los medios que el arte humano podía aplicar no surtieron efecto, y la desconsolada madre iba de cama en cama donde yacían sus hijos, sin saber de quién serían los primeros ojos en cerrarse con la muerte.

En medio de su desolación, se enteró de que un piadoso ermitaño vivía en un lugar desierto a poca distancia de su morada. Inmediatamente decidió visitarlo y, haciendo los preparativos que pudo con toda prisa, se puso en camino acompañada de varios asistentes.

Cuando llegó a su celda, se arrojó inmediatamente a sus pies y le dijo: "Oh hombre de Dios, te ruego, en el santísimo Nombre de Jesús, nuestro buen Maestro, y por su cruz en la que murió por nosotros, y por su sangre que derramó por nosotros, que vengas de inmediato y salves la vida de mis tres pequeños". Pero Hilarión se negó a acompañarla, alegando como excusa que nunca salía de su celda, y que nunca había visitado ninguna ciudad o aldea, ni lejana ni cercana.

Al oír esto, la madre prorrumpió en fuertes gritos de súplica, rogándole de nuevo en el nombre de Dios que viniera a curar a sus hijos. Los que estaban con ella mezclaron sus suspiros y lágrimas con los de ella, y le rogaron que accediera a su petición.

A Hilarión le fue imposible negarse y, levantándose, se dirigió a Gaza y entró en casa de Elpidio. Allí encontró a los tres niños al borde de la muerte.

Levantando las manos y los ojos al cielo, rezó un rato en silencio; luego, con voz fuerte, pronunció sobre ellos el santo nombre de Jesús, haciendo al mismo tiempo sobre ellos con la mano la señal de la cruz, y al instante brotó de sus cuerpos una copiosa transpiración.

En menos de una hora habían desaparecido todos los síntomas peligrosos. Los que presenciaron este milagro se llenaron de alegría, y se unieron a la feliz madre en una oración de acción de gracias a Dios, que, por el poder del santo Nombre de Jesús, había levantado a sus tres amados hijos del borde de la tumba.

Este milagro tuvo lugar en el año 328.

SAN APOLINARIO, MÁRTIR.

Cuando San Apolinar, discípulo de San Pedro Apóstol y obispo de Rávena, fue llevado ante el gobernador pagano Tauro, el pueblo, con fuertes gritos, exigió que fuera condenado a muerte.

Pero Dios velaba por su fiel siervo. El gobernador, reuniendo en la gran plaza de la ciudad a los principales hombres de la población, dio orden de que Apolinar fuese conducido ante él, así como un niño ciego de nacimiento.

El gobernador dijo al Santo: "Si por la invocación de tu Jesús crucificado das la vista a este niño ciego, todos reconoceremos que Cristo es el único Dios verdadero; pero si no lo haces, serás arrojado al fuego y morirás quemado."

San Apolinar puso al niño ante él, y levantando los ojos al cielo, dijo: "En el nombre de Jesucristo, que se abran tus ojos". E inmediatamente el niño vio.

Los que estaban alrededor esperando con impaciencia ver el resultado se llenaron de asombro al contemplar este milagro, y muchos de ellos gritaron a gran voz: "En verdad, el hombre que ha hecho esta cosa maravillosa debe venir de Dios"; y creyendo en el Señor Jesucristo, se bautizaron.

Vidas de los Santos, 23 de julio.

Parte 11: "SALVE MARÍA" (ÚLTIMA PARTE)

Capítulo 80: "Santa María, Madre de Dios" - Ella es también nuestra Madre

Nunca pudo imaginarse un honor más grande que el que Dios concedió a María al hacerla Su Madre: "Madre de Dios". Sólo a María le fue concedido ese privilegio indecible. Pero ella es también Nuestra Madre; Jesús nos la dio mientras moría en la cruz. Y María nos ama con el tierno amor de una madre.

Por eso, mientras nos gloriamos de saludarla con el título de "Madre de Dios" al comienzo de la última parte del "Avemaría", rezamos para que nos conceda siempre los cuidados de una madre. "Santa María, Madre de Dios -le decimos-, ruega por nosotros pecadores ahora y en la hora de nuestra muerte. Amén".

UNA VISIÓN DE ST. MECHTILDES.

San Mechtildes vio un día, en una visión, una conmovedora manifestación del amor de la Madre de Dios por sus fieles servidores. Estos, bajo la forma de una multitud de niños pequeños, rodeaban a la Reina del Cielo, arrodillándose a sus pies y ofreciéndole sus oraciones.

María parecía mirarlos con gran amor: escuchaba con afecto sus súplicas y los cubría con su manto, en señal del gran cuidado que les tenía. A veces los alzaba en sus brazos, como si fueran sus propios hijos queridos, y los colocaba cerca del Sagrado Corazón de su Divino Hijo Jesús.

LA GRANDEZA DEL AMOR DE MARÍA.

El Padre Nievemburg dice que el amor de todas las madres por sus pequeños juntos sería sólo una sombra del que María tiene por cada uno de nosotros. "Ella nos ama más", añade, "que todos los ángeles y Santos juntos".

BEATO ANDRÉS DE CHIO.

Cuando el Beato Andrés de Chío sufría las más crueles torturas por no renegar de la fe de Jesucristo, y cuando su cuerpo se retorcía de dolor bajo los golpes que recibía, una sola palabra se oía escapar de sus labios: "María, Madre mía, ayúdame". Tres veces diferentes se renovaron sus torturas, pero cada vez prorrumpía en la misma oración, y por ella obtuvo el valor para perseverar hasta el fin.

"MI MADRE MARÍA".

San Francisco Javier tuvo siempre un gran amor a la bendita Madre de Dios. Solía llamarla su Madre: "mi dulce Madre María".

Cuando estaba a punto de morir, y temblaba al pensar en el juicio que pronto iba a sufrir, volvió sus ojos al cielo, hacia María, y le dijo: "Oh María, siempre te he amado como a mi Madre; muéstrame ahora en este terrible momento que tú eres mi Madre".

Murió la muerte de los Santos. Estas palabras: "Muéstrate como mi Madre", fueron de las últimas que se le oyeron pronunciar.

De su vida.

SAN. JACINTO, QUERIDO POR NUESTRA SEÑORA.

San Jacinto fue uno de los grandes apóstoles del norte de Europa. Amaba mucho a Nuestra Señora y era miembro de la Orden de Santo Domingo, de la que era patrona especial. La Santísima Virgen lo tomó bajo su maternal protección, y a menudo venía a visitarlo.

En el año 1221, en la víspera de la fiesta de la Asunción, San Jacinto meditaba ante el altar de Nuestra Señora sobre su gloriosa entrada en el Cielo y su triunfal acogida por la corte celestial. De repente, una luz resplandeció sobre el altar y se le apareció la gloriosa Reina del Cielo, rodeada de una multitud de ángeles.

Ella le dijo: "Oh Jacinto, alégrate y regocíjate, porque tus oraciones son muy agradables a mi Hijo y a mí: obtendrás de Él cuanto le pidas por mi intercesión."

Diciendo estas palabras, la Virgen desapareció; y se oyó tal melodía de voces y de instrumentos de música que ninguna lengua humana podría describir. Era para él un anticipo de las alegrías del Paraíso.

"¡OH MARÍA! O MI MADRE!"

San Benito José Labre abandonó su hogar y a sus padres para vivir como un pobre mendigo cerca de los santuarios de Jesús y María. Su estado harapiento y miserable le procuró insultos y golpes, e incluso fue expulsado de la propia Iglesia por hipócrita e impostor. Pero la presencia de Jesús en el Sagrario calentaba su corazón, y el pensamiento de María convertía sus penas en alegría. Llevaba su Rosario al cuello. Su santuario en Loreto era su peregrinación favorita; su imagen en Santa Maria dei Monti su lugar elegido para la oración. Allí pasaba las horas absorto en su devoción, edificando inconscientemente a su alrededor, mientras las palabras "¡Oh María! Madre mía", brotaban de sus labios. Allí se arrodilló por última vez en oración, y desde allí su alma hizo su última peregrinación a María y a Dios.

SAN JUAN EL ÚLTIMO CONSEJO DE SAN JUAN BERCHMANS.

Cuando San Juan Berchmans yacía en su lecho de muerte y estaba a punto de comparecer ante Dios, el superior de la casa donde vivía se presentó en su habitación, acompañado de todos los demás religiosos de la casa. Arrodillado junto al santo moribundo, le dijo: "Mi querido hermano, estáis a punto de comparecer ante Dios; antes de dejarnos, os ruego que nos digáis qué devoción especial debemos practicar en honor de Nuestra Santísima Señora, para obtener su protección todos los días de nuestra vida, y en particular en la hora de nuestra muerte."

El Santo moribundo respondió con estas palabras "La devoción que quieras, con tal que sea constante".

BEATO ALFONSIO RODRÍGUEZ DE LA SOCIEDAD DE JESÚS.

El Beato Alfonso Rodríguez, hermano lego de la Compañía de Jesús, se distinguió por su perseverancia en la oración a María.

En cuanto se levantaba del sueño, se arrodillaba humildemente ante una imagen de María y recitaba con devoción sus letanías, para ponerse bajo su especial protección durante el día. Todos sus momentos de ocio los dedicaba al rezo del Rosario, y a cada hora del día imploraba la ayuda de María mediante una invocación particular.

Cuando se sentaba a la mesa, le rogaba que pensara en las pobres almas del Purgatorio, pues sentía gran compasión por ellas, y para su consuelo ofrecía todas las pequeñas mortificaciones que se imponía durante las comidas. Cada vez que pensaba en sus sufrimientos, se le humedecían los ojos de lágrimas, y a menudo descuidaba la comida que tenía delante; y con frecuencia era necesario que el rector le deseara que comiera como los demás.

Cuando se veía obligado a abandonar la casa, aunque fuera por obediencia a las órdenes de sus Superiores, suplicaba a Nuestro Señor que pusiera fin a su vida de una vez antes que permitirle ofenderle en lo más mínimo; y para obtener el apoyo de la Santísima Virgen, tenía la costumbre de rezarle a menudo esta oración: "Oh María, muéstrame que eres mi Madre".

Ave María.

EL AMOR DEL NIÑO SAN BERNARDO POR NUESTRA SEÑORA

Bernardo amó a la Santísima Madre de Dios desde su más tierna infancia. Cada vez que veía su santa imagen u oía pronunciar su nombre, su pequeño rostro se iluminaba de alegría.

"Habladme de María, mi Madre del Cielo", decía a los que estaban con él. "Contadme algo más de la bendita Madre de Dios".

Cuando caía en alguna falta, bastaba decirle: "Lo que has hecho ha desagradado a la Madre de Dios", y se cuidaba de no volverlo a hacer; y si su madre, al pedirle que hiciera algo, le decía: "Si haces esto, agradarás a Nuestra Señora", lo hacía en seguida con la mayor alegría."

EL HEREJE NESTORIO.

El primer hereje que se atrevió a negar a Nuestra Señora este título fue Nestorio, que predicaba que María era efectivamente la Madre de Jesucristo como hombre, pero nada más.

Todo el mundo católico se indignó ante este insulto a María. Se celebró un concilio general en Éfeso para protestar contra esta herejía. Los obispos se reunieron en la iglesia, y el pueblo se congregó en la gran plaza de la ciudad. Durante todo el día permanecieron allí, esperando la decisión de la asamblea; y por la tarde, tan pronto como los Obispos salieron y declararon que Nestorio era condenado, y que el glorioso título de Madre de Dios, con el que siempre habían honrado a Nuestra Señora, se le seguiría dando, su alegría y entusiasmo no conocieron límites.

Durante toda aquella noche no cesaron de gritar: "María es verdaderamente Madre de Dios. Oh Santa María, Madre de Dios, ruega por nosotros pecadores ahora y en la hora de nuestra muerte".

Se formó una magnífica procesión por las calles; la ciudad estaba iluminada; los hombres llevaban antorchas encendidas, y las mujeres esparcían perfumes de dulce olor, para testimoniar su gran alegría.

Hija mía, cada vez que reces el Ave María, pronuncia estas palabras con el mayor fervor, y María te demostrará que no sólo es la Madre de Dios, sino también tu dulce Madre.

SAN ODILIO CURADO POR NUESTRA SEÑORA.

Cuando San Odilio de Cluny era pequeño, perdió el uso de sus miembros, de modo que no podía caminar, y tenía que ser llevado de un lugar a otro en brazos de su nodriza.

Un día, ésta lo acostó en el suelo, no lejos de la puerta de una iglesia dedicada a la santísima Madre de Dios, mientras ella se alejaba un poco por unos asuntos de su amo. El niño, al verse solo y ver abierta la puerta de la iglesia, se arrastró por el suelo hacia ella. Entró sigilosamente y, al cabo de un rato, llegó al altar. Entonces, asiéndose de los paños que lo cubrían, se levantó sobre sus pies; era la primera vez que se mantenía erguido: la Santísima Madre de Dios lo había curado. Cuando la nodriza regresó al lugar donde lo había dejado y no lo vio, se alarmó y comenzó inmediatamente a buscarlo por todas partes. Al entrar en la iglesia para buscarlo, Odilio la vio y, abandonando el altar, ante la sorpresa de todos los presentes, corrió a su encuentro.

La noticia de la curación milagrosa del niño no tardó en difundirse por toda la ciudad, y el pueblo acudió unánime a la iglesia para agradecer a su celestial patrona esta manifestación de su amor y de su poder.

Capítulo 81: "Santa María, Madre de Dios" - También nosotros somos sus hijos

Ya hemos visto que María, la Madre de Dios, es también nuestra Madre; leamos ahora algunos ejemplos de la ternura con que vela por sus hijos, obteniéndoles muchas gracias temporales y espirituales.

SAN FELIPE NERI CURADO MILAGROSAMENTE.

San Felipe Neri estaba una vez tan enfermo que nadie creía que pudiera recuperarse.

Mientras los hermanos le rodeaban llorando, de repente le oyeron exclamar: "¡Oh mi dulcísima Señora! Oh Señora llena de bondad, bendita seas mil veces". Estas palabras las repitió muchas veces, ante el asombro de los presentes.

Pero mayor fue aún su asombro cuando le vieron levantado sobre el lecho, y extendiendo las manos hacia algún objeto invisible para ellos, exclamó: "¡Oh, no soy digno! No soy digno".

Y cuando le preguntaron qué había sucedido, respondió: "¿No veis a la Santísima Virgen, mi Madre María, que ha venido del Cielo para curarme?". Entonces, percibiendo que la habitación estaba llena de gente, se cubrió la cabeza con las sábanas, avergonzado en su humildad de que fueran testigos de su éxtasis. Con dificultad pudieron persuadirle de que se las quitara, y cuando los médicos le examinaron, comprobaron que había recobrado la salud.

Vida de San Felipe Neri.

LA VISIÓN DE LA BIENAVENTURADA MARÍA DE LOS ÁNGELES.

"En la fiesta de la Asunción de Nuestra Señora", relató la Beata María de los Ángeles, "al acercarme al altar para comulgar, me sentí tan llena de dulzura celestial que creí estar ya en el Cielo".

"Al mismo tiempo se me apareció la Santísima Virgen; era tan hermosa y brillaba con tanto esplendor, que no podía mirarla, porque mis ojos se deslumbraban con la luz que la rodeaba. Tenía en la mano un manto blanco, pero de una blancura muy distinta de la terrena. Le dije: "Oh, Señora mía, ¿para quién está preparado ese hermoso manto?

"Ella respondió: 'Es para ti; te la daré cuando hayas llegado al final de tu prueba en la tierra. Aún te queda tiempo de vida y mucho que soportar antes de recibirlo. Recurre, pues, a mí con frecuencia y dime: "A tus pies, Soberana Señora, quiero vivir y morir"'".

SAN EL AMOR DE SAN ESTANISLAO A MARÍA.

Un día San Estanislao Kostka estaba predicando sobre las glorias de María ante los Padres y Hermanos de su Orden.

Uno de sus Superiores, que estaba presente durante el sermón, quedó asombrado por el fervor y la elocuencia con que hablaba.

Cuando terminó el sermón, lo llevó aparte y le dijo: "Estanislao, ¿amas a María?".

"¡Amarla!", respondió. "¿Cómo puedes hacerme semejante pregunta? ¿No es ella mi Madre?" Y mientras hablaba, lágrimas de afecto brotaron de sus ojos.

De su vida.

SAN IGNACIO SE CONSAGRA A MARÍA.

Desde el momento de su conversión, San Ignacio se convirtió en uno de los hijos más devotos de Nuestra Señora. Había tomado el firme propósito de servir fielmente a Dios hasta el fin de su vida; pero, conociendo las muchas dificultades y peligros que encontraría en su cumplimiento, lo puso bajo la protección de la Santísima Madre de Dios. Se arrodilló humildemente ante su imagen y se consagró solemnemente a ella para siempre.

La Santísima Virgen se complació en mostrarle cuán agradable le era esta ofrenda. Pocos días después de haberlo hecho, le asaltó una gran tentación. "Oh María, Madre mía, ayúdame, hijo tuyo", gritó.

En un instante se le apareció la Virgen en medio de un gran resplandor. El Niño Jesús estaba en sus brazos, y miraba a la sierva de su Madre con ojos llenos de amor. En el mismo instante desapareció la tentación, y sintió en su corazón una alegría y una paz que permanecieron siempre allí.

Puede que la Virgen no se te aparezca visiblemente como a aquel gran Santo, pero si eres tan fiel como él para invocarla en tus tentaciones, y dices como él: "Oh María, Madre mía, ayúdame, que soy hijo tuyo", Ella vendrá en seguida en tu ayuda y ahuyentará la tentación.

RESPUESTA DE NUESTRA SEÑORA A SAN ALFONSO.

Hacia mediados del siglo XV vivía en Segoria un piadoso niño llamado Alfonso Rodríguez. Su madre le había inculcado en el alma desde su infancia un gran amor a la Santísima Madre de Dios, de modo que, cuando llegó a la edad adulta, este afecto hacia Ella le preservó del pecado en medio de muchas tentaciones.

Cada vez que veía un cuadro o una imagen de la Santísima Virgen, la saludaba con alguna cariñosa salutación, y rogaba a la que representaba que rogase por él y le guardase del pecado.

Un día, mientras contemplaba con afecto una imagen de María, dijo: "¡Oh, Señora mía, si supieras cuánto te amo! Te amo tanto, que sería imposible que tú misma me amaras más de lo que yo te amo".

Para recompensar estas tiernas palabras, la Reina del Cielo se complació en aparecérsele de manera visible. "Oh hijo mío", le dijo, "te equivocas al pensar que tu amor por mí es mayor que mi amor por ti; porque yo te amo mucho más de lo que es posible que tú me ames."

NUESTRA SEÑORA Y SANTA ELIZABETH DE HUNGRÍA.

Un día en que Santa Isabel de Hungría meditaba sobre la vida de Nuestro Divino Señor, y deseaba conocer más profundamente el misterio de aquel amor que le hizo bajar del Cielo para nuestra salvación, se le apareció la Santísima Madre de Dios, y le dijo: "Si quieres ser mi alumna, yo seré tu maestra; si quieres ser mi sierva, yo seré tu señora".

Isabel, no atreviéndose a creerse digna de tal honor, dijo: "¿Quién eres tú que me pides ser tu alumna y tu sierva?".

Nuestra Señora respondió inmediatamente: "Yo soy la Madre de Dios vivo, y sabré instruirte en estas cosas mejor que nadie".

A estas palabras Isabel extendió sus manos hacia la Madre de Misericordia, que las tomó entre las suyas, y dijo: "Si quieres ser mi hija, yo seré tu madre".

Estas palabras llenaron el corazón de la Santa de una alegría sin límites. Pensar que ahora era, de una manera tan especial, hija de María, la hacía más feliz que si le hubieran dado el mundo entero. Sin embargo, temía no mostrarse tan cariñosa con ella como debía, y aunque procuraba evitar todo lo que pudiera desagradarla, sentía que su amor por ella era aún muy imperfecto.

Un día había cometido una falta leve, y al ver lo que había hecho lloró muy amargamente, porque sabía que desagradaría tanto a Nuestra Señora. Mientras lloraba, la Santísima Virgen se le apareció de repente y le dijo: "Hija mía, ¿por qué lloras? No te elegí para que fueras mi hija, para que fueras desgraciada. Anímate, pues, y, aunque no me hayas sido del todo obediente, procura ser mejor en los tiempos venideros; reza un 'Ave María' en mi honor, y esta falta te será perdonada."

María es también tu madre, hija mía, y te ama con amor de madre. Sabe cuán débil eres y se apiada de ti cuando has caído en alguna falta, con tal de que te arrepientas de ella y te propongas hacerla mejor en el futuro. En todas tus pruebas y penas, por lo tanto, recurre a ella con confianza, y ella te mostrará que ella es realmente tu madre

EL BEATO ESTANISLAO DE CASMIR CONSOLADO.

La Santísima Virgen se apareció al Beato Estanislao de Casmir, que la amaba sobremanera, y le dijo: "Hijo mío Estanislao, llénate de alegría por el amor que me tienes. Continúa amándome y sirviéndome hasta el fin de tu vida como lo estás haciendo ahora, y una gran recompensa te será dada con mis Santos en el Paraíso."

Cuando estaba a punto de morir, se le apareció Jesús mismo, acompañado de su Santísima Madre, y, llamándole con tonos de celestial dulzura, le dijo: "Hijo mío Estanislao, levántate pronto y ven, porque hoy estarás conmigo en el Paraíso".

Tal es el santo fin de los que aman y sirven a María.

"VOY AL CIELO".

El Beato Alfonso Salmerón no dejaba pasar un solo día sin ofrecer a la Santísima Madre de Dios algún tributo de homenaje y de amor.

Siempre que estaba en apuros recurría a María, y si se encontraba en alguna dificultad, era a Ella a quien acudía en busca de ayuda. En todos sus sermones hablaba de ella, y durante toda su vida trató de inflamar los corazones de todos los que venían a escucharle con una gran devoción hacia ella.

Para despertar en sus corazones un deseo aún mayor de honrarla, solía hablarles a menudo de la protección especial que ella les daría en el momento de su muerte, si hacían lo que él les recomendaba. Cuando llegó su hora final, como si quisiera recompensarle por todo lo que había hecho por ella, le quitó los terrores de la muerte.

Cuando se vio cerca de su fin, gritó: "¡Voy al cielo! ¡Voy al cielo! ¡Oh, bendita sea mi vida, oh María, que he pasado honrándote! Benditos aquellos sermones en los que ensalcé tu grandeza y tu misericordia para con los pobres pecadores. Benditos sean los trabajos que he soportado por ti, y bendito todo lo que he hecho, sufrido y escrito en tu honor, oh Madre mía".

Luego, volviéndose hacia los que estaban arrodillados alrededor de su lecho, dijo: "¡Oh hermanos míos, qué dulce es morir cuando durante la vida se ha honrado y amado a María!".

Éstas fueron sus últimas palabras.

De su Vida.

SAN ALFONSO RODRÍGUEZ Y NUESTRA SEÑORA.

Un año, el 15 de agosto, fiesta de la Asunción de Nuestra Señora al Cielo, San Alfonso Rodríguez fue muy temprano a la iglesia para prepararse para la Santa Comunión. Después de haber recibido a su Divino Maestro en su Santísimo Sacramento, y mientras él Pero nuestro Divino Salvador la consoló con una visión. Ella vio a Nuestra Señora de pie ante el Tribunal de su Hijo Jesús. Carlos estaba allí para ser juzgado. También Satanás estaba allí para reclamar su alma, pero se encontró con que el Juez, por intercesión de María, había dictado sobre él la feliz sentencia de los justos.

Satanás se quejó a Dios con estas palabras: "Tu Madre me ha hecho aquí dos agravios. Antes de morir, entró en el lugar donde yacía y lo protegió en su última lucha, y no me permitió tentarlo. Luego, en vez de permitirme que lo trajera para ser juzgado, ella misma lo tomó en sus brazos y lo trajo aquí. Estos son los dos grandes agravios que me ha hecho; por eso, Justo Juez, ordena ahora que el alma de Carlos vuelva a su cuerpo, para que yo pueda tentarlo."

Pero Nuestra Señora aquí le interrumpió. "Aunque eres el padre de la mentira, has dicho aquí la verdad: yo asistí a Carlos de una manera muy especial cuando agonizaba, y también aquí en el Juicio Final, porque él me sirvió bien durante la vida, y en el momento de su muerte dio su vida en honor mío."

Jesús se volvió hacia Satanás, y dijo: "Mi Madre tiene derecho a mandar aquí, porque es Reina y Soberana en mi Reino, y puede hacer en estas cosas lo que quiera. En este asunto ha hecho bien".

Con estas palabras Jesús impuso silencio a Satanás, y Santa Brígida supo que su amado hijo estaba a salvo.

Revelaciones de Santa Brígida. eran, a los pies de su trono celestial, y procurarle cuanto le pidiese.

Un día, estando tendido en un lecho de enfermedad, y tan enfermo que los mismos médicos pensaban que no volvería a levantarse, de repente se le oyó exclamar: "¡Oh mi santísima Madre, mi bellísima y bendita Madre!".

Los médicos y los sacerdotes presentes se apresuraron a acudir a su lado, y lo vieron levantado en el aire más de un palmo por encima de su lecho, con los brazos extendidos como si quisiera abrazar a alguien; al mismo tiempo le oyeron exclamar: "Queridísima Señora, no soy digno de este favor. No merezco que vengas a visitarme y a curarme. ¿Qué retribución te daré si me devuelves la salud a mí, que nunca he hecho ningún bien?".

Para sorpresa de los circunstantes, se levantó del lecho perfectamente curado. La Santísima Virgen lo había curado.

Como San Felipe, hijo mío, cuando estés ansioso de acercarte a Jesús en la Sagrada Comunión, ve en compañía de Nuestra Señora, y Ella te procurará de Su parte una cariñosa acogida.

EL HIJO DE SANTA BRIDGET.

Santa Brígida tenía un hijo llamado Carlos, que era soldado. Un día, combatiendo en una gran batalla, fue herido. La herida resultó mortal. Lo sacaron del campo de batalla y poco después expiró. Su madre, sabiendo que rara vez los soldados viven bien, se llenó de dolor al enterarse de la muerte de su hijo, porque temía que hubiera muerto en pecado y se hubiera perdido.

Pero nuestro Divino Salvador la consoló con una visión. Vio a Nuestra Señora de pie ante el tribunal de su Hijo Jesús. Carlos estaba allí para ser juzgado. También Satanás estaba allí para reclamar su alma, pero se encontró con que el Juez, por intercesión de María, había dictado sobre él la feliz sentencia de los justos.

Satanás se quejó a Dios con estas palabras: "Tu Madre me ha hecho aquí dos agravios. Antes de morir, entró en el lugar donde yacía y lo protegió en su última lucha, y no me permitió tentarlo. Luego, en vez de permitirme que lo trajera para ser juzgado, ella misma lo tomó en sus brazos y lo trajo aquí. Estos son los dos grandes agravios que me ha hecho; por eso, Justo Juez, ordena ahora que el alma de Carlos vuelva a su cuerpo, para que yo pueda tentarlo."

Pero Nuestra Señora aquí le interrumpió. "Aunque eres el padre de la mentira, has dicho aquí la verdad: yo asistí a Carlos de una manera muy especial cuando agonizaba, y también aquí en el Juicio Final, porque él me sirvió bien durante la vida, y en el momento de su muerte dio su vida en honor mío."

Jesús se volvió hacia Satanás, y dijo: "Mi Madre tiene derecho a mandar aquí, porque es Reina y Soberana en mi Reino, y puede hacer en estas cosas lo que quiera. En este asunto ha hecho bien".

Con estas palabras Jesús impuso silencio a Satanás, y Santa Brígida supo que su amado hijo estaba a salvo.

Revelaciones de Santa Brígida.

BEATO HERMANN JOSÉ, HIJO DE NUESTRA SEÑORA.

Uno de los más favorecidos hijos de Nuestra Señora fue, sin duda, el beato Hermann Joseph. Desde su infancia le perteneció, y nunca fue tan feliz como cuando se arrodillaba a los pies de su imagen y hablaba familiarmente con Ella.

En la iglesia del pueblo al que pertenecía había una hermosa imagen de la Divina Madre, que llevaba en brazos al santo Niño Jesús. El niño gustaba de ir allí, donde, arrodillado a los pies del altar y con los ojos fijos en la imagen que tenía delante, hablaba unas veces a la Madre y otras al Niño de todas sus penas de niño y de las penalidades que ya había tenido que soportar a causa de la pobreza de sus padres.

"Mi querido Jesús -decía-, esta mañana no he desayunado más que un pedazo de pan seco, y todavía tengo mucha hambre. Pero no me voy a quejar, porque Tú mismo, aunque eres el Hijo de Dios, muchas veces pasaste hambre como yo".

Luego contaba al santo Niño todo lo que había aprendido desde la noche anterior, y todo lo que pensaba hacer durante aquel día. Solía decir antes de salir de la capilla: "Preferiría quedarme aquí contigo y con tu querida Madre, pero debo ir a la escuela; dame, pues, tu bendición, y piensa a veces en mí hasta que vuelva otra vez a verte".

La Santísima Madre de Dios amaba al niño por su sencillez. Un día, cuando el niño vino a hacer su visita habitual, trajo consigo una hermosa manzana que alguien le había regalado. "Mi querida santa madre", le dijo, "he traído esta hermosa manzana; tómala como muestra del gran amor que te tengo a ti y a tu santo Hijo Jesús."

"Maravilloso es relatar", dice el historiador, "que la Reina de los Ángeles, para que no pareciera que despreciaba la ofrenda del niño, hizo que el brazo de la estatua se inclinara hacia el niño y recibiera la manzana."

En otra ocasión, estando en la misma iglesia, vio en una visión, muy por encima de su cabeza, a la Santísima Madre de Dios con el Divino Niño y San Juan Evangelista. Mientras contemplaba esta visión, les oyó hablar de un modo tan celestial, que todo su corazón pareció inflamarse con el deseo de estar junto a ellos.

Y mientras pensaba en esto, oyó de pronto la dulce voz de Nuestra Señora que le decía: "Hermann, sube con nosotros".

"Oh Madre mía, no puedo alcanzarte", dijo él, "pues no tengo escalera, y tú estás muy alto".

La Santísima Madre, tendiéndole entonces la mano, lo subió y lo puso al lado de su Divino Hijo, y allí pasó muchas horas en dulce conversación con Él.

En otra ocasión, en pleno invierno, Hermann llegó a la iglesia sin zapatos en los pies. La Santísima Virgen se le apareció de nuevo y le preguntó por qué había venido descalzo con tanto frío.

"Oh, mi querida Señora -respondió-, tú sabes que mis padres son tan pobres que no pueden darme zapatos".

Ella le dijo que fuese a cierto sitio, donde le darían tanto dinero como para comprarle lo que tanto necesitaba. Hermann fue al lugar, y encontró el dinero como Nuestra Señora le había dicho. Volvió para agradecerle su bondad. La Virgen le abrazó y le prometió que le daría lo que necesitase, por el gran afecto que le profesaba.

Así creció el piadoso hijo de María, y cada día se hacía más ferviente. Una y otra vez se le aparecía la Santísima Virgen en toda su hermosura para consolarlo y reconfortarlo.

Pero llegó un día en que este fervor llegó a su fin. Hermann empezó a descuidar todos sus deberes espirituales. Ya no rezaba sus oraciones con la misma devoción; se volvió menos paciente en sus pruebas, y permitió que el espíritu de pereza se apoderara de su corazón. En castigo de esto ya no era favorecido por las visitas de Nuestra Señora que hasta entonces habían sido su mayor consuelo.

Un día, mientras se afligía por esto, vio caminar por el corredor del monasterio donde moraba a una dama de aspecto majestuoso, vestida con ricos ropajes, pero con un semblante que parecía haber sido muy hermoso en otro tiempo, pero que ahora había perdido toda su belleza.

Hermann, al ver a una dama entre los muros del monasterio, quedó muy asombrado y, acercándose a ella, iba a preguntarle quién era y de dónde venía.

Pero, mientras se acercaba, ella le dijo: "Hermann, parece que no me conoces".

Hermann reconoció en seguida la voz, que tantas veces había oído antes: la voz de la Santísima Madre de Dios.

"Oh, mi dulcísima Madre -exclamó-, ¿eres tú? Pero, ¡qué cambiada estás! ¿Qué ha sido de aquel bello semblante que yo contemplaba con tanta alegría?".

"Y tú, hija mía", respondió ella, "¿qué ha sido de tu antiguo fervor, de tu antigua generosidad, de tu antiguo gran amor por mí? Cuando eras ferviente y piadoso, y cuando tu alma estaba adornada con la belleza celestial, me aparecí a ti bajo una semejanza celestial. Hoy me aparezco a ti de una manera muy diferente, para mostrarte cuán disgustada estoy contigo, y qué crueldad me has demostrado con tu conducta ingrata.

Mientras Nuestra Señora pronunciaba estas palabras de reproche, Hermann se había arrojado al suelo a sus pies y prorrumpía en suspiros y lágrimas.

Pero el corazón de Nuestra Señora pareció derretirse de ternura al ver el dolor de su querido hijo. "Levántate, mi querido Hermann", le dijo; "si vuelves a ser fervoroso como antes, serás mi querido hijo, como antes".

Hermann Joseph se levantó de sus rodillas consolado y reconfortado. Fue para él una lección que nunca olvidó. De este ejemplo aprenderás tú también, hijo mío, cuán ingrato serías y cuánto afligirías a la santísima Madre de Dios si, como Hermann, te enfriaras alguna vez en tu devoción hacia Ella.

De la Vida del Beato Hermann Joseph.

LA HUERFANITA DE NUESTRA SEÑORA.

Había una vez una niña que acababa de perder a su madre. Se quedó sola en el mundo, sin nadie que la cuidara, sin nadie que la amara.

La gente llegó a la casa donde yacía el cadáver de su madre, se lo llevaron y lo depositaron en lo más profundo de la fría tumba.

"¡Oh, madre mía, madre mía!", gritó la niña, "¿qué será de mí? ¿Quién me dará de comer o quién me protegerá? Y las lágrimas caían de sus ojos sobre la tumba de su madre, mientras se arrodillaba allí, desamparada y sola.

Cuando llegó la noche, se levantó del suelo para marcharse. Pero, ¿adónde iría? Ya no tenía casa. De pronto recordó que a la entrada del bosque vecino había una capillita dedicada a María, la Madre de Dios.

Entró, se arrodilló ante la imagen de Nuestra Señora, que estaba sobre el altar, y con los ojos llenos de lágrimas, comenzó a rezar así: "Oh mi dulcísima y celestial Madre María, mi pobre y querida madre en la tierra ha muerto, y no tengo a nadie que se apiade de mí. Soy una pobre huérfana abandonada en este mundo cansado. Ah, mi querida Madre María, no abandones a tu solitaria hija en sus aflicciones".

Y mientras oraba así, una luz repentina y deslumbrante comenzó a llenar la capilla, y ella oyó los acordes de la música más encantadora que jamás haya llegado a oídos mortales. Al mismo tiempo, la capilla se llenó de un perfume dulcísimo. En medio del resplandor apareció una bellísima dama, vestida con un traje más blanco que la nieve. En su cabeza había una corona del oro más puro, y la acompañaba un coro de la hueste celestial que cantaba alegremente.

La dama, sonriendo dulcemente a la niña, le dijo: "Hija mía, yo soy María, la Madre de Dios. He escuchado tu oración, y por el tiempo venidero seré tu madre, y tú serás mi hijo".

Después de decir esto, puso su santa mano sobre la frente de la niña, en señal de adopción, y desapareció.

El corazón de la niña se llenó de alegría y consuelo. Se levantó de sus rodillas para afrontar las tormentas y tempestades de un mundo perverso. Ya no temía nada, porque sabía que bajo la protección de su Madre del Cielo estaría a salvo de todo peligro.

Cuando terminó el tiempo de su destierro, María estuvo de nuevo al lado de su hija para ayudarla a bien morir; y cuando llegó el fin, llevó su alma feliz al Cielo para regocijarse para siempre en la presencia de Dios.

Leyendas de Albert Weijer.

LA VISIÓN DE MUSA DE NUESTRA SEÑORA.

Cuenta San Gregorio Magno que una noche se apareció la Santísima Madre de Dios a una joven llamada Musa, acompañada de una gran compañía de muchachas como ella, vestidas con hermosos vestidos blancos.

Musa estaba llena de admiración ante la hermosa visión, y de buena gana se habría unido a ellas, pero tenía miedo de hacerlo.

Entonces la Virgen le preguntó: "¿No te gustaría venir y unirte a esta feliz compañía de mis hijos predilectos?".

Musa respondió: "Señora mía, con todo mi corazón lo deseo". Ése era el pensamiento que tenía en mi mente cuando me lo pediste, pero tenía miedo de ir".

Entonces la Virgen le dijo "Tú también te unirás a ellos, pero no hoy. Debes ponerte un poco más seria de lo que acostumbras y, sobre todo, no debes dedicar tanto tiempo al juego y a las diversiones como hasta ahora, y más tiempo a la oración. Si así lo haces, volveré de nuevo dentro de treinta días, y te llevaré conmigo para que te unas a ellos".

Musa prometió hacer lo que la Virgen le pedía. Se puso más seria y abandonó todos los pensamientos de vanidad, vestido y juego, que hasta entonces habían ocupado tanto su mente, de modo que sus padres quedaron asombrados y complacidos por el cambio que se había producido en ella.

Al trigésimo día murió. En el momento de su muerte, la Santísima Virgen regresó según su promesa, acompañada, como antes, por la compañía de los niños vestidos de blanco.

"Musa, hijo mío", dijo la Virgen, "ven ahora y únete a la compañía de mis buenos hijos, que, cuando estaban en la tierra, me fueron tan fieles".

Musa respondió: "Oh mi Reina, estoy listo; déjame ir en seguida". Diciendo esto, murió.

Diálogos de San Gregorio.

Capítulo 82: "Santa María, Madre de Dios"-"Ruega ahora por nosotros pecadores".

Especialmente cuando uno se ve acosado por la tentación de hacer cosas muy malas, debe recurrir inmediatamente a María. Los que acuden a su protección en esos momentos nunca caen en pecado.

"OH MARÍA, AYÚDAME, QUE SOY TUYO".

Un joven que había caído muchas veces en graves pecados mortales se confesó con cierto sacerdote. El buen sacerdote se afligió mucho al saber que había caído tan a menudo; pero, para animarle, le dijo: "Hijo mío, te diré un medio fácil de vencer las tentaciones a las que tan a menudo has cedido. Si haces lo que te digo, no volverás a caer".

"Oh Padre mío", respondió, "dime cuál es, pues con todo mi corazón deseo vencer estos malos hábitos."

"Ponte enteramente bajo la protección de la Santísima Virgen", dijo el sacerdote. "Reza un 'Ave María' todas las mañanas y todas las noches en honor de su pureza inmaculada; y siempre que te sientas tentado a hacer el mal, dile en seguida: 'Oh María, ayúdame, que soy tuyo'."

El joven siguió este consejo, y en poco tiempo se libró por completo de sus malos hábitos.

Sucedió algún tiempo después que estaba contando esto a algunos de sus conocidos, a quienes antes había escandalizado por su mala conducta. Les contó que se había puesto enteramente bajo la protección de la que es llamada Refugio de los Pecadores, y de la oración que siempre rezaba cuando era tentado.

Entre los que le escuchaban había un joven oficial, que, como él, había caído en muchos pecados, por andar voluntariamente con malas compañías.

En cuanto oyó la historia del joven, resolvió seguir su ejemplo. Inmediatamente se preparó para la Confesión, y continuó después llevando una vida piadosa bajo la protección de la Inmaculada Madre de Dios. Su santo nombre estaba continuamente en sus labios, y aquella devota oración, "Oh María, ayúdame, porque soy tuyo", era su consigna cada vez que le asaltaba alguna tentación.

Algunos meses después de su conversión, tuvo la imprudencia de volver a visitar a aquellos compañeros que antes le habían llevado al pecado; quería ver si habían imitado su ejemplo y comenzado una nueva vida como él mismo había hecho, o si seguían por el camino del mal.

Pero apenas llegó al lugar donde moraban, lo invadió una extraña sensación de terror, y gritó: "Oh María, ayúdame, porque soy tuyo".

En aquel mismo instante se sintió empujado hacia atrás por una mano invisible, y se encontró a cierta distancia de la casa. Inmediatamente se dio cuenta del peligro que corría y dio gracias de todo corazón a Dios y a su Santa Madre María por haberle salvado.

UNA GRACIA INESPERADA.

San Alfonso de Ligorio nos cuenta el siguiente suceso:

"Uno de mis sacerdotes estaba en cierta iglesia confesando. Un joven entró en la iglesia y comenzó a mirar a su alrededor. Había algo en su semblante que indicaba al sacerdote que no estaba contento. Se le acercó y le dijo: "Amigo mío, ¿te vas a confesar?

Sí, quiero ir, pero me temo que tardaré mucho. ¿Podrías llevarme a un lugar muy retirado, pues quisiera decirte algo antes de comenzar mi confesión?".

"Cuando se quedaron solos, el joven le contó al sacerdote su historia pasada, de la siguiente manera:

Soy un extraño en este lugar. He hecho tanto mal que no puedo esperar obtener el perdón de Dios. Incluso he cometido asesinatos y pecados detestables de todo tipo. Hice todas estas cosas no tanto para gratificar mis pasiones como para mostrar mi odio a Dios. Solía tener un crucifijo cerca de mí, pero hace tiempo que lo tiré, también por odio.

Esta mañana -continuó- fui a comulgar con el propósito de cometer un sacrilegio, pero desde entonces no he encontrado descanso. Hace poco, al pasar por delante de esta iglesia, algo parecía obligarme a entrar. No pude resistirme. En cuanto entré, remordimientos de conciencia me llenaron de un miedo terrible. Sentí dentro de mí, al mismo tiempo, un vago deseo de confesarme. Me acerqué al lugar donde estabais sentados, pero no pude decidirme a entrar. Pensé que Dios no podía perdonar mis terribles pecados, así que me di la vuelta para salir.

"Pero algo, no sé lo que era, me hizo quedarme.

"'En ese momento, Padre, usted se acercó a mí, y aquí estoy a sus pies dispuesto a comenzar mi Confesión'.

"El sacerdote le preguntó entonces si tenía la costumbre de hacer alguna buena obra, aunque fuera pequeña, o si tenía el hábito de rezar alguna pequeña oración. Tal vez", le dijo, "tenías la costumbre de hacer alguna devoción en honor de María, la Madre de Dios, porque tales conversiones son generalmente el efecto de las oraciones de María".

"'No, Padre, nada', respondió.

"'Piénselo otra vez', dijo el sacerdote. ¿Qué llevas al cuello? ¿Un escapulario? Ya veo lo que te ha traído esta gracia'.

"El pobre pecador respondió: 'Es verdad que hace mucho tiempo estuve inscrito en el escapulario, pero lo había olvidado todo; hace muchos años que no rezo ninguna oración a la Santísima Virgen, aunque en otro tiempo fui muy devoto de ella'.'

"'Pues bien, hija mía', dijo el sacerdote, 'puede que te hayas olvidado de María, pero ella no se ha olvidado de ti, y te ha obtenido la gracia de la conversión porque no te has quitado su santo escapulario. Y debes saber también que esta iglesia está bajo su especial protección".

"El joven rompió a llorar y se confesó. Poco después fue admitido a la Sagrada Comunión, que recibió con gran devoción.

"Dijo al sacerdote que publicara por todas partes la gran gracia que María le había obtenido por llevar su escapulario".

San Alfonso de Ligorio.

LA OCTAVA ESPADA.

Había una vez un joven que tenía una gran devoción a Nuestra Señora. Todos los días iba a una capilla no lejos de su casa y, arrodillado ante su altar, rezaba sus oraciones con gran fervor.

La imagen de este altar representaba a Nuestra Señora de los Siete Dolores. En el pecho de la imagen había un corazón atravesado por siete espadas. La contemplación de esta imagen le llenaba de gran compasión por la Dolorosísima Virgen, y a veces derramaba lágrimas al pensar en la crueldad de los judíos al perseguir a su Divino Hijo.

Una noche le asaltó una terrible tentación, y tuvo la desgracia de ceder a ella y cometer un pecado mortal. Al día siguiente fue, como de costumbre, a la capilla para rezar sus oraciones ante el altar de Nuestra Señora.

Tenía miedo de mirar al rostro de la santa imagen, porque recordaba el pecado que había cometido. Pero cuando se animó y lo hizo, se sorprendió al ver el corazón de Nuestra Señora atravesado por ocho espadas en lugar de siete.

"¡Ah, desgraciado de mí!", exclamó. "Es mi pecado el que ha clavado esta espada en el corazón de mi buena Madre", y lágrimas de sincero dolor corrieron por sus mejillas.

Inmediatamente se levantó de sus rodillas y fue a buscar a su confesor. Confesó su pecado con la mayor compunción, y tomó la firme resolución de no volver a contristar a su Madre del Cielo ofendiendo a su Hijo Jesús.

De vuelta al altar de la Santísima Virgen, miró de nuevo a la santa imagen y, para su gran alegría, ya no vio la octava espada: había desaparecido en el momento en que su pecado había sido cancelado en el tribunal de penitencia.

En la otra vida, cuando Satanás venía a tentarle, recordaba inmediatamente la visión que había visto en la capilla; y pensando en los sufrimientos de Jesús y en los dolores de María, decía: "Jesús y María, os amo; Jesús y María os doy mi corazón"; y así vencía todas las tentaciones.

Ann. de la Comp. de Jesús.

Capítulo 83: "Santa María, Madre de Dios"-"Ruega por nosotros en la hora de nuestra muerte".

"SANTA MARÍA, RUEGA POR ÉL".

En la ciudad de Reisberg vivía un santo sacerdote llamado Arnaldo, que era sumamente devoto de Nuestra Señora. Cuando vio que se acercaba su fin, recibió los últimos Sacramentos con edificante piedad. Pidió también a los religiosos que rezaban junto a su lecho que no le abandonasen, sino que rogasen encarecidamente a Dios que le diese una muerte feliz.

Apenas había hecho esta petición, cuando se apoderó de él un miedo repentino y terrible, y tembló de pies a cabeza. Un sudor frío cubrió también su rostro, y sus ojos, vidriosos por la proximidad de la muerte, rodaban salvajemente en su cabeza.

"Oh hermanos míos", gritó con voz de agonía, "¿no veis a los espíritus malignos que me rodean, esperando para llevarme al infierno? Oh, pedid a mi celestial Madre María que me ayude, pues en ella confío en esta hora de profunda angustia."

Inmediatamente los religiosos comenzaron a recitar las letanías de la Santísima Virgen. Cuando llegaron a estas palabras: "Santa María, ruega por él", gritó: "Hermanos míos, volved a decir esas palabras; volved a decir el nombre de María, porque ya estoy ante el tribunal de Dios".

Parecía como si viera a los espíritus malignos que estaban allí para acusarle, y como si oyera sus palabras, porque dijo, como respondiendo a alguna pregunta: "Sí, pero hice penitencia por eso".

Luego, como dirigiéndose a la Santísima Virgen, dijo: "Oh Madre mía María, venceré a todos estos enemigos si me ayudas."

La noche avanzaba, y terribles debieron ser las tentaciones que tuvo que soportar; pero constantemente apretaba el crucifijo contra sus labios, y continuaba sin cesar susurrando el santo nombre de María.

Al amanecer, el moribundo se tranquilizó, y en su semblante resplandecían signos de alegría que demostraban la paz que reinaba en su alma. María, su Refugio, le había obtenido la victoria final.

De repente, se volvió hacia un punto de la habitación, como si viera algo. Era la misma Madre Inmaculada de Dios que estaba allí y que había venido a conducirle al Paraíso.

"Vengo, Señora mía, vengo", exclamó, y mientras pronunciaba estas palabras trató de levantarse en su lecho; pero al hacerlo expiró tranquilamente, y fue a seguir a María, como podemos esperar con cariño, al reino de la felicidad eterna.

San Alfonso de Ligorio.

ADOLFO, EL NOBLE PIADOSO.

En las crónicas de San Francisco leemos el siguiente ejemplo:

Había en el territorio de Alsacia un joven noble llamado Adolfo, que en su juventud había renunciado a su rica herencia y se había hecho religioso, para servir mejor a Dios.

Ya de niño tenía una gran devoción a la Santísima Virgen, y a medida que crecía esta devoción aumentaba con sus años.

Cuando se acercaba la hora de su muerte, se puso triste y parecía lleno de miedo. Sus hermanos le preguntaron qué le causaba tanta turbación.

El respondió: "Pronto voy a ser juzgado, y no sé cuál será ese juicio".

Trataron de consolarlo hablándole de la misericordia de Dios para con los pobres pecadores, pero sus palabras no parecían darle consuelo.

En medio de su aflicción se le apareció Nuestra Señora Misericordiosa. Junto a ella había una compañía de almas felices, sus servidores, que, cuando estaban en la tierra, le habían sido muy devotos.

"Adolfo, hijo mío -le dijo-, ¿por qué tiemblas y qué es lo que te infunde tanto temor? ¿No has sido durante toda tu vida mi hijo obediente, y no has servido siempre fielmente a mi Divino Hijo? ¿No has renunciado a todos tus bienes terrenales por Él? Ah! hija mía, más bien alégrate ahora que tus trabajos han terminado, porque Él te recompensará muy pronto en el Cielo".

Estas consoladoras palabras le quitaron todo temor a la muerte, y murió, como mueren siempre los siervos fieles de María, una muerte santa y feliz.

Crónicas de San Francisco.

UNA CONVERSIÓN EN EL ÚLTIMO MOMENTO.

La siguiente es una carta de la isla de Chipre, fechada el 25 de mayo de 1864:

"Acabamos de ser testigos de una gran maravilla, cuyo relato, estoy seguro, llenará de gran alegría a los siervos de María.

"Había aquí un hombre que era muy rico y que ocupaba un puesto muy importante en nuestra isla. Murió hace unas seis semanas en sentimientos de la mayor piedad. Todo el mundo se asombró de su conversión, pues desde la muerte de su hija, muchos años atrás, nunca había acudido a los Sacramentos. Casi todos sus hijos habían muerto y, por extraño que parezca, la mayoría de ellos lo habían hecho sin el sacerdote.

"Cuando el sacerdote supo que estaba tan enfermo, fue a verle, para intentar si podía inducirle a prepararse para la muerte; pero a todas sus exhortaciones recibía siempre la misma respuesta: 'Padre, para eso hay tiempo de sobra; ya pensaremos en ello después'.

"Pero a medida que pasaban los días, el hombre empeoraba; era evidente para todos los que le rodeaban que el final no estaba lejos. Un día llamó el cura y lo encontró hundiéndose rápidamente; tenía ya los pies y las manos fríos. Mi querido señor -le dijo de nuevo-, ya es hora de que se confiese y reciba los últimos sacramentos". Pero recibió la misma respuesta que antes: 'Todavía hay tiempo de sobra; lo pensaremos dentro de unos días'.

"El sacerdote le dio una medallita de la Inmaculada Concepción y le pidió que se la pusiera. Él la tomó en sus manos, no por afecto, sino porque estaba demasiado débil para rechazarla. Al día siguiente supimos que había muerto. Encontramos al sacerdote cuando venía de la casa del difunto, y le preguntamos cómo había muerto.

"Oh, gracias a Dios y a su Santísima Madre, tuvo una muerte feliz. Ayer, mientras estaba sentado junto a su lecho rezando por él, me vino a la mente la idea de interesar a la Santísima Virgen en su favor. Llevaba conmigo una medalla de la Santísima Virgen, pero al principio tuve miedo de que la viera, pues no daba muestras de piedad y parecía haber perdido totalmente la fe. Le rogué fervientemente a Aquella que es el Refugio de los pecadores que viniera en su ayuda. Mientras estos pensamientos pasaban por mi mente, le puse la medalla en las manos y continué rezando por él. Pocos minutos después, me sorprendió oírle decirme: "Bueno, Padre, ¿cuándo va a empezar?

"'¿Empezar qué? le pregunté.

"'Empiece a confesarme. No quiero aplazarlo ni un momento más, porque no sabemos lo que puede pasar'.

"Comenzó inmediatamente a confesarse y le di los últimos sacramentos. Se llevó la medalla a los labios con sus manos moribundas y la besó con fervor; luego se la colgué al cuello. De vez en cuando le oía pronunciar estas palabras: Dios mío, Dios mío, ten piedad de mí, pobre pecador, y perdóname". Luego, con la medalla en el corazón y los nombres de Jesús y María en los labios, expiró tranquilamente.

"Esto ocurrió en la mañana del 11 de abril de 1864."

Huguet: Dev. à Marie.

María se complace en recibir el homenaje de nuestras oraciones y alabanzas, pero sólo cuando amamos a su Divino Hijo. Ofrecerlas con un corazón contaminado por el pecado sería insultarla.

COMIDA DELICIOSA EN UN PLATO SUCIO.

Había una vez un joven que tenía la mala costumbre de cometer pecados contra la santa pureza. Desde los días de su infancia había honrado siempre a la Santísima Madre de Dios, como su piadosa madre le había enseñado; y aunque vivía en estado de pecado, todos los días rezaba algunas oraciones en su honor.

Una noche tuvo un sueño extraño. Soñó que había salido a pasear por un bosque y que se había perdido. Anduvo mucho tiempo buscando el camino, pero fue en vano. Pronto empezó a sentir hambre y buscó algo de comer por todas partes, pero no encontró nada.

De pronto apareció ante él una hermosa dama rodeada de una luz celestial y acompañada de una escolta de vírgenes vestidas de blanco.

Esta dama se acercó a él y le puso delante la comida más deliciosa que jamás había visto, pero en un plato que estaba extremadamente sucio y cubierto de gusanos. La vista del plato le llenó de repugnancia, y aunque casi se moría de hambre, no se atrevió a probar la tentadora comida que había en el plato.

La señora le dijo: "Toma y come esta deliciosa comida que te he traído".

"¡Oh, con qué gusto lo comería!", respondió él, "¡porque tengo tanta hambre y la comida es tan tentadora, pero no puedo comerla de ese repugnante plato!".

La señora (era la misma Santísima Virgen) dijo entonces: "Las oraciones que rezas cada día en mi honor son ciertamente hermosas en sí mismas, pero tu corazón es tan impuro. ¿Cómo puedes esperar que yo reciba con amor las oraciones de un alma que está empapada en la inmundicia del pecado?".

Dichas estas palabras, ella desapareció, y el joven despertó.

"¡Ah!", dijo, "mi alma está en verdad negra y sucia a causa de los pecados que he cometido, pero a partir de esta hora cambiaré de vida y no volveré a pecar".

Y cumplió su palabra. Habiendo lavado sus pecados en el Sacramento de la Penitencia, comenzó una nueva vida, y perseveró en ella hasta su muerte. Durante toda su vida estuvo siempre agradecido a su Madre del Cielo por el oportuno aviso que le había dado.

Rep. du Catéchiste, iii. 413.

Capítulo 84: "Santa María, Madre de Dios"-"Amén".

Cuando termine el tiempo de tu prueba, si, hijo mío, has amado y servido fielmente a María en la tierra, grande será tu gozo en el Cielo. Que así sea la dicha de todos los que lean este librito.

LA MÚSICA DEL CIELO.

Vivía, hace muchos años, un piadoso monje llamado Tomás, que amaba a Nuestra Señora con todo su corazón. Día tras día suplicaba a su bendita Reina que se complaciera en visitarle incluso durante su peregrinación mortal.

Una noche salió al jardín del monasterio y, mirando al Cielo, pidió de nuevo a Nuestra Señora, con suspiros y lágrimas, que le concediera su plegaria.

De repente, vio descender del Cielo una luz brillante como una estrella, y una Virgen hermosa y radiante se puso delante de él.

La Virgen lo llamó por su nombre y le dijo: "Tomás, ¿deseas oírme cantar?"

"Oh, desde luego, mi señora", respondió el religioso.

Entonces la virgen cantó, y cantó tan dulcemente que Tomás pensó que estaba en el Paraíso. Pero de repente cesó el canto y la visión desapareció.

El corazón del buen monje ardía en deseos de oír más de aquella música celestial, cuando apareció otra hermosa virgen, que le cantó con la misma celestial dulzura.

Cuando la virgen hubo terminado su celestial melodía, dijo al piadoso monje: "La virgen que viste hace un rato era Santa Catalina, y yo soy Inés. Hemos sido enviadas por Nuestra Señora para consolarte. Da gracias, pues, a Jesús y a María, y prepárate a recibir un favor aún mayor".

Inmediatamente desapareció de su vista, y el corazón del buen monje palpitó de esperanza y amor, pues por fin iba a contemplar el objeto de todos sus deseos: la Inmaculada Madre de Dios. Mirando hacia arriba, vio una luz brillante, y su corazón se llenó de indecible alegría. Allí, en medio de la luz deslumbrante, vio a Nuestra Señora, rodeada de una multitud de ángeles y radiante de belleza celestial.

Ella sonrió al feliz religioso. "Hijo mío -le dijo-, tu devoción me es grata; hace tiempo que deseabas verme. Mírame ahora, y yo también te cantaré".

Y la Santísima Virgen cantó. Jamás una melodía tan fascinante había cautivado el oído de los mortales. El piadoso monje perdió el sentido y cayó al suelo como muerto; y, en verdad, habría muerto si Dios no le hubiera dado fuerzas para soportar aquella alegría excesiva.

Después de permanecer largo tiempo en este trance, volvió en sí, pero nunca pudo olvidar la dulzura de aquella canción celestial. Se consumió lentamente, y pronto murió de puro deseo de oír en el Reino de los Cielos los cánticos extasiados de los bienaventurados.

P. Müller: El hijo pródigo, p. 566.

PADRE EUSEBIO.

En el año 1846 murió en el monasterio de La Trappe un santo religioso llamado Padre M. Eusebio.

Siendo niño en la escuela, sentía dentro de sí un gran deseo de llevar una vida perfecta. Por ello, en cuanto le fue posible, abandonó la casa paterna y se retiró al monasterio.

Las reglas de esta institución le imponían muchas y estrictas obligaciones, pero las cumplió todas con escrupulosa exactitud. Aunque de salud débil, se mortificaba con tanta energía como si hubiera sido de constitución fuerte, y cuando algunas personas le sugirieron que pidiera dispensa de algunos de los puntos más difíciles, a causa de sus enfermedades, les respondió: "No abandoné el mundo y me hice religioso para obtener descanso y comodidad; no, lo hice para obtener el Reino de los Cielos. No importa cuánto sufra aquí abajo, con tal de que eso esté asegurado".

Cuando se acercaba el momento de su muerte, y los Padres que le rodeaban habían terminado de leer las oraciones por los moribundos, gritó transportado por la alegría y, levantando las manos al Cielo: "¡Ya vienen!".

"¿Quiénes vienen?", le preguntaron.

"Los ángeles".

"¿Cómo vienen?

"Vienen todos en procesión".

"¿Y qué hacen?"

"¡Cantan, qué bonito! ¿No los oyes?" El Padre Abad le preguntó si la Santísima Virgen estaba allí.

"No, Padre", respondió, con un poco de tristeza. "Ella no ha venido todavía".

Al poco, con los ojos brillantes de alegría, exclamó: "Padre, ya ha venido; está aquí".

Luego, como dirigiéndose a ella, dijo: "Ave María". Luego guardó silencio durante algún tiempo, como envuelto en un éxtasis.

"¡Oh, qué hermosa es! ¡Oh, qué hermosa es María! Qué bella, qué hermosa!", exclamó.

Luego, dirigiéndose a los Padres, arrodillados en silencio junto a su lecho, dijo: "¡Oh Padres y Hermanos míos, qué dulce es morir e ir al Cielo en compañía de María!".

Unos instantes después, levantó la cabeza de la almohada y suspiró. Pensando que le faltaría algo, le preguntaron si deseaba algo.

"No, nada", respondió. "No quiero nada más que a mi Jesús y el Cielo".

Y cuando hubo pronunciado estas palabras expiró.

Mirad al cielo ahora que estáis en el mundo, y cuando llegue la hora de la muerte tendréis la dicha de entrar en él.

NUESTRA SEÑORA INVITA A SU CLIENTE AL CIELO

Cierto piadoso religioso llamado Leonardo, que tenía por costumbre encomendarse doscientas veces al día a la Madre de Misericordia, yacía a punto de morir.

Nuestra Señora se le apareció y le dijo: "Leonardo, ¿quieres morir y venir al Cielo, para vivir con Jesús y conmigo?".

Leonard respondió: "¿Y quién eres tú, Señora?".

María respondió: "Soy la Madre de Misericordia a la que tantas veces has invocado. Ahora he venido a recibir tu alma. Ven, vayamos juntos al Cielo".

Aquella misma hora murió el buen religioso, y, esperemos, está ahora poseyendo las alegrías del Paraíso en compañía de Nuestra Señora a quien tanto amó.

www.ingramcontent.com/pod-product-compliance
Lightning Source LLC
Chambersburg PA
CBHW070904120626
46546CB00001B/133